씻는다는 것의 역사

씻 는 다 는 것 의 역사

초판 1쇄 발행 2025년 2월 28일

지은이 ─ 이인혜
펴낸이 ─ 조미현

책임편집 ─ 김솔지
디자인 ─ 나윤영
일러스트 ─ 김은경
마케팅 ─ 이예원 공태희
제작 ─ 이현

펴낸곳 ─ (주)현암사
등록 ─ 1951년 12월 24일 (제10-126호)
주소 ─ 04029 서울시 마포구 동교로12안길 35
전화 ─ 02-365-5051
팩스 ─ 02-313-2729
전자우편 ─ editor@hyeonamsa.com
홈페이지 ─ www.hyeonamsa.com

ISBN 978-89-323-2412-8 03900

우리는 왜 목욕을 하게 되었을까?

씻는다는 것의 역사

◎
◎
◆
◎
◎

이인혜 지음

현암사

당신의 첫 목욕은
언제였나요

"당신의 첫 번째 목욕이 언제였는지 기억하십니까?"

2019년 국립민속박물관에서 『목욕탕: 목욕에 대한 한국의 생활문화』 연구 보고서를 출간한 뒤, 몇 건의 인터뷰 요청을 받았다. 운이 좋아 한국은 물론 외국의 연구자들과도 대화를 나눌 기회가 있었고, 목욕과 관련한 여러 의문에 전문가인 척 답을 꺼내놓았다. 그런데 이 질문을 받고 처음으로 말문이 막혔다.

"글쎄요? 산부인과에서 태어났으니까 의사 선생님이나 간호사 선생님이 씻겨주지 않았을까요?"

인터뷰어의 의도를 이해할 수 없었다. 왜 이런 질문을 하는 것일까? 태어나자마자 산파가 복숭아나무 가지를 끓여 식힌 물로 씻겨주었다는 말을 기대했나? 공교롭게도 질문을 한 사람은 외국인이었고, 몇 시간에 걸친 대화 끝에 그가 한국을 포함한 동아시아의 문화에 호기심은 있을지언정 아는 것은 없다는 사실을 알게 되었다. 그래서 가장 상식적인 대답과 함께 똑같은 질문을 했다.

"당신의 첫 번째 목욕은 언제였는데요?"

태어난 직후를 기억하는 인간은 굉장히 드물다. 매우 높은 확률로 인터뷰어 또한 첫 번째 목욕을 기억하지 못할 터였다. 나는 그의 답이 나와 같을 것이라고 확신했다. 1980년대생인 나와 비슷한 나이의 서양 출신 외국인. 병원에서 태어나서 의료진이 맨 처음으로 그의 몸을 씻겼겠지.

인터뷰를 진행한 곳은 서울 강남 한복판에 있는 대형 카페였다. 유리창 밖으로 온갖 업종의 네온사인이 반짝였고, 그중 다수는 병원 간판이었다. 나의 반문에 그는 잠깐 멍한 표정을 지었다. 몇 초간 어색한 침묵이 흐르고 그가 말했다.

"미안해요. 그럴 의도는 아니었지만, 바보 같은 질문이었네요."

나는 어깨를 올렸다 내렸다. 분위기는 무어라 말할 수 없이 삭막해졌다.

최악의 질문이었지만 소득은 있었다. 다음과 같은 의문을 얻은 것이다. 인터뷰어와 나의 첫 번째 목욕에 대한 답이 같았던, 그리고 나도 모르는 사이에 내가 답이 같을 것이라 확신했던 이유는 무엇일까? 우리는 왜 태어나자마자 몸을 씻는 행위를 당연한 것으로 여겼을까?

이 질문에 답하기 위해서는 동물의 목욕 습성에 대한 설명으로 거슬러 올라가야 한다. 신체를 씻는 것 자체는 인간뿐만 아니라 다른 동물에게서도 볼 수 있는 흔하디흔한 행위이다. 동물은 피부의 오염을 없애기 위한 다양한 행동을 보인다. 인간의 목욕과 방식은 다르지만 몸의 더러움을 제거한다는 점에서 유사하다. 곤충, 조류, 어류, 포유류 등 동물의 목욕은 본능적이거나 학습된 행동일 수 있으며 종과 환경에 따라 방법이 다양하다. 동물과 인간의 목욕이 무엇이 다른지 살펴보기 위해 몇몇 종의 예를 들어보자.

대부분의 새는 몸에 물을 튀기고 부리로 깃털을 정교하게 다듬는다. 그중에서도 닭은 기생충을 제거하고 깃털을 닦기 위해 모래에서 뒹구는 '먼지' 목욕을 한다. 개미나 벌과 같은 곤충은 다리와 더듬이로 잔해물을 제거해 몸을 청소하며, 일부 나비와 나방은 물웅덩이에서 몸을 씻는다. 메기나 연어 등의 물고기는 기생충이나 비늘에 붙은 곰팡이, 물 찌꺼기를 제거하기 위해 돌이나 통나무, 수생식물에 몸을 문지른다.

다양한 목욕 방식을 선보이는 동물들은 단연 포유류와 유인원이다. 털을 고르거나 먼지나 진흙에 몸을 굴리고, 물속에서 수영도 한다. 코끼리는 코를 이용해 몸에 물을 뿌리거나 진흙 구덩이에서 굴러 몸의 열을 식히고 기생충을 떼어내어 피부를 보호한다. 고양이나 개는 털을 핥고 발로 얼굴을 닦는다. 온천욕을 즐기는 일본원숭이 사례는 너무 유명해서 따로 언급할 필요도 없다.

침팬지, 보노보와 같은 유인원의 목욕은 다른 포유류보다 조금 더 복잡하다. 침팬지는 폭우가 내릴 때 빗속에서 목욕한다. 인간의 시선에서 보면 꽤 낭만적이다. 빗속에서 앉거나 누워서, 손이나 물건으로 몸과 털을 문질러 닦는다. 2017년 미국 텍사스주 댈러스 동물원의 고릴라 '졸라'의 목욕 장면이 텔레비전 뉴스에서 방영되었다. 빙글빙글 돌고 리듬을 타며 목욕하는 그 모습은 샤워를 하며 노래를 부르고 춤을 추는 인간과도 유사하다. 보노보는 무리와 함께 물속에서 목욕과 물놀이를 즐긴다.

유인원의 행동을 보면 목욕은 놀이이고 사회적인 행동이다. 그렇지만 이들의 목욕이 목욕의 사회성, 유희성, 위생의 측면을 갖추고 있다고 하더라도 우리는 그것을 어디까지나 목욕과 관련된 동물의 습성habit이라 일컬을 뿐, 목욕 문화culture라고 부르지 않는다.

습성과 문화는 모두 개인 및 집단의 행동과 관련된 개념이지만, 그 차이점은 뚜렷하다. 습성은 동물 한 종의 개체에서 볼 수 있는 일정한 행동 패턴으로, 본능·학습·조건반사·지능 등에 의해 형성된다. 이는 유전을 통해 전달되어 종 내에서 상대적으로 일관된 형태를 유지한다. 반면 인간의 문화는 언어, 교육 및 사회화 과정을 토해 전승되고, 사회 간 또는 같은 사회 내에서도 다를 수 있다. 문화는 변화하는 환경에 맞추어 바뀌며 창의성과 혁신을 요구하고 다양한 상징체계를 포함한다.

침팬지와 보노보가 물웅덩이에 들어가 털을 고르거나 일본원숭이가 온천욕을 하더라도 이는 인간이 창조한 목욕 문화와는 다르다. 그

들어가는 글

들은 현생인류라는 단일종이 만들어낸, 목욕을 둘러싼 청결에 대한 관념, 종교적 상징, 다양한 목욕 방법과 시설을 창조하거나 전승하지 못했다. 2,000년 전의 고릴라와 현재의 고릴라의 목욕 방식에는 큰 차이가 없지만, 인간의 목욕 문화는 100년 사이에도 크게 변화한다. 한국에서도 불과 20~30년 사이에 한 번도 공중목욕탕에 몸을 담가본 적 없는 세대가 등장했다. 이렇게 인간의 목욕은 단순한 습성을 넘어 문화로 발전했다.

이 글을 열었던 최초의 질문 '당신의 첫 번째 목욕은 언제였습니까?'로 돌아가 보자.

인터뷰어와 나의 대답이 '태어난 병원에서 의료진의 손으로 목욕이 진행되었다'에서 크게 차이 나지 않을 것이라고 내가 확신한 까닭은 아마도, 그와 내가 국가는 다르지만 비슷한 시기에 비슷한 의료 체계와 기반 시설을 갖춘 장소에서 태어났다는 사실을 알고 있었기 때문이다. 만약 그가 내가 속한 대한민국의 문화와 상당히 다른 지역이나 종교권에서 나고 자란 사람이었다면, 아니면 내가 조선 시대에 산파의 손에서 태어나 복숭아나무 가지 끓인 물로 목욕을 했던 사람이라면 나는 그가 원하는 답을 해줄 수 있었을지도 모른다. 반대로 나 역시도 호기심에 차서 그의 답을 기다렸을지도 모른다.

그와 나는 1980년대 이후에 태어난 지극히 평범한 현대인이었다. 그리고 의료보험과 서양 의료 체계가 지배적인 사회 속에 살고 있었다. 답은 당연히 유사했다.

이대로 인터뷰를 끝내자니 분위기도 삭막해졌고, 인터뷰어가 너무 주눅이 든 바람에 미안해져서 이번에는 내 쪽에서 질문했다.

"어떤 목욕 방식을 좋아하세요? 사우나? 온천욕? 한국식 때밀이?"

그제야 분위기가 풀렸다. 인터뷰어는 한국에 와서 가장 인상 깊었던 것이 찜질방에 딸린 불가마 한증이었다며 경험담을 풀어놓기 시작했다. 자신이 해왔던 목욕과의 차이점, 그 안에서 있었던 일과 생각들을 늘어놓았다. 그 후로 몇 시간은 전 세계의 목욕에 관해 이야기를 나누었던 것 같다. 산부인과에서 시작된 경험은 비슷했지만 성장하면서 겪은 목욕 경험과 거기에 부여하는 의미는 매우 달랐다.

진작 그 질문부터 시작했더라면 인터뷰가 좀 더 즐거웠을 것을…….

이 책은 그때의 인터뷰를 계기로 목욕과 문화, 역사에 대해 생각하다 나온 결과물이다. 목욕은 인간의 습성인 동시에 문화적 행동이다. 우리는 보통 목욕이라고 하면 신체를 씻는 것만을 떠올리지만, 거기에는 무수한 문화적 맥락이 따라온다.

이 책을 쉬엄쉬엄 읽어가다 보면 당신도 어느새 목욕탕에 가고 싶어질지도 모르겠다.

1부. 세계 목욕의 역사

2부. 한국의 목욕 문화

3부. 공중목욕탕과 현대 한국 사회

1부

세계
목욕의
역사

인류가 언제부터 목욕을 시작했는지
정확한 시점은 알 수 없다.
역사적 사실은 사료 발견과 연구가
축적되어 나오는 결과물이며,
새로운 발견이 등장하면 언제든
바뀔 수 있다. 목욕탕에 대한
연구서를 발간한 후 최초의 목욕에
대한 질문을 끊임없이 받았지만,
이러한 이유로 명확한 답을
제공하기 어려웠다.
그렇지만 확실히 말할 수 있는 것은,
목욕이 인간의 습성이자 문화적
행동이기 때문에 인류 문명의
시작부터 그 흔적을 찾아볼 수
있다는 점이다.

1
문명의 시작점에서
함께하다

모헨조다로와 고대 그리스의 목욕 문화

가장 오래된 목욕 문화의 흔적은 파키스탄의 중남부, 인더스강 하류에서 찾아볼 수 있다. 인류 3대 문명 중 하나, 인더스 문명이 남긴 최대의 도시 유적인 모헨조다로는 기원전 3000년 초에 지어져 기원전 2500년부터 1800년 사이에 전성기를 맞이한 후 사라졌다. 이곳에서 약 3만~5만 명이 거주했을 것으로 추정된다.

모헨조다로는 물 관리 기술이 고도로 발달한 계획도시였다. 도시는 격자 모양으로 구획되어 벽돌로 높게 쌓아진 집들이 사막의 더위를 피하게 했고, 도로 좌우로 벽돌 한 장 깊이의 수로가 만들어졌다. 도시 곳곳에는 700개가 넘는 우물이 있었으며, 각 집에는 실내 배수관과 목

욕을 위한 방이 마련되었다. 상수도와 하수도 시설도 갖춰져 있었다.[1]

　모헨조다로의 상하수도 기술이 가장 집약적으로 드러나는 장소는 도시 중앙에 위치한 대목욕탕이다. 길이 11.8m, 폭 7m, 깊이 2.4m의 대목욕탕은 구운 벽돌로 정교하게 조립되었고, 벽면에는 천연 타르를 발라 방수 처리를 했다.

　목욕탕은 벽으로 둘러싸인 건물 내부에 중정 형태로 존재했다. 정확한 용도는 알 수 없으나, 종교 의례를 행하기 전후로 몸을 씻었던 공간이라는 학설이 지배적이다. 신성한 존재를 맞이하기 전에 사제가 속세의 흔적을 씻어내는 과정은 전 세계 종교에서 보편적으로 나타나는 패턴이다.

　목욕탕의 남쪽과 북쪽에는 안으로 연결되는 계단이 놓여 있고, 벽면에는 여섯 개의 구멍을 뚫어 근처 대형 우물에서 끌어온 물을 흘려보냈다. 목욕탕은 남쪽으로 살짝 기울어져 사용한 물을 하수구로 쉽게 빼낼 수 있었다. 물을 관리하는 기술이 발달하지 않았다면 운영할 수 없는 시설이다.[2]

　모헨조다로는 아리안족의 침략으로 한때 사라졌다가 1920년대 중반 세상에 그 모습을 다시 드러냈다. 모헨조다로 연구는 여전히 진행 중이어서 이 목욕탕이 종교적 의미로만 사용되었는지, 아니면 대중이 휴식을 즐기며 몸을 씻는 일반적인 목욕탕이었는지는 아직 확실치 않다. 모헨조다로는 오랜 시간 역사 속에서 잊혔지만, 목욕에 대한 풍부한 기록을 남긴 고대 문명도 있다. 그중 하나가 바로 고대 그리스다.

모헨조다로 유적

"유레카!"

아르키메데스가 목욕탕에서 맨몸으로 뛰어다닌다. 왕관에 금이 섞였는지 아닌지 알아내라는 왕의 명령을 성공리에 해결한 참이다. 우리에게 잘 알려진 고대 그리스 목욕탕 이야기다. 그는 어째서 골치 아픈 문제를 안고 목욕탕으로 향했을까? 따끈한 물속에 들어가면 좋은 생각이 떠오르리라 기대했던 것은 아니었을까?

그리스의 목욕 전통은 매우 오래되었다. 기원전 2000년경의 크레타섬이나 산토리니섬의 유적지에서 그리스 목욕 전통을 엿볼 수 있다. 고대 그리스의 목욕 관습은 호메로스의 『오디세이아』를 통해 더욱 생생하게 전해지는데, 오디세우스와 그의 가족들이 중요한 사건이나 의식 전에 목욕하는 모습이 자주 묘사된다. 오디세우스의 부인 페넬로페가 신들에게 기도를 드리기 전, 아들 텔레마코스가 아버지를 찾아 집을 나서기 전에 목욕을 행한다. 오디세우스 또한 칼립소를 떠나기 전 마지막으로 목욕한다.

그리스에서 공중목욕탕은 기원전 6세기 무렵 도시 국가에 등장했다. 이때의 목욕탕은 지붕이 없는 야외 시설로 샤워● 또는 족욕만 가능했다. 그러나 그리스 사람들은 이 목욕탕을 체육장인 팔레스트라pal-estra에서 강도 높은 운동을 하고 난 뒤나, 토론장인 엑세드라exedra에서 철학 토론을 벌이기 전에 이용했다.[3] 공중목욕탕은 개인의 즐거움보다는 청결함이라는 덕목을 상기하는 수단이었다. 그러니 아르키메데스도 왕의 명령을 받아 동료들과 해결책을 모색하며 논쟁을 벌이다가 목

● 고대 그리스의 샤워 시설은 노예가 양동이로 물을 공급하는 방식이었다.

욕탕으로 향했던 것은 아니었을까?

그리스의 목욕 문화는 계층에 따라 달랐다. 부유한 계층은 자신의 집에 설치된 돌 욕조에서 목욕했다. 하인들이 우물이나 강에서 길어와 채워둔 수조의 물을 이용했을 것이다.[4] 반면 물을 길어다 줄 하인이 없는 사람들, 그리스 시민 이외의 계층은 우물가나 냇가 또는 목욕탕에 가서 직접 몸을 씻어야 했다.

목욕은 건강과 질병 치료에도 중요한 역할을 했다. 고대 그리스의 의사들은 목욕으로 질병을 치료하고 예방할 수 있다고 믿었다. 기원전 5세기의 명의, 히포크라테스는 몸속 네 가지 체액(혈액, 점액, 황담액, 흑담액)의 균형이 깨지면 질병이 발생한다고 보았다. 그는 체액의 균형을 맞추기 위해 목욕을 권장했다. 찬물과 뜨거운 물에 교대로 목욕하면 체액의 균형이 맞추어지고, 따뜻한 물에 목욕하면 신체가 유연해지고 영양분이 잘 흡수되며 두통도 잘 해소된다고 주장했다. 관절이 아픈 사람에게는 냉수 샤워를, 여성 질환으로 고생하는 여성에게는 증기 목욕을 처방했다. 이는 당시 의학적 접근 방식의 일환으로 볼 수 있다.

몸의 묵은 각질을 벗겨내는 방식은 어떠했을까? 그리스인들은 몸을 찬물과 뜨거운 물에 교대로 담근 후 기름을 온몸에 발랐다. 그다음 호미처럼 구부러진 금속 도구, 스트리절strigil로 몸을 긁

스트리절 ◯ 1세기,
볼티모어 월터스 미술관

어냈다. 냉탕과 열탕의 교차욕, 스트리절을 이용한 목욕 방식은 그리스 문화의 다른 측면과 함께 로마로 전승되어 그들의 생활 방식에 큰 영향을 미쳤다.[5] 이는 목욕이 단순한 신체적 청결을 넘어 사회적, 문화적으로 중요한 활동으로 자리 잡았음을 보여주는 좋은 예시이다.

2

테르마이,
뜨거운 곳

고대 로마의 공중목욕탕

　고대 그리스의 목욕 문화는 로마로 이어져 더욱 화려하게 발전했다. 로마 제국 전역에 공중목욕탕이 설치되었으며, 일반 시민들은 적어도 하루에 한 번은 목욕을 즐겼다. 목욕이 언제부터 로마의 일상이 되었는지는 명확하지 않지만, 기원전 1세기 중반에는 이미 문화로 정착했을 것으로 추정된다. 철학자 키케로Cicero(기원전 106~기원전 43)는 값싼 입장료만 내면 누구나 이용할 수 있는 공중목욕탕이 로마에 즐비하다고 편지에 언급했다.

　로마에 공중목욕탕이 발달할 수 있었던 가장 큰 이유는 풍부한 물 공급, 수원과 로마를 연결하는 수도교 덕분이었다. 기원전 33년, 아우구스투스 황제의 친구인 아그리파Marcus Vipsanius Agrippa(기원전 63~기원전 12)는 율리아 수로를 건설해 로마 동부 지역에 상수도를 공급했다. 이 외에도 로마는 여러 수도교를 통해 물을 운반했으며, 무려 25,000km 떨어진 산에서도 물을 가져왔다. 이러한 풍부한 물 공급과 물을 끌어오는 건축 기술, 그리고 그것을 관리하는 기술력이 결합해 로마의 목욕 문화를 크게 발전시켰다.

로마의 도시 곳곳에는 테르마이thermae라 불리는 대규모 공중목욕탕이 있었다. 이 단어는 '뜨겁다'라는 의미의 그리스어 '테르모스θερμος'에서 유래했다. 로마 시민이라면 누구나 이용할 수 있는 테르마이 외에도, 발네아balnea라고 하는 작은 규모의 목욕 시설도 존재했다.

아그리파는 로마의 공공시설을 담당하는 직책인 아이딜리스로서 로마에 설치된 각종 시설을 조사해 통계를 냈는데, 1세기 로마에는 약 170개의 목욕탕이 있었다. 4세기 무렵에는 하루에 2,000명 이상을 수용할 수 있는 11개의 테르마이와 926개의 발네아가 있었다.

많은 귀족과 부유한 시민들이 자신의 집에 발네아를 설치했음에도 불구하고 대부분은 공공의 테르마이를 선호했다. 로마에서 목욕은 단순히 몸을 씻는 행위가 아니라, 친분을 맺고 의견을 교환하는 사교 활동이었다. 테르마이는 개인적인 친분을 다지고 사회적 및 정치적 의견을 나누는 중요한 장소였기 때문이었다.

그리스처럼 로마인들의 일상에서도 테르마이 방문은 중요한 일과였다. 로마인들은 아침에 일어나 오전 내내 업무에 집중하다가 오후

2시에서 3시가 되면 테르마이로 향했다. 목욕탕이 개장 준비를 마치면 문지기가 종을 울리고, 입구에서 기다리던 사람들은 문지기에게 돈을 지불하고 들어간다. 이곳에서 사람들은 목욕을 하며 서로 세상 사는 이야기를 나누고, 해가 지면 목욕탕은 문을 닫는다.

테르마이 내부에 들어서면 가장 먼저 아포다테리움이라는 탈의실을 만난다. 여기에는 긴 벤치가 놓여 편안하게 옷을 벗을 수 있고, 개인 사물함과 바구니가 구비되어 있다. 현대 한국의 목욕탕과 크게 다르지 않다. 당시에도 손님들이 벗어 놓은 옷가지나 돈, 귀중품을 노리는 절도범이 있었을 것이다. 고대 로마에서는 자물쇠와 열쇠 대신 노예가 귀족들의 짐을 지켰다.

테르마이 옆에는 운동 공간인 팔레스트라가 있었다. 운동을 한 뒤에 목욕했던 고대 그리스의 전통을 이어받은 공간으로 로마인들은 이곳에서 레슬링, 복싱, 멀리뛰기 등의 운동을 하고 목욕탕으로 향했다.

목욕은 냉탕인 프리기다리움frigidarium에서 시작된다. 디오클레티아누스 황제 시대에 지어진 테르마이의 프리기다리움은 웅장함으로 유명하다. 여덟 개의 대리석 기둥으로 둘러싸인 이곳의 천장 높이는 30m에 달한다. 이 화려한 프리기다리움은 성당으로 변모해 지금도 남아 있다.

프리기다리움에서 나온 로마인들은 온탕인 테피다리움tepidarium으로 향한다. 이곳에서 몸을 따뜻하게 만든 후 칼다리움caldarium, 즉 열탕으로 들어간다. 칼다리움에는 반원형의 벽감이 여러 곳에 설치되어 있는데, 움푹 들어간 곳에서 이야기를 나누거나 양피지로 만든 책을 읽으며 땀과 노폐물을 배출했다. 그 후 테피라디움으로 돌아와 몸에 기름을 바르고 스트리절로 때를 긁어냈다. 1세기 중반 정치가 페트로니우스Gaius Petronius Arbiter(20~66)가 남긴 글에는 양털로 짠 옷감으로 때를 밀어주는 노예 이야기가 나온다. 양털 옷감과 노예가 그 시절의 때수건과 세신사였다.[6]

온탕에서 나오면 다시 처음 방문했던 냉탕으로 돌아가 몸을 식힌다. 열탕에서 몸을 덥힌 뒤에도 냉탕에 들어간다. 앞선 고대 그리스 시대 히포크라테스가 주장한 4체액설은 로마 시대에도 널리 퍼져 있었다. 로마인들은 체액의 균형을 맞추기 위해 뜨거운 물과 찬물을 번갈아 들어갔다.

이렇게 오랜 시간 동안 냉탕과 온탕을 왕복하면 배가 출출해지기 마련이다. 로마인들은 테르마이 내에서 음식을 구매하거나 가져온 음식을 먹었다. 마치 대형 찜질방에 매점이나 식당이 있는 것과 비슷하다.

로마에서 목욕은 일상의 일부였기 때문에, 많은 사람들이 테르마이에 모여 목욕을 즐겼다. 1세기 정치가 세네카Lucius Annaeus Seneca(4~65)의 집은 테르마이를 내려다보는 곳에 자리했는데, 그는 친구에게 보내는 편지에서 소음 공해를 호소한다. 세네카는 자신의 귀가 싫어질 정도로 고통스러웠다고 말한다. 무거운 역기를 드는 남자들의 숨소리, 마사지하는 소리, 건방진 사람들과 도둑질하는 사람들이 일으키는 소동, 욕조에서 울리는 자신의 목소리를 좋아하는 사람, 수영장에 뛰어

드는 사람들이 일으키는 물보라 소리……. 뿐만 아니다. 제모를 받는 사람들의 날카로운 비명과 소시지와 페이스트리를 파는 상인들의 외침이 모두 뒤섞였다. 아수라장이 따로 없다.[7] 목욕을 즐기러 갈 때는 모르겠지만 그 옆에서 살아야 한다면 분명히 괴로울 것이다.

테르마이는 남성만의 공간이 아니었다. 로마 여성에게 시민권은 없었지만, 그들에게도 테르마이를 이용할 권리가 있었다. 남탕과 여탕처럼 성별에 따라 나뉜 욕실이 있었고, 두 탕은 같은 화로에서 데운 물을 공유했다. 1~2세기의 역사가 수에토니우스Gaius Suetonius Tranquil-lus(69~122년 이후)의 『황제열전De vita Caesarum』에는 아우구스투스의 어머니 아티아가 테르마이를 이용했다는 기록이 있다.[8]

2세기의 문법학자 아울루스 겔리우스Aulus Gellius(125~180)의 『아티카의 밤』에는 더욱 재미있는 내용이 나온다. 집정관의 부인이 이탈리아 남부 캄파니아 지역의 작은 도시 테아눔에서 공중목욕탕을 방문했다. 집정관의 임기는 비록 1년뿐이었으나 공화정 시대에 국가 원수와 마찬가지일 만큼 지위가 높았다. 집정관의 부인은 나라에서 가장 지위가 높은 여성이라고 해도 과언이 아니었다. 그런 그녀의 눈에 작은 도시의 공중목욕탕은, 그중에서도 여성의 공간은 지나치게 협소했나 보다.

그녀는 즉시 공중목욕탕을 관리하는 재무관을 불렀다. 그리고 명령했다. 남탕을 비워라![9] 부디 그녀가 가족의 여성 구성원과 시녀, 여성 노예들과 함께 시원하게 목욕했기를 바란다.

공중목욕탕의 성장 배경에는 정치인의 인기 전략도 한몫했다. 공중목욕탕이 보편화되기 전까지, 정치인들은 인기를 얻기 위해 공짜 목욕권을 뿌렸다. 소위 '빵과 서커스panem et circenses', 즉 권력자가 시민에게 제공하는 오락거리 중 하나인 정치적 뇌물로 활용되었다. 기원전 1세기 파우스투스 코르넬리우스 술라Faustus Cornelius Sulla(기원전 86~기원전 46)는 집정관의 아버지를 기념하기 위해 검투사 경기를 열고, 관중들에게 온수 목욕권과 몸에 바를 오일을 선물했다. 아우구스투스 황제도 로마 시민에게 목욕권과 이발권을 나눠주었다.[10]

대부분의 테르마이 입장료는 무료거나 저렴했고 따라서 가난한 사람도 목욕이라는 오락을 즐길 수 있었다. 이는 불만을 해소하려는 로마 정부의 정책이었다. 귀족이나 평민, 부자나 가난한 자를 구별하지 않고 로마 시민이라면 누구나 테르마이에 들어갈 수 있었기에 사회를 통합하는 기능으로 작동했다.

이 때문에 로마에서 테르마이는 황제의 성적표로 불렸다. 목욕탕이 클수록 황제가 정치를 잘하고 시민들이 행복한 삶을 누린다는 상징이 된 것이다. 황제는 호화로운 대형 공중목욕탕을 지어 자신의 이름을 붙여 너그러운 이미지를 연출했다. 크기와 시설은 점점 커지고 화려해졌다.

카라칼라 황제Caracalla(186~217)가 216년에 만든 카라칼라 테르마이는 로마에서 가장 중요한 도로인 아피아 가도 옆에 위치한다. 면적은 축구장 네 개를 합친 것과 맞먹는 1,210,000m²이며, 가로로 350m, 세로로 330m다. 한쪽 휴게실에서 다른 쪽 휴게실까지는 400m가 걸릴

카라칼라 테르마이

정도로 거대하다. 동생을 죽이고 권력을 장악한 카라칼라 황제는 민심을 얻기 위해 5년 동안 매일 약 9,000명을 동원해 이 거대한 공사를 진행했다.[11] [12]

로마 역사상 가장 화려했던 공중목욕탕 중 하나로 손꼽히는 이 테르마이는 한 번에 2,000명까지 입장할 수 있었다. 목욕탕뿐만 아니라 도서관, 강연장, 집회실, 체육관까지 갖춘 종합 시설로, 바닥은 대리석이고 벽면은 모자이크 타일로 만든 회화, 프레스코화, 조각으로 장식되어 있었다. 열탕의 규모를 짐작할 수 있는 예로, 열탕이 있던 자리에서 1937년부터 지금까지 〈아이다〉와 〈라 트라비아타〉 같은 대형 오페라가 개최되고 있다.

306년에 세워진 디오클레티아누스 테르마이Diocletianus termái는 카라칼라 테르마이보다 크고 화려해서 3,000명이 동시에 입장할 수 있었다. 이 테르마이는 시내와 가까운 언덕에 건설되었는데, 로마 사람들이 수시로 이곳을 방문해 건물 정면에 붙은 황제의 이름을 보고 부르며 그에게 감사한 마음을 표현하게 하려는 의도였다.

디오클레티아누스가 황제로 즉위한 3세기 말은 로마가 외부의 게르만족과 사산조 페르시아의 위협을 받고 내부적으로는 내전에 시달리는 어려운 시기였다. 로마 시민들은 황제가 지은 거대한 테르마이를 보며 사회가 아직은 안전하다고 느꼈을 것이다. 하지만 그런 믿음이 무색하게도 이 테르마이는 결국 고대 로마가 멸망한 후 고트족의 손에 파괴되었다.[13]

로마 역사상 가장 화려했던 이 테르마이는 완전히 파괴되지 않고 용도를 바꿔 살아남았다. 교황 비오 4세Pope Pius IV(1559~1565)는 디오클레티아누스 테르마이를 성당으로 개축하라고 지시했다. 지금도 로마에 남아 있는 '산타 마리아 델리 안젤리 에 데이 마르티리 성당(천사와 순교자들의 성모 마리아 성당)'이 바로 그곳이다. 디오클레티아누스가 테르마이를 건설할 당시, 기독교도 4만 명을 강제 노역에 동원했다는 전설 때문에 이와 같은 이름이 붙었다고 전해진다.

　　교황의 명을 받아 개축 사업을 담당한 사람이 바로 르네상스 시대 최고의 조각가이자 화가, 건축가인 미켈란젤로였다. 미켈란젤로는 죽기 1년 전인 1563년부터 88세의 나이로 사망한 1564년까지 건축물의 기초를 설계했다. 그가 세상을 떠난 후에는 제자인 자코모 델 두카 Giacomo del Duca(1520~1604)가 작업을 이어받았다. 미켈란젤로는 목욕탕으로 사용되던 공간을 수도사의 숙소와 회랑으로, 그 외의 공간은 종교 활동을 수행할 수 있는 장소로 변모시켰다. 그 이후로도 여러 차례 개조가 이루어졌으며, 이제 미켈란젤로가 설계한 원래의 모습은 거의 사라졌다. 그러나 테르마이의 유적은 여전히 성당 안에 남아 있다.[14]

　　화려한 테르마이에 너도나도 드나들며 로마의 목욕 문화는 더욱 번성했고, 공중목욕탕은 중요한 사교장이 되었다. 황제들조차 황궁의 목욕탕을 뒤로하고 공중목욕탕을 찾아 시민과 함께 목욕을 즐겼다. 로마 황제들의 전기인 『히스토리아 아우구스타Historia Augusta』에 따르면, 33대 황제 갈리에누스Publius Licinius Egnatius Gallienus(218~268)는 여름엔 매

산타마리아 델리 안젤리 에 데이 마르티리 성당 ◯ 디오클레티아누스 테르마이를 개조한 성당이다.

일 6~7차례, 겨울엔 2~3번이나 공중목욕탕을 방문했다.

14대 황제 하드리아누스Publius Aelius Trajanus Hadrianus(76~138)와 관련된 재미난 일화도 있다. 하드리아누스 황제가 공중목욕탕에서 목욕 중 벽에 등을 문지르는 늙은 퇴역군인을 목격했다. 그는 때를 밀어주는 사람에게 지불할 돈이 없어 혼자서 등을 밀고 있었다. 황제는 그가 안타까워 돈과 노예를 내렸다. 이 소식이 퍼지자 다음 날 많은 시민들이 그 목욕탕으로 몰려와 황제 앞에서 벽에 등을 문질렀다. 찾아온 모든 이들에게 돈과 노예를 하사해야 할까? 황제는 현명하게도 사람들을 일렬로 세워 서로 등을 밀어주도록 했다.[15] 이 일화는 공중목욕탕이 신분 차이를 넘어선 공간이었음을 보여준다.

공중목욕탕 이용이 일상화되면서 규칙을 지키는 것도 중요해졌다. 키케로는 자연의 필요에 의해 봉사하는 신체 부위, 즉 생식기를 남 앞에 드러내는 것을 피해야 하며, 아버지와 성인이 된 아들, 장인과 사위가 함께 목욕탕에 가는 것을 삼가야 한다고 주장했다.[16]

몸을 씻는 곳이니 목욕탕은 깨끗한 게 당연하겠지만 실제 로마의 목욕탕은 그렇게 깨끗하지만은 않았다. 수도교를 통해 도시로 많은 물을 끌어왔음에도 불구하고 탕의 물을 자주 갈지 않았고, 사람들은 오일을 바른 채로 물에 들어가거나 때를 밀었다. 납과 솜으로 치아 충전재를 최초로 만들었다고 알려진 외과의사 아울루스 코르넬리우스 켈수스Aulus Cornelius Celsus(기원전 25~기원후 50)도 목욕이 치료 효과는 있지만, 몸에 새로 생긴 상처가 있는 경우 감염의 우려가 있으므로 목욕을 피

할 것을 주장했다.[17]

16대 황제 마르쿠스 아우렐리우스Marcus Aurelius Antoninus(121~180)는
『명상록Meditations』에서 "목욕이 당신의 마음에다 무엇을 선사하느냐?
기름, 땀, 먼지, 기름이 뜨는 물, 그리고 구역질 나는 모든 것을 선사할
뿐이다. 어느 분야든 인생은 바로 그런 것이고 인생에서 모든 물질적인
것은 그러한 것이다."[18] 라고 물질문명의 추함에 목욕을 빗대었다.

목욕과 테르마이에 대한 예찬과 불평, 경고가 쏟아져 나온 것은 고
대 로마에서 목욕이 일상생활 깊숙이 자리 잡고 있었기 때문이다. 그
러나 번성했던 로마의 목욕 문화도 변화를 겪는다. 이민족의 침입과
금욕을 강조하는 기독교의 영향으로 화려하던 목욕 문화는 점차 쇠퇴
한다.

3

더러운 것이
성스러운 것이다

초기 기독교의 목욕관

디오클레티아누스 황제가 기독교 신자들을 동원해 거대한 테르마이를 건설하고 60여 년이 흐른 380년, 로마는 기독교를 국교로 선포한다. 이로써 로마 문화 안에 기독교 문화가 자리잡기 시작했다.

기독교 신자들은 목욕과 신체에 대해 로마 시민들과 다른 태도를 보였다. 고대 그리스와 로마에서는 육체와 영혼이 연결되어 있다고 믿었고, 건강한 육체에서 건강한 정신이 나온다고 생각했다. 그래서 신체를 가꾸는 일은 정신을 가꾸는 것과 동일한 일이었다. 반면 기독교 교리는 육체와 영혼을 분리해 영혼의 정결함을 우선시했다. 육체적 쾌락을 추구하는 것은 죄악으로 간주되었다.

성녀 아그네스 ◯ 도메니키노, 〈성녀 아그네스〉, 1620, 212.7×152.4cm, 윈저 캐슬

그렇다면 기독교 신자들에게 공중목욕탕은 어떻게 보였을까? 공중목욕탕은 단순히 씻는 곳이 아니었다. 여가와 쾌락의 공간이고, 때로는 남녀 혼욕이나 매춘까지 발생하는 장소였다. 따라서 기독교 신자들에게 공중목욕탕은 죄악의 구렁텅이, 악마의 소굴로 여겨졌을 것이다. 목욕도 마찬가지였다.

초기 기독교에서 금욕주의는 보편적이지 않았지만, 3세기와 4세기를 거쳐 점차 확산되었고,[19] 수도승, 성인들은 씻지 않음으로써 육체적 고행을 자처했다. 목욕으로 획득하는 신체적 쾌락을 포기함으로써 얻는 더러움은 성스러움의 증표였는데, 이러한 고행은 '씻지 않은 상태'라는 뜻의 알로우시아alousia라고 한다. 목욕 문화가 가장 발달한 디오클레티아누스 황제 시대에 살았던 성녀 아그네스Saint Agnes(291~304)는 박해로 사망하는 13살까지 단 한 번도 몸을 씻지 않았다.

목욕을 가장 비판적으로 보았던 인물은 4세기경의 신학자인 히에로니무스Hieronymus(342-347~420)였다. 그는 목욕이 평범한 여성들에게 특히 위험하다고 주장했다. 온수욕과 포도주가 성욕을 불러일으키며 젊은 여성들이 외모에만 신경을 쓰게 하고 신을 멀리하게 만든다고 주장했다.[20]

갖은 비난에도 불구하고, 그런 성인들도 유일하게 받아들인 목욕이 있었다. 바로 세례였다. 세례는 물에 몸을 담그거나 머리에 물을 뿌리는 종교적 의례. 신에게 죄를 고백하고 죽은 뒤 그리스도의 은총으로 다시 태어난다는 의미를 지닌다. 따라서 외모를 가꾸고 육체적인 쾌락을 추구하는 일반적인 목욕과는 본질적으로 다른 행위이다. 한 번 받는 것으로도 영혼을 구원받을 수 있는 목욕이니, 일생에 단 한 번 세례를 받으면 필요한 목욕은 전부 한 셈이다.

비슷한 시기 기독교인들의 목욕관에 대한 이슬람 신도의 관점을 나타내는 기록이 있다. 『아라비안 나이트』에 아라비아인 정원사가 기독교인 아이를 두고, 그 아이가 세례를 받았기 때문에 평생 씻을 필요가 없을 것이라고 비웃는 장면이 나온다.[21] 이는 타 종교의 특성을 무시하는 발언이지만 청결 개념의 차이를 드러내는 발화로도 읽을 수 있다.

그렇지만 모든 기독교인이 더러움을 고행으로 삼은 것은 아니었다. 초기 기독교가 공인되던 시절에는 기독교인들도 공중목욕탕을 이용했다. 5세기 노바티아누스주의의 주교 시신니우스Sisinnius Bishop of the Novatians는 하루에 두 번씩 공중목욕탕을 방문했다. 이를 못마땅하게 여긴 수행자가 주교에게 하루에 두 번이나 목욕탕에 갈 필요가 있느냐고 따졌다. 그러자 그는 하루의 3분의 1을 소비하는 것은 아니라고 대꾸했다.[22]

로마에서 공중목욕탕을 유지한 것도 성당이었다. 성당은 순례자, 가난한 사람, 그리고 병자를 위한 자선 행위의 일환으로 목욕탕을 운영했다. 6세기 프랑크 왕국 클로타르 1세의 아내였던 튀링겐의 공주 라데군트Radegund(520?~586)는 프랑스 서부 푸아티에에 수녀원을 세우고 빈민과 병자들을 위해 봉사했다. 그녀는 그들에게 식사를 제공할 뿐만 아니라 매주 목요일과 토요일에 목욕 서비스도 제공했다. 라데군트는 직접 그들의 몸을 비누로 씻기고 머리를 감겨 주었으며, 비듬, 딱지, 이, 고름을 피하지 않고 상처의 벌레를 뽑아내고 썩은 살을 문질러 닦아내는 진정한 헌신을 보여줘 성녀로 시성되었다.[23] 교회의 목욕은 의료 행위이자 자선과 종교 활동이었다.

또한 수도사들은 1년에 3회, 성탄절, 부활절, 오순절 같은 축제일 전에 목욕을 허락받았다. 물론 수도사들 중에는 성스러움을 중시해 목욕을 거부하는 이들도 있었다. 그러나 건강상의 이유로 온천을 찾는 수도사들도 있었고, 상류층 중에는 자기 거주지에 목욕탕을 은밀하게 세우는 경우도 있었다.[24]

로마의 목욕 문화와 공중목욕탕은 8~9세기까지 금욕적인 사회 분위기 속에서 점차 쇠락한다. 이러한 과정은 537년 고트족이 로마의 송수로를 파괴하면서 가속화되었다. 냉탕, 온탕, 열탕 모두 물이 필요하다. 그런데 송수로가 파괴되고 물 공급이 끊어지자 공중목욕탕도 문을 닫을 수밖에 없었다. 이어진 타민족의 침략과 제국의 몰락으로 테르마이로 대표되는 공중목욕탕은 사라졌다. 그런데 역설적으로 로마인들이 정복했던 지역에 목욕 문화가 남았다.

제국의 전성기 동안, 로마는 유럽 곳곳을 정복하며 목욕 문화를 전파했다. 군인들은 고향에서처럼 목욕을 즐기기 위해 주둔지에 공중목욕탕을 세웠다. 로마인들이 정복한 지역 중 온천이 있는 곳은 온천 도시로 발전했다. 영국의 바스와 벅스톤, 프랑스의 비시와 엑스레뱅, 독일의 아헨과 비스바덴, 오스트리아의 바덴 등이 그 예이다.

특히 영국의 바스에는 1세기에 지어진 로마식 목욕탕이 남아 있어, 오늘날에도 목욕 치료의 중심지로 관광객들이 즐겨 찾는다. 독일 아헨의 라틴어 지명은 '그라누스의 샘Aquae Granni'으로 켈트 신화의 치료의 신, 그라누스를 연상시킨다. 이곳 또한 로마 군인들이 목욕탕을 건설해서 피로를 달랬던 휴양지로 널리 알려져 있다. 프랑크 왕국의 샤를마뉴 대제도 794년 아헨에 궁전을 지어 매년 여름을 보냈다.[25]

기독교는 공중목욕탕을 부정적인 공간으로 여겼지만, 자연적으로 솟아 나오는 온천은 예외였다. 4세기의 교회 학자인 니사의 그레고리우스Gregorius Nyssenus(335~394)는 뜨거운 물이 솟아나는 온천을 신의 은혜라고 묘사했다. 아마도 치유의 기적을 일으키는 샘과 동일시했을 것이다.

2021년 유네스코는 '유럽의 거대 스파 타운'으로 11곳의 온천 도시를 지정했다. 이 중에서 체코의 소도시 마리안스케라즈네Mariánské Lázně는 '마리아의 욕조'라는 뜻을 가지고 있다. 이 이름은 전쟁에서 돌아온 한 병사가 온천수에서 성모 마리아의 모습을 보고 몸을 담갔다가 상처가 치유되었다는 전설에서 유래되어있다. 독일에서는 이곳을 동일한 의미로 마리엔바트Marienbad라고 부른다.

로마식 공중목욕탕은 본거지인 유럽 남서부보다 동로마, 즉 비잔틴 제국 지역에서 더 오래 유지되었다. 지중해 연안의 도시, 알렉산드리아의 중심부에는 콤 엘 디카Kom El Deka라는 로마 유적지가 있다. 1959년 알렉산더 대왕의 무덤을 찾기 위한 발굴 도중, 800석 규모의 원형 극장, 공중목욕탕, 주거지 등이 이곳에서 발견되었다. 극장과 주택 등과 함께 비잔틴 제국의 도시 계획의 일환으로 건설되었을 가능성이 높은[26] 공중목욕탕은 로마 목욕탕의 전형적인 구조를 그대로 보존하고 있다. 탈의실에서 시작해 냉탕(프리기다리움), 온탕(테피다리움), 열탕(칼다리움) 순으로 이어졌으며, 보일러실도 완비되어 있었다. 목욕에 필요한 물은 지상의 거대한 저수조로부터 공급받았다.[27]

7세기가 되자 이슬람의 영향력이 아라비아반도를 넘어선다. 아라비아반도 주변에서는 기독교, 로마, 이슬람 문화가 교차하며 독특한 문화가 꽃피었다. 목욕 문화도 예외는 아니었다.

로마의 목욕 문화는 이슬람 목욕 문화로도 일부 스며들어 비잔틴 도시를 비롯해 이후 이집트와 시리아까지 널리 퍼져나갔다. 한편 기독교의 영향으로 사라졌던 공중목욕탕은 십자군 전쟁 이후 중세 유럽에서 다시 부활했다. 아이러니하게도 십자군 전쟁에서 이슬람식 목욕을 경험하고 돌아온 군인들을 통해서였다.

탕이 없어도
목욕할 수 있을까?

이슬람의 공중목욕탕, 하맘

샤워는 목욕일까, 아닐까? 비누칠을 하고 머리부터 발끝까지 몸을
물에 푹 적셔 씻는 행위임에도 불구하고 목욕이라 주장하기에는 어쩐
지 찜찜하다. 때를 벗기지 않아서일까? 아니면 뜨거운 탕 안에 들어가
지 않아서일까? 만약 때를 불려서 밀기까지 하는데, 뜨거운 탕에 들어
가지 않는다면 그것은 목욕일까, 아닐까?

대부분의 한국인에게 목욕을 설명하라고 하면, 뜨거운 탕에 몸을
담그고 피로를 풀며 때수건으로 각질을 벗겨내는 일이라고 대답할 것
이다. 때를 벗겨내지 않고 뜨거운 탕에 들어가 몸을 덥히고 나오기만
하는 일본식 목욕도 목욕에 포함하는 이가 있을지 모르겠다. 어쩌면

뜨거운 물에 몸을 담그는 행위가 한국인이 생각하는 목욕의 핵심 요소가 아닐까 싶다. 목욕탕 굴뚝에도 김이 모락모락 나는 새빨간 온천 기호가 그려져 있다.

그러나 때를 밀면서 뜨거운 물에 몸을 담그지 않는 목욕 방식도 존재한다. 바로 튀르키예식 목욕, 터키탕으로 알려진 이슬람식 목욕인 '하맘hammam'이 그 예이다. 하맘은 뜨거운 탕을 사용하지 않는 독특한 목욕 문화를 보여준다.

이슬람 국가라고 하면 물이 귀한 사막 지역을 떠올리기 쉽다. "물이 그리도 귀한데, 씻는 것 자체가 호사 아니겠어?" 이런 편견이 있을지도 모르겠다. 하지만 이슬람 교리에서는 신체적 청결을 매우 중요하게 여긴다.

『코란』에는 무슬림이 반드시 지켜야 할 다섯 가지 기본 의무가 기록되어 있다. 신앙 고백인 샤하다, 메카를 향해 기도하는 살라트, 가난한 이들을 위한 자선세稅인 자카트, 라마단 기간의 단식인 사움, 그리고 메카 순례인 하즈다가 그것이다. 이 중 목욕과 깊은 관련이 있는 것은 살라트이다.

무슬림들은 매일 다섯 차례, 성지 메카를 향해 기도하며, 매주 금요일은 물론 축제나 장례식에서도 함께 기도한다. 『코란』에는 살라트를 행할 때 필요한 목욕재계 의식인 우두wuḍū'가 언급된다. 의식상의 불결함, 하다스를 제거하기 위한 절차가 바로 우두다. 이처럼 물이 귀한 환경 속에서도 이슬람은 청결을 유지하는 것을 매우 중요하게 생각한다.

우두의 첫 단계로 손 씻기가 시작된다. 잡념을 훌훌 털어버리고 '비스말라(신의 이름으로)'를 마음속으로 외치며 손을 세심하게 씻는다. 왼손으로 오른손을, 그리고 오른손으로 왼손을 각각 세 번씩 씻으면서 손가락 사이와 손목까지 깨끗이 한다.

이어서 입을 세 번 헹군다. 오른손으로 물을 떠서 머금어야 한다. 코도 마찬가지로 오른손으로 물을 떠 코로 들이마시고, 이를 세 번 반복한다. 얼굴은 오른쪽 귀에서 왼쪽 귀로 손을 움직이며 머리카락 끝부터 턱까지 세 번 씻는다. 팔은 팔목부터 팔꿈치까지 물이 고르게 닿도록 세 번 씻는다.

한 번만 진행하는 머리 씻기는 양손에 물을 묻혀 눈썹부터 앞머리까지 적신 후 머리카락 전체를 쓰다듬으며 목뒤와 관자놀이까지 씻는다. 귀 씻기는 귓구멍부터 시작해 귀 전체와 귓바퀴를 차례로 한 번씩 씻는다. 마지막으로 발을 씻는 순서가 온다. 발목부터 시작해 씻은 물이 발가락 사이로 흘러내리도록 하고, 새끼손가락으로 발가락 사이가 깨끗한지 확인한다. 오른발부터 세 번 씻고, 이후 왼발을 씻는다.

우두의 순서는 정확해야 한다. 순서를 틀리는 것은 물론, 화장실을 다녀오거나 방귀를 뀌는 등 자연스러운 생리 현상도 용납할 수 없다. 중단되면 처음부터 다시 시작이다. 날씨가 춥거나 물이 없는 곳에 있거나 몸이 아파서 움직이기 어려운 상황이라면 어떻게 해야 할까? 깨끗한 흙이나 모래를 이용해 몸을 닦으면 되는데, 이를 '타얌뭄tayammum'이라 한다.

하루에 다섯 차례, 각각의 기도 전에 우두 절차에 따라 몸을 깨끗이 씻는다. 이슬람 사원 주변에는 율법에 따라 몸을 정결하게 할 수 있는 시설들이 마련되어 있다. 사원의 입구나 사흔이라 불리는 경내 정원에는 세정대가 설치되어 있어 몸을 씻을 수 있다. 만약 우두로 해결할 수 없을 만큼 몸이 크게 더러워졌다면, '구슬ghusl'이라는 전신욕으로 깨끗이 씻어내야 한다. 그래서 사원 밖에는 공중목욕탕도 설치되어 있다. 이렇듯 이슬람의 목욕 문화는 율법과 함께 발달했다.

하맘은 이슬람식 목욕탕으로, 유럽에는 '튀르키예식 목욕' 또는 '터키탕'으로도 알려져 있다. 이 용어가 퍼진 이유는 튀르키예를 방문한 유럽 여행객들이 고향에 돌아가 자신들이 방문한 장소의 이름으로 이 목욕법을 소개했기 때문이다. 비록 튀르키예식 목욕이 이슬람 목욕의 대표 명사로 불리지만, 정확한 명칭은 하맘이며 이슬람 문화의 영향을 받은 곳이라면 어디에나 하맘이 존재한다.

예를 들어 그리스의 테살로니키에는 15세기에 지어진 하맘이 아직도 남아 있고, 이집트의 카이로에도 한때 최대 300개의 하맘이 있었다고 전해진다. 서쪽으로는 모로코와 북아프리카, 스페인의 안달루시아 지방, 헝가리, 세르비아, 불가리아를 거쳐 동쪽으로는 시리아, 카타르, 이란에서도 하맘을 찾아볼 수 있다.

'하맘'이라는 단어는 아랍어의 '따뜻하다' 또는 '데운다'는 말에서 유래했다. 이는 사전적으로 '덥히는 장소'이자 '목욕 장소'로 해석된다. 특히 튀르키예가 위치한 아나톨리아반도에서 하맘은 이슬람 문화와

1부. 세계 목욕의 역사

로마, 그리스 그리고 비잔틴 제국과 셀주크 튀르크, 오스만 튀르크 등 다양한 국가와 문화의 요소들이 결합된 복합적인 목욕 문화이다.

아나톨리아반도의 공중목욕탕 역사는 기원전 3000년 전, 청동기 시대까지 거슬러 올라간다. 그 당시 유목민들은 가죽 텐트를 치고 지붕만 덮은 곳에서 목욕을 즐겼다. 시간이 흘러 그리스와 로마의 영향을 받아 공중목욕탕이 세워지기 시작했는데, 튀르키예의 에페수스, 밀레투스, 페르가몬, 프리에네 등지에 유적이 남아 있다. 이 목욕탕들은 단순히 몸을 씻는 곳을 넘어 운동, 경기, 사교의 장으로 활용되었으며, 구조와 기능 면에서 로마의 목욕탕과 유사하다.

11세기 후반 셀주크 튀르크(1040~1157)가 아나톨리아반도에 정착하자 아나톨리아반도의 목욕 문화에 큰 전환점이 찾아왔다. 로마식 목욕 대신 이슬람식 목욕이 시작되었고, 이슬람 사원 건축과 함께 우두와 구슬을 수행할 수 있는 목욕 구조물도 함께 세워졌다. 초기에는 비잔틴 제국이 남긴 공중목욕탕을 개조해 사용했지만, 점차 셀주크 튀르크 방식에 맞게 새로운 목욕탕을 건설했다. 이 새로운 목욕탕이 하맘이다.

하맘은 물을 데우는 보일러 시설을 갖추고 있어 로마의 테르마이와 비슷하게 냉수와 온수, 열수를 공급했다. 탈의실도 마련되었다. 그러나 로마식 목욕탕의 핵심이었던 탕은 사라졌다.

이슬람은 고인 물을 불결하게 여긴다. 물이 가득 찬 욕조는 그 물이 깨끗할지라도 관념적으로 불결하다. 목욕탕의 주된 목적은 신체,

정신, 종교적 깨끗함을 유지하는 것이므로, 물이 고여 있는 탕에 들어가는 것은 안 될 말이다. 그러면 어떻게 몸을 덥힐 수 있을까? 그래서 고안한 방식이 증기욕이었다.

증기는 고여 있지 않고 공기 중에 둥둥 떠다니기 때문에 불결하지 않다. 뜨거운 습기가 공기 중에 가득 차 있다면 탕 속에 들어가서 앉은 기분과 같지 않을까? 탕에 몸을 담그는 대신 증기로 가득 찬 방에 앉아 흐르는 물을 몸에 부어 몸을 씻는다. 율법을 어기지 않고도 얼마든지 청결을 유지할 수 있다.

오스만 튀르크 시대(1299~1922)에는 하맘의 구조가 현재와 가장 유사한 형태로 발전했다. 이 시기의 하맘의 욕실은 냉욕실, 온욕실, 열욕실로 세분화되고, 물 저장소, 입구, 사이 공간, 숯 저장고 등을 갖춘 복잡한 구조를 자랑했다. 드물게 수건 건조장, 커피 스토브, 정원과 연결된 여성 전용 회랑, 목재 저장고, 뜰이 있는 하맘도 있었다.

지하로 이어지는 계단을 내려가 중앙 출입문을 열고 들어가면 하맘이 나온다. 가장 먼저 마주하는 공간은 냉욕실인 소오클룩soğukluk이다. 이곳은 페르시아어로 '카메가' 또는 '카메칸'이라고 불리는데, 옷을 갈아입는다는 의미가 담겨 있다. 실제로 이곳에서 방문객들은 옷을 갈아입는다. 냉욕실은 목욕 전후로 사람들이 모여 이야기를 나누고 휴식을 취하는 중요한 사교 장소이며, 하맘 내에서도 가장 큰 공간을 차지한다. 우리나라 목욕탕 탈의실에서 이웃 사람들과 수다를 떠는 것과 비슷하다고 할 수 있다. 옷을 갈아입을 수 있는 벤치가 벽을 따라 길게

1부. 세계 목욕의 역사

늘어서 있고, 중앙에는 물이 흐르는 세정대가 놓였다. 때로는 커피 스토브가 있어 몸을 식히며 커피를 즐길 수도 있었다.

옷을 갈아입은 후 아랄럭aralık이라 불리는 사이 공간을 따라 온욕실로 발걸음을 옮긴다. 이 통로에는 일반적으로 화장실과 제모除毛실이 마련되어 있으며, 17~18세기에 지어진 대다수의 하맘에서 이러한 구역을 찾아볼 수 있다.

일리클릭ılıklık, 즉 온욕실은 열욕실로 진입하기 전에 몸을 열에 익숙하게 만드는 공간이다. 고온의 열욕실을 견디기 힘든 사람들과 노약자들은 이곳에서 몸을 깨끗이 씻기도 했다. 열욕실인 시자클릭sıcaklık은 본격적인 목욕이 이루어지는 주요 공간이다. 이곳과 온욕실은 열손실을 방지하기 위해 작은 문으로 분리되어 있으며, 온도는 35°C에서 45°C 사이로 유지된다.

열욕실의 돔형 천장에는 채광과 환기를 위해 작은 구멍이 뚫려 있고, 중앙에는 30~50cm 높이의 육각형 대리석 단이 설치되어 있다. 대리석 단 주위로는 할벳halvet이라고 불리는 작은 개인 욕실들이 자리 잡고 있다. 안쪽 벽에는 우묵하게 파인 이완iwan이 있는데, 보통 이곳에서 몸을 씻는다. 이완에는 목욕하는 사람이 앉을 수 있는 대리석의자가 설치되어 있으며, 이 의자는 바닥에서 15~20cm 높이에 폭은 70~100cm로 벽을 따라 이어진다. 의자 중간에는 대리석으로 만들어진 세면대인 쿠르나kurna가 있어 물이 계속 흘러나와 분수처럼 넘친다. 할벳 안에도 의자와 쿠르나가 구비되어 있다.[28]

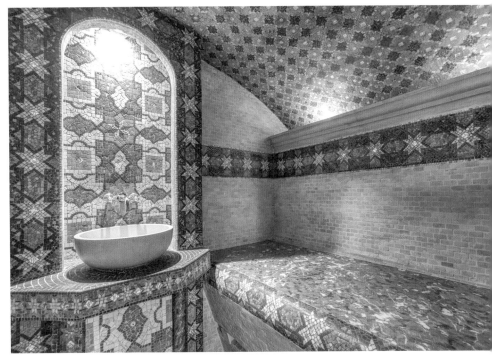

하맘의 쿠르나 ◯ 쿠르나의 물은 고여 있지 않고 계속 흐른다.

물 저장소와 숯 저장소는 열욕실과 인접한 곳에 위치해 있으며, 숯 저장소에서 불을 지핀 후, 저장소 아래에 있는 보일러를 통해 물이 끓어오르면 그 증기가 배관을 통해 열욕실로 유입된다. 이러한 구조 덕분에 하맘에서는 항상 쾌적한 목욕을 즐길 수 있었다.

그리스와 로마, 비잔틴 양식에 셀주크 튀르크의 문화가 조화를 이룬 독특한 공중목욕탕은 오스만 튀르크 시대에 한층 번성했다. 1453년 비잔틴 제국을 정복한 술탄 메흐메트 2세(1432~1481)는 이스탄불에 19개의 공중목욕탕을 건립했다. 이 시기에 하맘의 수가 급증한 데는 몇 가지 이유가 있다.

첫째, 하맘은 이슬람 도시에서 필수적인 시설이었다. 사원에 들어가기 전에 신도들은 반드시 몸을 정화해야 했기 때문에 남녀노소를 막론하고 하맘을 방문했다. 둘째, 퀼리예라는 도시 복합 단지에는 사원, 바자르(시장), 학교와 서점, 병원, 무료 급식소 등 다양한 공공시설이 포함되어 있었는데, 하맘도 그중 하나였다. 이처럼 사회적, 경제적으로 중요한 역할을 하는 시설이었기 때문에 술탄은 백성들의 지지를 얻기 위해 하맘 건설에 적극적이었다.

이스탄불의 톱카프 궁전에는 오늘날에도 술탄이 사용하던 하맘이 남아 있어 그 당시의 화려함을 엿볼 수 있다. 17세기에는 이스탄불에 무려 151개의 하맘이 있었다는 기록도 있다.[29] 이는 당시 하맘 문화가 얼마나 활성화되어 있었는지를 잘 보여준다.

하맘은 무슬림들에게 몸과 정신을 깨끗하게 하는 곳이자, 사회생활이 활발히 이루어지는 공적 공간이었다. 마치 로마의 테르마이를 연상시킨다. 자신의 저택에 개인 하맘을 설치한 귀족이나 부유한 이들도 공중 하맘에 발길을 끊은 것은 아니었다.

하맘은 모든 사람이 지위와 신분에 구애받지 않고 이용할 수 있었고 그 안에서는 다양한 이야기와 사건들이 오고 갔다. 특히 중요한 사회적 사건이 발생했을 때는 하맘에서 축하 의례를 개최하기도 했다. 예를 들어 결혼을 앞둔 신랑이나 군에 입대하는 젊은이들을 위한 특별한 의례가 하맘에서 열렸다. 이처럼 하맘은 단순히 몸을 씻는 장소를 넘어 공동체의 중심으로 자리 잡았다.

2022년에 튀르키예 남동부 바트만주의 고대 도시 하산케이프가 수몰되었다. 티그리스강 인근 절벽 위에 자리 잡은 이 지역은 역사만 약 1만 2,000년에 달하며, 수메르 문명, 로마 제국, 오스만 튀르크 시대의 유적으로 가득하지만 일리수댐 건설 프로젝트로 인해 수몰 위기에 처했다. 그런데 댐 완공을 3년 앞둔 2019년 한국의 물류 회사가 이 고대 도시의 유적 23개를 안전한 장소로 옮기는 대규모 프로젝트에 착수했다.[30]

하산케이프의 유적은 4.7km 떨어진 문화 공원으로 이송되었다. 옮겨진 유적의 전체 무게는 무려 12,063t이었다. 옮겨진 유적 중에는 800년 된 아르투클루 하맘이 있었다. 무게만 1,500t으로 해체 없이 통째로 운반했다. 3km를 이동하는 데에만 아홉 시간이 소요되었다. 이처럼 엄청난 노력과 시간을 투자한 것은 이 지역의 역사와 사람들의

1부. 세계 목욕의 역사

삶에 하맘의 가치가 매우 크기 때문이었다.

하맘은 여성에게도 중요한 장소였다. 셀주크 튀르크 시대와 오스만 튀르크 시대 초기에는 여성이 공중 하맘에 들어갈 수 없었다. 하지만 하맘이 여성 질환과 산후 조리에 효과적이라는 사실이 알려지면서 여성들도 점차 하맘을 자주 찾기 시작했다. 이러한 변화를 반영해, 오스만 튀르크의 전성기를 이끈 술탄 술레이만은 1556년 사랑하는 아내 휘렘 술탄을 위해 여성 전용 하맘을 최초로 건설했다. 이 하맘은 이스탄불의 아야 소피아와 술탄 아흐메드 모스크 인근에 자리 잡고 있으며, 톱카프 궁전을 설계한 건축가 미마르 시난Mimar Sinan(?~1588)의 손에서 탄생했다. 하세키 휘렘 하맘Haseki Hürem Hammam은 오스만 제국의 하맘 건축물 중에서도 걸작으로 평가받으며 현재는 양탄자 박물관으로 활용되고 있다.[31]

하맘은 여성의 가정생활과 사교 생활에도 중요한 역할을 했다. 남성들은 대체로 혼자 하맘을 방문하는 반면, 여성들은 어머니나 언니, 여동생과 함께 가족 단위로 하맘을 찾았다. 이곳에서 그들은 목욕을 즐기며 활발히 교류했다.

하맘 방문은 신분을 과시할 기회로 목욕 용품 준비부터가 사회적 활동이었다. 차려입고 집을 나서는 것부터 목욕하고 집에 돌아오기까지, 성대한 외출 행사였다.[32]

준비하는 목욕 용품은 대략 13~14개로, 신분과 부를 보이는 고급품이었다. 목욕 용품을 담는 주머니는 각각 모슬린, 벨벳, 리넨으로 제

작되었다. 모슬린 주머니에는 금실로 수놓은 목욕 수건, 실크로 만든 허리 가리개, 상아를 조각해 만든 빗과 거울, 레이스와 구슬로 장식된 머리덮개를 넣었고, 벨벳 주머니에는 목욕 후 갈아입을 새 옷을 넣었다, 리넨 주머니는 갈아입은 헌 옷을 담는 용도였다.

이렇게 준비한 하맘 꾸러미를 목욕 하루 전에 미리 목욕탕으로 보냈다. 남성은 남성 목욕관리사인 텔락에게, 여성은 여성 목욕관리사인 나티르에게 목욕 용품을 맡겼으며, 이들은 고위층의 목욕 시중을 들었다. 현재 튀르키예의 하맘에서도 이러한 역할을 하는 전문 세신사를 텔락, 나티르로 부른다.

여성들은 라마단 시작 후 15일째 되는 밤에 목욕을 하러 갔다. 전통적인 목욕 의례로는 키즈 하마미kız hamamı, 옐린 하마미gelin hamamı, 네브세 하마미nervese hamamı가 있다. 이들 하마미는 무슬림 여성의 사회적 삶에서 중요한 역할을 했다.

'하마미'란 목욕을 뜻하는 말이며, '키즈'는 튀르키예어로 미혼 여성을 의미한다. 키즈 하마미는 약혼한 미혼 여성이 친척과 친구를 초대해 진행하는 목욕 의례. 결혼을 앞둔 여성의 가족이 주관하고, 참석한 여성들은 예비 신부에게 행복한 결혼 생활의 비법들을 전달한다.[33]

옐린 하마미는 결혼 후에 이루어지는 목욕 의례다. 신부를 위해 신랑의 가족이 주관하며, 신부의 친구와 가까운 여자 친척, 그리고 신랑 어머니의 친구들과 친척이 참석한다. 이 목욕에서는 양가의 친지들이 서로 인사하고, 소개하며, 결혼으로 맺어진 유대를 굳건히 한다. 의례는 참석자들이 각자의 목욕 수건을 몸에 두른 상태에서 시작된다. 친지들은 신부에 대한 찬가를 부르면서 신부를 냉욕실에서 온욕실로 인도한다. 신부는 대리석 대야에서 목욕을 하고, 이후 냉욕실에서 준비된 음식을 참석자들에게 제공한다. 그 후에는 잔치가 벌어진다. 이 목욕 의례는 '두 번째 목욕'이라 불리는 목욕으로 마무리된다.[34]

네브세 하마미는 튀르키예 남동부 가지안테프 지역의 풍습으로, 갓 해산한 여성을 위한 특별한 목욕이다. '네브세'는 이 지역에서 갓 아기를 낳은 여성을 의미한다. 아기가 태어난 후 40일째 되는 날에 진행되므로, '키르크 하마미kırk hamamı'라고도 불린다. 이는 '40번째 하맘'이라는 뜻이다. 이 행사에는 양가의 여성 친척과 친한 여성 친구들이 초대된다.[35]

네브세 하마미의 준비는 행사 일주일 전에 시작된다. 소금과 설탕 1kg씩을 사서 곱게 갈아 각각 보관한다. 또한, 정향, 생강, 흑후추, 계피, 고수, 코코아, 피멘토, 고수, 육두구, 회향, 아나이스, 검은깨, 쿠민, 아마씨, 삼씨 등 다양한 향신료를 섞어 '네브세 에미'라는 특별한 혼합물을 만든다. 행사를 준비하는 집안의 부유함에 따라 혼합물에 꿀이나 당밀을 추가하기도 한다. 이 혼합물은 해산한 여성의 몸에 바르는 용도로 사용된다.

목욕 의례 당일, 하객들은 각자 준비를 마치고 열욕실로 들어간다. 이 행사에는 산모뿐만 아니라 아기도 참석한다. 하지만 열욕실의 뜨거운 증기로부터 아기를 보호하기 위해, 아기는 모든 사람이 목욕을 마칠 무렵에 등장한다. 목욕하는 동안 산모와 아기는 가족과 가까운 여성들의 도움을 받는다. 산모의 첫 목욕이 끝나고 나면, 미리 준비한 네브세 에미를 그녀의 몸에 바르고 대략 30분 동안 두었다가 씻어낸다.

아기의 건강과 밝은 미래를 기원하며 아이의 몸에도 소금과 레몬 등을 바른다. 곱게 빻아낸 소금을 몸에 바르면 나쁜 기운과 냄새를 막을 수 있다고 믿었다. 또한 설탕을 아기의 얼굴에 바르면 그 아기가 성장해 사람들에게 다정하게 미소 지으며 살아간다고 여겨졌다. 밝은 눈을 기원하며 레몬즙을 한두 방울 아기의 눈에 떨어뜨리기도 한다.

또한 목욕 바가지(타스)로 아기의 머리에 물을 붓는데, 이를 40번 반복한다. 이어서 산모의 머리 위로 아기를 들고 아기의 머리 위에 늑대의 머리뼈를 올린다. 그 위로 물을 붓는데, 이는 늑대의 머리뼈에서 흘러내리는 물이 산모와 아기를 악마로부터 보호한다는 믿음에서 비롯된다. 이러한 의례는 기도와 함께 진행되며 주로 경험이 많은 여성이 이끈다.

의례가 끝나면 산보와 아기는 냉욕실 구역의 개인실로 옮겨진다. 산모는 이곳에서 아기에게 젖을 먹이고 재운다. 그리고 남은 참가자들에게 음식을 제공한다. 모든 이들이 식사를 마치고 유흥을 즐긴 후 옐린 하마미처럼 다시 목욕을 하면 전체 의례가 끝난다.

하맘은 이슬람 여성의 사회생활에서 중요한 역할을 했다. 하지만 시대가 변하고 경제 수준이 향상되면서, 각 가정에 개인 목욕 시설이 설치되었다. 하맘의 중요성도 점차 줄어들고 하맘에서 진행되었던 전통적인 의례들도 서서히 사라졌다. 공중목욕탕이 사양길에 접어든 한국과도 비슷한 사정이다. 그럼에도 불구하고 하맘은 여전히 이슬람 사회에서 중요한 역할을 하고 사회적 교류의 장으로 활용되고 있다.

2022년 11월 아프가니스탄에서는 여성의 하맘 출입이 금지되었다. 탈레반은 놀이공원과 헬스장에 이어 하맘 사용까지 제한하며, "모든 집에 목욕탕이 있기 때문에 문제가 되지 않을 것"이라고 주장했다. 놀이공원이나 학교 출입이 제한되고, 보호자 없는 장거리 여행이 금지되며, 얼굴을 가리는 것까지 요구되는 상황에서, 하맘까지 금지당했다.[36]

오스만 튀르크 시대의 귀족들도 제 집에 하맘이 있는데도 공중 하맘에 출입했다. 하맘이 몸을 씻기만 하는 곳이 아니기 때문이다. 사는 이야기를 주고받고 공동체의 대소사를 논의했다. 각종 의례가 이루어졌다. 탈레반은 그 공간이 해온 사회적 역할을 알기에, 그곳에서 여성들의 유대가 생겨난다는 것을 알기에 하맘을 금지했을 것이다.

1부. 세계 목욕의 역사

5

생겼다가 또 다시
사라진 목욕탕

십자군 전쟁 이후의 유럽

로마 제국이 쇠락하고 목욕을 죄악시하는 기독교가 번성하자 유럽에서는 공중목욕탕의 기능이 거의 사라졌다. 그러나 깨끗함에 대한 선호는 인간의 본능이 아니었을까? 13세기의 저명한 신학자 토마스 아퀴나스Thomas Aquinas(?~1274)도 교회 안에서 풍기는 악취를 막기 위해 향을 피웠다.[37]

유럽에서 잊혔던 목욕 문화는 십자군 전쟁(1095~1291)을 통해 다시금 유럽 땅을 밟았다. 성지 탈환을 위해 동쪽으로 향했으나 실패로 돌아갔다. 하지만 그 과정에서 설탕, 살구, 대추 등의 식재료와 체스와 같은 유희거리, 이슬람의 제지·의학·과학 기술이 유입되었다. 이렇게 유럽에 들어온 것 중 하나에 목욕 문화가 슬그머니 끼어 있었다. 고대 로마가 남기고 이슬람식으로 변형된 목욕 문화였다.

전쟁을 거쳐 돌아온 목욕 문화는 유럽 전역에 급속도로 퍼져나갔다. 개인이 집안에 목욕탕을 설치하는 것은 물론, 공중목욕탕도 속속들이 등장했다. 고대 로마의 테르마이와 다르게 물을 끓여 증기로 공간을 채우는 방식이어서 건설도 수월했다.

기독교가 목욕 문화를 억제하려 했어도 사람들의 일상에서 목욕을 완전히 제거하는 데는 실패했다. 아마도 대부분의 사람들이 성자가 아니었기 때문일 것이다. 14세기 런던에는 최소 18개의 목욕탕이 있었고, 피렌체에는 목욕탕이 즐비한 거리가 적어도 세 곳이 넘었다. 1292년 인구가 7만 명이었던 파리에는 무려 26개의 목욕탕이 있었다.[38]

중세 유럽의 공중목욕탕은 어떠했을까? 로마의 웅장한 테르마이만큼 크지는 않았다. 그곳에서 볼 수 있는 것은 한증과 욕조가 전부였다. 욕조는 주로 나무로 제작되어 별도의 방에 설치되었다. 목욕탕을 방문하면, 첫 번째로 증기를 쐈고, 이어서 모두 함께 나무 욕조에 몸을 담갔다.

십자군 전쟁을 통해 유럽에는 아랍의 의학 지식도 함께 전해졌다. 이 중 목욕과 관련된 의학 지식도 포함되어 있었다. 아랍 의학에서는 목욕을 건강에 매우 유익한 행위로 보고 적극적으로 권장했다. 단순히 '목욕하라' 하는 수준을 넘어서, 계절이나 식사 여부, 목욕하는 사람의 나이에 따라 다양한 목욕 방식을 세세하게 권장했다. 또한 여러 식물이나 나무껍질을 끓여 만든 목욕물을 처방하기도 했다. 12세기 독일의 수녀원장 힐데가르트Hildegard(1098~1179)는 나병, 옴, 발열 등을 약욕으로 치료할 수 있다고 기록했는데, 이는 대부분 아랍 의학 서적에 영향을 받은 내용이었다.[39]

기독교에서는 이 시기에 이르러서도 목욕을 경계했다. 만약 목욕이 단지 신체의 치료나 청결을 목적으로 한 행위였다면 크게 신경 쓰지 않았을 것이다. 하지만 고대 로마처럼, 중세 유럽에서 다시 부흥한 공중목욕탕에서는 남녀 혼욕과 성매매가 흔히 벌어졌다. 프랑스의 우화나 조반니 보카치오Giovanni Boccaccio(1313~1375)의 『데카메론Decameron』에도 목욕탕에서의 사건들을 풍자하는 내용이 가득하다.

『데카메론』은 중세 흑사병을 피해 피렌체 교외의 별장으로 피신한 세 명의 남성과 일곱 명의 여성이 시간을 보내며 나눈 이야기를 모은 책이다. 그중 여덟 번째 날에는 공중목욕탕을 무대로 매춘을 벌인 상인 살라바에토의 일화가 소개된다.

그는 이 사실을 아무에게도 알리지 않고, 약속된 시간에 정확히 목욕탕으로 향했다. 그곳은 이미 그 여인이 예약해 둔 상태였다. 얼마 지나지 않아 두 명의 여자 노예가 나타났는데, 한 명은 커다란 솜 매트리스를, 다른 한 명은 큰 바구니를 머리에 이고 있었다. 그들은 목욕탕의 어느 방에 있는 침대에 매트리스를 깔고, 그 위에 실크로 둘러싼 고급 시트와 하얀 키프로스산 버크럼 이불, 그리고 정교하게 수놓은 베개 두 개를 올려놓았다.

　　노예들은 곧 옷을 벗고 욕조에 들어가 몸을 꼼꼼히 씻고 문질렀다. 이어서 여인이 다른 두 명의 여자 노예를 대동하고 도착했다. 그녀는 살라바에토를 반갑게 맞이하며 깊은 한숨을 내쉬었다. 그를 껴안고 입을 맞추며 그녀가 말했다. "오, 나의 작은 토스카나 개야. 네가 아니면 누가 내 영혼에 이런 불을 지폈겠니?"

　　그녀는 살라바에토가 옷을 벗고 욕조에 들어가길 원했다. 두 명의 노예도 함께 들어갔다. 그녀는 다른 사람이 살라바에토에게 손을 대는 것을 허락하지 않고, 직접 머스크와 정향으로 향을 낸 비누로 그의 머리부터 발끝까지 세심하게 씻겼다. 그 후 노예들이 그녀를 씻기고 마사지했다.

　　노예들은 장미 향기가 가득한 최고급 아마포 시트 두 장을 가져왔다. 그들은 살라바에토를 한 장으로, 여인을 다른 한 장으로 감싸 침대로 데려갔다. 땀을 흘린 후 노예들이 감싼 시트를 벗기자 그들은 다른 시트 위에 벌거벗은 채로 누워 있었다.

　　노예들은 바구니에서 은으로 만든 아름다운 작은 병들을 꺼냈는데, 장미수, 오렌지꽃수, 자스민꽃수, 그리고 난파수가 들어 있었다. 그들은 이 향수들을 뿌린 후, 과자와 최고급 와인을 가져와 잠시 대접했다.

　　살라바에토는 마치 천국에 있는 것 같았다. 그는 정말 아름다운 여인을 수천 번이나 바라보았고, 노예들이 떠나고 그가 여인의 품에 안기기까지 매시간이 백 년처럼 느껴졌다.[40]

12세기부터 13세기에 걸쳐 유행한 기사도 문학에도 공중목욕탕이 자주 등장했으며, 중세 영어에서 목욕탕을 가리키던 단어 '스튜stew'는 결국 매음굴을 의미하게 되었다. 습한 증기를 뜻하는 '한증steam'이나 '한증탕steam bath'이라는 용어 역시 매춘의 은어로 사용되기 시작했다. 기독교인들의 우려가 현실이 되면서 목욕탕의 악명은 점점 더 쌓여갔고, 이에 여러 번의 금지 명령이 내려졌다.[41]

　　질병과 범죄의 온상이 된 공중목욕탕은 예상치 못한 사건으로 치명적인 타격을 입고 만다. 14세기 중반에 등장한 역사상 전례 없이 치명적인 전염병, 흑사병 때문이다.

　　감염자의 몸에 검은 종기가 나타나 '검은 죽음', 흑사병이라는 이름을 얻게 된 페스트는 1347년 유럽에 상륙해 이탈리아, 스페인, 프랑스, 영국 등 전역으로 퍼져나갔다. 하루에 4km가 넘는 속도로 확산되었던 이 전염병의 첫 번째 유행은 4년 동안 지속되었고, 그 사이 유럽 인구의 3분의 1, 약 2500만 명이 사망했다. 최근 우리가 경험한 코로나-19와는 비교도 할 수 없이 참혹했다.

　　흑사병이 창궐한 지 1년이 지난 1348년, 프랑스 국왕 필리프 6세는 파리대학교 의학부 교수들에게 병의 원인을 규명하도록 지시했다. 교수들이 제출한 방대한 분량의 보고서는 흑사병의 원인으로 행성의 배열과 증기를 지목했다.[42] 토성과 목성, 화성이 일렬로 배열될 때 질병을 유발하는 증기가 땅과 물에서 솟아나 공기를 오염시킨다는 설명이었다. 이런 상황에서 공중목욕탕을 이용한다면 어떨까? 뜨거운 열기로 피부의 모공이 열리면 마치 큰 문을 활짝 연 것처럼 질병을 일으키는 나쁜 공기가 몸 안으로 들어올 것이다.

결국 전염병이 돌 때마다 "죽고 싶지 않다면 목욕탕을 멀리하시오!"라는 주장이 퍼졌다. 이는 실천으로 이어졌다. 1450년 페스트가 유행할 때는 샤를 7세의 주치의가 파리의 목욕탕 폐쇄를 요구했고, 1538년에는 프랑수아 1세가 프랑스 전역의 목욕탕을 폐쇄했다. 영국에서도 1546년에 헨리 8세가 템스강 남쪽의 서더크에 있는 목욕탕을 폐쇄했다. 유럽에서 목욕탕은 다시금 피해야 할 곳으로 인식되었다.

종교적인 성스러움을 지키기 위해서뿐만 아니라 육체를 보호하기 위해서도 목욕을 피해야 했다. 흑사병은 완전히 사라지지 않고 17세기부터 18세기, 심지어 19세기 중반까지 계속해서 유럽을 덮쳤다. 질병의 원인이 나쁜 증기가 아니라 세균이라는 학설이 널리 알려지기 전까지, 물은 사람들에게 공포의 대상이었다.[43]

매독과 같은 다른 전염병들도 물에 대한 두려움을 증폭시켰다. 공중목욕탕에서의 성매매와 매독 확산도 목욕 문화 쇠퇴에 한몫했다. 물을 자주 갈지 않아 기생충에 의한 감염도 흔했다. 사람들은 물을 통해 전해지는 미지의 질병에 걸릴까 두려워했고, 여성들은 특히 목욕물에 떠다니는 정액으로 인해 임신할 수도 있다는 근거 없는 미신에 시달렸다.

이 시대에는 나쁜 것이 모두 물을 통해, 그리고 활짝 열린 모공을 통해 몸속으로 침입한다고 믿었다. 그 결과 촘촘하고 부드러운 재질의 옷을 딱 맞게 입는 것이 유행했다. 약해진 모공을 해로운 공기로 보호

해야 했다.[44]

왕이든 귀족이든 농민이든, 유럽 사람들은 몸을 씻지 않는 것이 일상이 되었다. 화려한 비단 옷을 입은 사람이든, 낡은 누더기를 걸친 사람이든, 모두 이와 서캐, 벼룩으로 고생했다. 악취는 더 말할 것도 없었다. 겨드랑이 냄새, 발 냄새, 입 냄새 등 온갖 냄새가 온몸에서 피어올랐다. 유명한 인물도 예외는 아니었다. 16세기 영국의 여왕 엘리자베스 1세조차 한 달에 한 번 목욕하는 것이 전부였다.

가장 냄새 나는 곳으로 손꼽히는 공간은 프랑스 궁정이었다. 16세기 부르봉 왕조의 개창자 앙리 4세는 강렬한 체취로 악명 높았다. 그의 아들 루이 13세는 자신의 체취가 아버지로부터 물려받은 것이라며, "짐은 선왕을 닮아 겨드랑이 냄새가 난다"라고 자랑스럽게 말했다.

당시 프랑스 귀족들은 체취를 감추기 위해 향수를 열심히 뿌렸지만, 권력의 정점에 선 이들은 체취를 감출 필요를 느끼지 않았다. 태양왕 루이 14세 역시 입냄새로 악명 높았고, 정부인 몽테스팡 후작 부인은 그의 입냄새에 대해 자주 불평했다. 그래서 역으로 자신에게 향수를 많이 뿌려 왕의 입냄새를 피해버렸다. 그러자 루이 14세는 오히려 그녀의 향수 냄새가 너무 심하다고 불평했다.

루이 14세는 평소에도 땀을 많이 흘리는 편이었다. 뛰고 펜싱을 하고 춤을 추고 군사 훈련에도 열심이었다. 그럼에도 불구하고 그는 씻지 않았다. 대신 그는 하루에 세 번이나 옷을 갈아입었다. 17세기에는 많은 사람들이 몸을 씻는 대신 깨끗한 리넨 옷으로 갈아입었다. 옷 갈

슈미즈를 입은 여성 ◯ 니콜라스 베르나르 레피시에, 〈아침의 기상〉, 1773,
74×93cm, 상들랭 미술관

아입기는 당시에 모공을 열지 않고도 깨끗해질 수 있는 최고의 방법이었다. 사람들은 옷깃이나 소매가 더러워지면 몸의 때가 모두 제거되었다고 믿었다.

리넨은 남성의 긴 소매 셔츠와 여성의 원피스형 속옷인 슈미즈의 주요 소재였다. 깨끗한 리넨 옷을 입는 것은 몸이 깨끗하다는 상징이었다. 당시의 초상화를 살펴보면, 이런 리넨을 드러내어 옷을 입은 사람들을 자주 볼 수 있다. 재킷 아래로는 리넨 셔츠의 소매나 끝자락이 보였고, 드레스의 목선이나 소매 바깥으로 슈미즈의 목깃과 소매가 드러났다. 이는 그들이 청결하다는 것을 자랑하고자 함이었다.

청결에 대한 프랑스의 이러한 태도는 18세기 중반까지 지속되었다. 계몽주의가 퍼지고 프랑스 혁명이 일어나기 전까지는.

6

목욕,
명예를 회복하다

유럽 신흥 계층의 등장

흑사병의 기나긴 어둠이 걷히고 유럽에서 목욕은 잃었던 명예를 서서히 되찾았다. 이 변화의 배경에는 상공업의 발전과 새로운 사상의 등장이 자리 잡고 있다.

상공업의 성장으로 귀족과 평민으로 나뉘었던 전통적 신분제에 큰 변화가 나타났다. 귀족 작위는 없지만 부와 사회적, 정치적 영향력을 갖춘 신흥 계층이 부상했다. 프랑스를 비롯한 유럽 대륙에서는 부르주아로, 영국에서는 젠트리로 불리는 이들은 기존의 귀족과 구분되는 사상과 교육 방식을 추구했다. 아이들에게도 목욕을 시켰음은 물론 자신들의 몸도 깨끗하게 관리했다.

부르주아라는 용어는 11세기부터 사용되기 시작했다. 중세 유럽의 전성기에는 농업과 상업이 활발히 성장하며, 촌락이나 군읍들은 점차 커지고 잉여 인구는 도시로 이주했다. 도시가 발전했고 도시 내에 상공인 계층, 즉 부르주아가 형성되었다.

이 계층에 해당하는 이들이 처음부터 모두 상공업자나 부유층은 아니었다. 그러나 중세 말부터 상공업과 교환 경제를 통해 부를 축적하기 시작했고, 15세기부터 18세기의 중상주의 시대를 거쳐 상류층으로 자리매김했다.

영국의 젠트리는 16세기에 본격적으로 등장했다. 이들은 본래 귀족의 후예이나 차남 이하로 작위를 물려받지 못해 귀족과 평민 사이에 놓인 시골 지주들이었다. 그러나 이들은 15세기부터 2세기에 걸쳐 일어난 1차 인클로저 운동을 통해 부를 축적하고 정치 세력을 형성했다. 젠트리는 의회(주로 하원)에 진출해서 영국 정치의 핵심적인 세력으로 성장했다. 1688년 일어난 명예혁명과 이듬해 「권리장전」 제정의 주역도 이 계층이었다.

젠트리는 지주뿐 아니라 법률가, 성직자, 의사, 금융업자 등 전문직과 상인까지 포함한 실질적인 사회 엘리트로 자리 잡았으며 시민혁명과 산업혁명에서도 중요한 역할을 했다. 이 계층은 타고난 핏줄이 아니라 재산과 지식을 기반으로 형성되었기 때문에 자식에게 견고한 사회적 기반을 물려주기 위해 교육에 무척 관심이 많았다. 귀족 가문의 보수적인 교육과는 다른 새로운 방식의 교육을 추구했다.

17세기 영국의 철학자인 존 로크John Locke(1632~1704)는 계몽철학과 경험론의 원조로 평가받는 인물이다. 그는 교육에도 큰 관심을 가지고 있었다. 로크는 제3대 섀프츠베리 백작, 앤서니 애슐리쿠퍼를 가르치면서 얻은 경험을 대학 후배에게 편지로 전달했다. 이 편지는 나중에 『교육에 대한 몇몇 생각Some Thoughts Concerning Education』이라는 책으로 출판되었다. 이 책은 지적이고 도덕적인 신사 계급을 육성하는 데 목적을 두고 있다.

책은 "건강한 신체에는 건강한 정신이 깃든다"라는 유명한 말로 시작한다. 이 문장은 고대 로마의 시인 유베날리스가 쓴 시구다. 로크는 이 말을 인용해 신체의 중요성을 강조하며, 고대 그리스와 로마에서 신체를 단련하고 토론하기 전에 공중목욕탕에서 몸을 씻어냈던 관행을 언급한다. 그는 어린이들의 건강한 성장과 발달을 위해 냉수욕, 수영, 올바른 식습관, 충분한 수면, 변비 예방 등을 제시한다.[45]

유럽에서는 여전히 목욕을 꺼리는 경향이 지배적이었기에, 로크는 독자를 설득하기 위해 창의적인 방법을 제안했다. 따뜻한 물이나 증기로 하는 전신욕을 언급하는 대신 아이에게 물이 새어 들어오는 낡은 신발을 신겨 매일 찬물에 발을 씻기라고 주장했다. 봄, 여름, 가을, 겨울 가리지 않고 찬물로 발을 씻는다. 로크는 찬물이 신체를 단련하는 효과적인 방법이라고 여겼으며, 신체뿐만 아니라 정신적 연약함도 이겨낼 수 있다고 믿었다. 그는 귀한 아이일수록 냉수욕으로 강하게 키워야 한다고 주장했다.

『에밀』삽화 ◯ 장자크 루소가 쓴 이 책은 '에밀'의 성장 과정을 그린다.

이런 주장을 더 발전시켜 로크는 아이들에게 수영을 가르치자고
도 제안했다. 수영은 운동일 뿐만 아니라 타인의 생명을 구할 수 있는
기술이며, 자연스럽게 목욕의 기회도 제공한다. 그는 여름에 찬물에서
자주 수영하면 얻을 수 있는 건강상 이점이 많기 때문에 수영을 하라
고 격려할 필요조차 없다고 덧붙였다.

젠트리와 부르주아 같은 새로운 계층을 위한 교육론은 후대와 다
른 유럽 국가들에게 커다란 영향을 끼쳤다. 18세기 프랑스의 사상가
장자크 루소Jean-Jacques Rousseau(1712~1778)의 저작, 『에밀Emile』 역시 로크
의 교육론에 영향을 받았다. 루소는 에밀이라는 가상 인물의 인생 여
정을 유아기부터 청소년기, 그리고 25살에 결혼하는 순간까지 다섯
권에 걸쳐 펼쳐냈다. 그는 이 과정을 통해 이상적인 시민을 교육하는
방법을 서술했다.

루소에 따르면, 이상적인 시민은 자연이 인간에게 부여한 본성을
잃지 않은 존재다. 교육은 인간 내면의 자연성 발달을 방해하지 않고
인위적인 영향을 최소화하는 것을 목표로 한다. 예를 들어 유모에게
맡기지 않고 부모가 직접 양육하거나 도시가 아닌 전원에서 생활하는
것 등이 이 교육 방식에 포함된다.[46]

유년기의 교육 방법을 설명할 때 로크에게서 영향을 받은 점이 특
히 두드러진다. 어린이들은 전원에서 생활하며 계절의 변화, 기후, 배
고픔, 갈증, 피로와 같은 자연적 상황을 견뎌내도록 훈련받는다. 이들
에게는 차가운 물로 몸을 씻는 것도 중요한 교육의 일환이다. 에밀은

전원에서의 생활을 통해 겨울이든 여름이든 차가운 물로 자주 몸을 씻는다. 에밀의 성장 과정에 중요한 영향을 끼친 소녀인 소피도 청결을 중시한다. 이러한 교육자들의 노력으로 목욕에 대한 사람들의 인식은 점차 긍정적으로 변모했다.

17세기 상류층과 귀족 사이에서 온천욕과 해수욕이 유행하며 물의 위상은 서서히 회복되었다. 이 시기에 사람들은 다시금 물의 치유 능력을 신뢰하기 시작했다. 고대 그리스 시절부터 온천의 치유력은 널리 알려져 있었고, 고대 로마에서도 군사 기지마다 온천을 조성해 두었다. 자연에서 솟아오르는 뜨거운 물은 정체되지 않기 때문에 질병의 근원이라는 오해를 피할 수 있었다. 심지어 더러움을 미덕으로 여겼던 기독교 신자들조차 온천을 신의 축복으로 여겼을 정도다.[47]

1533년 톰마소 준타Tommaso Giunta(1494~1566)는 온천 요법에 관한 권위자 70명 이상이 작성한 논문을 모은 『목욕De balneis』을 베니스에서 출간했다. 이 책은 히포크라테스와 갈레노스가 설명한 목욕 치료법으로 서문을 연다. 또한 로마의 복욕탕을 그린 삽화도 실렸다. 당시 잘 알려진 200개 이상의 해변 온천 휴양지 목록도 포함되어 있는데, 이탈리아의 몬테카티니, 포추올리, 이스키아 등은 오늘날에도 온천 관광 도시로 사랑받고 있다. 온천욕이 건강에 좋고 인기도 있었다는 당시의 상황이 준타의 출판으로 증명된 셈이다.

물이 불결하다는 오해가 팽배했던 시절, 심지어 의사들도 온천의 건강 효능을 알고 있었다. 어떤 귀족들은 의사의 권유를 받아 온천의 효과를 체험하기 위해 유럽 곳곳을 여행하기도 했다. 19세기에 나폴레옹 3세에 의해 개발된 프랑스의 비시 지역은 오늘날에도 세계에서 손꼽히는 온천 휴양지로 명성을 떨친다. 이곳에는 지금도 의과대학에서 전문적으로 훈련받은 온천 의사들이 환자들을 진료하며 질환에 맞는 온천욕을 처방한다.

프랑스뿐만 아니라 영국에서도 온천이 주목받았다. 영국 서머싯 주에 위치한 바스Bath는 고대 로마 시대부터 온천욕으로 유명했으며, 목욕을 뜻하는 영어 단어 '배스bath'도 이 도시의 이름에서 비롯했다.

전설에 따르면 영국의 9대 왕 블라두드가 뜨거운 진흙탕에서 목욕을 한 후 나병을 치유했다고 한다. 이를 기념해 기원전 863년 그는 샘 주변에 바스라는 도시를 세웠다. 서기 1세기 초 바스를 정복한 로마인들은 공중목욕탕과 미네르바 신전을 건설했고, 로마식 목욕탕은 5세기까지 사용되었으나 이후 폐허로 남았다.

1088년 빌룰라의 요한John de Villula(?~1122)이 바스와 웰스의 주교로 임명되면서 변화가 일어났다. 그는 의사이기도 했으며, 바스의 온천 지구를 개편하고 수도원 지구 위에 목욕탕을 재건했다. 12세기가 되자 영국 전역에서 몸이 아픈 사람들이 치유를 위해 바스로 몰려들었다. 바스의 목욕탕은 의학적 용도로 크게 받았으며, 마른버짐과 습진, 류머티즘 등 다양한 질환의 치료 효과가 높다고 알려졌다. 지붕이 없거나 탈의실이 부족하다는 불만이 있었음에도 유럽 전역에서 방문객이 찾아왔다.

영국 바스의 로만 바스Roman Bath ◯ 1세기 로마가 건축했으며 현재 연간 백만 명이 넘는 관람객이 방문한다.

16세기 중반을 넘어서자 영국과 유럽의 왕실도 바스를 방문했다. 1688년 제임스 2세의 아내 모데나의 메리는 바스에서 목욕 후 9개월 만에 아들을 낳았고, 덴마크의 앤 여왕은 1688년부터 1703년까지 네 번이나 바스를 방문했다. 바스에 간다는 것은 곧 목욕하러 간다는 의미가 되었다.[48]

1702년 영국에서는 목욕에 관한 책『심리학, 또는 냉수욕의 역사 Psychrolousia. Or, the History of Cold Bathing』[49]가 발간되었다. 이 책은 찬물로 목욕한 그리스인과 로마인, 북방 민족에 대해 설명하고, 폐결핵과 중풍 등 다양한 질병을 목욕으로 치료할 수 있다고 주장했다. 냉수욕은 거의 만병통치약으로 여겨졌다.

냉수욕을 하려면 차가운 물이 필요하다. 지구상에서 차가운 물이 가장 많은 장소는 바다다. 바다는 지구 최대의 공중목욕탕이었다.

바닷물에 들어가면 다양한 질병을 치료할 수 있다고 여겨졌다. 이에 따라 바닷물의 효능을 찬양하는 책들이 계속해서 출간되었다. 1750년 영국 의사 리처드 러셀Richard Russell(1687~1759)은 라틴어로 쓴 논문「선腺 질병De Tabe Glandulari」에서 해수욕과 해수 음용이 각종 병을 치료하는 데 효과적이라고 주장했다. 이른바 바닷물 치료의 시작이었다. 게다가 해수욕은 로크가 극찬한 교육 방식이기도 해서 일석이조의 효과를 누릴 수 있었다.

17세기와 18세기를 거치며 목욕은 점차 잃어버린 명예를 되찾았다. 이 시기에 목욕을 즐겼던 유명 인사들의 일화를 찾는 것은 그리 어렵지 않다. 나폴레옹은 매일 아침 부관이 읽어주는 신문과 전보 내용을 들으며 증기욕을 즐겼고, 그보다 몇 년 전 프랑스 혁명가 장 폴 마라는 욕조에서 살해당하기도 했다. 그는 피부병으로 인한 심한 가려움증을 완화시키기 위해 차가운 욕조에서 목욕하며 일을 처리했다.

씻으면 죽는다는 시대는 혁명과 함께 저물었고, 깨끗한 사람이 상류층으로 인식되는 문화가 자리 잡았다. 로마 제국 이후 유럽을 지배한 기독교인들이 알로우시아를 신앙심의 척도로 삼았던 것처럼, 신흥 계층도 서로를 구분하는 기준으로 청결도를 삼았다. 1859년 영국에서 출간된 『상류 사회의 습관: 신사숙녀를 위한 지침서The Habits of good society: a handbook for ladies and gentlemen』에서는 교양 있는 신사와 숙녀들이 매일 어떻게 몸을 씻어야 하는지 상세히 설명한다. 몸을 깨끗이 관리하는 것은 상류층으로 인정받기 위한 필수 조건이었다.

의학 이론 전환 또한 사람들의 인식 변화에 큰 역할을 했다. 19세기 초기에는 위생에 대한 선언문과 안내서가 널리 간행되었다. 중세 시대까지만 해도 사람들은 열린 모공을 통해 탁한 공기가 몸속으로 들어와 병을 일으킨다고 믿었다. 하지만 과학과 의학의 발전으로 질병의 원인에 대한 이해도 점차 변모했다.

이 시기 새롭게 등장한 학설 중 하나가 바로 피부 호흡 이론이다. 피부는 숨을 쉬며, 몸 안의 오염된 공기를 밖으로 배출해야 건강을 유지할 수 있다는 학설이다. 그런데 만약 모공이 막혀 있다면 어떻게 될까? 오염된 공기는 제대로 배출되지 못하고 몸 안에서 계속 순환하며 병을 일으킨다. 새로운 시대의 과학과 의학에서는 따뜻한 물로 정기적으로 모공을 깨끗이 씻는 것이 건강을 지키고 생명을 유지하는 주요 방법으로 자리 잡았다. 이렇게 목욕이 삶에 더욱 밀접하게 다가왔다.

7

셜록 홈스는 목욕이라면
사족을 못 썼다

산업 혁명과 도시화

안개가 짙게 깔린 1890년대의 런던. 누군가의 비명이 새벽을 깨우고 살인자는 다급하게 자취를 감춘다! 경찰의 수사는 미궁으로 빠지고 의뢰인은 고명한 명남성의 자문을 얻기 위해 런던 베이커가 221B번지의 문을 두드린다. 19세기 후반 영국 런던을 배경으로 한 셜록 홈스 시리즈의 첫 장면이다.

홈스와 왓슨은 런던의 구석구석을 뛰어다니며 범인을 잡는다. 그런데 셜록 홈스 시리즈의 단편인 「거물급 의뢰인The Adventure of the Illustrious Client」(1924)에는 다음과 같은 구절이 있다.

홈스와 나, 둘 다 터키탕이라면 사족을 못 썼다.

Both Holmes and I had a weakness for the Turkish bath.

1902년 런던이 배경인 소설에서 튀르키예식 목욕을? 런던과 튀르키예는 쉽게 연결이 되지 않는다. 하물며 런던과 공중목욕탕도 쉽게 이어지지 않는다. 홈스와 왓슨이 옷을 벌거벗고 온탕에 들어가 몸을 덥힌 뒤 서로 등을 밀어주는 장면을 상상해 보라. 덧붙여서 사우나까지.

건조실에서 기분 좋고 나른하게 담배를 피우고 있을 때면 홈스는 다른 어느 곳에서보다 말이 많고 더 인간적인 모습을 보였다. 노섬벌랜드가의 터키탕 2층에는 간이침대 두 대가 나란히 놓인 구석 자리가 있었다. 이 이야기가 시작되는 시점인 1902년 9월 3일, 우리는 바로 이곳에 누워 있었다.
나는 그에게 요즘 신나는 일이 있는지 물었다. 이에 대한 답으로 홈스는 자신을 감싸고 있는 시트 밖으로 신경질적으로 길고 가는 팔을 내밀었다. 그리고 옆에 걸린 코트 안주머니에서 편지봉투를 하나 꺼냈다.[50]

왓슨의 설명에 따르면 튀르키예식 목욕탕에는 건조실이 있고 간이 침대가 있다. 침대에는 목욕을 하고 나온 상태 그대로 벌렁 눕는 것이 아니라 시트로 몸을 둘둘 감싸고서 누웠다. 다행인지 불행인지 우리가 쉽게 떠올릴 수 있는 한국식 목욕탕과는 다르다. 그런데 런던인

Sherlock Holmes shot his long, thin, nervous arm out of the sheets and drew an envelope from the inside pocket of the coat which hung beside him.

튀르키예식 목욕탕의 건조실에 누워 있는 홈스와 왓슨 ◯ 하워드 K. 엘콕, 〈「거물급 의뢰인」 삽화〉, 1925, 스트랜드 매거진.

데 왜 영국식 목욕탕이 아니라 튀르키예식 목욕탕일까? 튀르키예식 목욕이 있으면 영국식 목욕도 있을 터인데.

홈스도 왓슨에게 비슷한 지적을 했던 적이 있다. 『셜록 홈스의 마지막 인사His Last Bow』(1917)[51]에 실린 「프란세스 카팩스 여사의 실종The Disappearance of Lady Frances Carfax」에서 홈스는 왓슨에게 기분이 상쾌해지는 영국식 목욕탕이 아니라 나른해지기만 하고 값이 비싼 튀르키예식 목욕탕에 간 이유를 묻는다. 그러자 왓슨은 지난 2, 3일 동안 류머티즘 기미가 있어 노인네가 된 기분이 들었으며, 대체 의학으로 튀르키예식 목욕탕에 가니 기분도 새로워지고 몸도 깨끗해졌다고 둘러댄다.[52]

영국에는 영국식 목욕탕도 있었고, 대체의학 요법으로 튀르키예식 목욕탕에 방문하는 사람도 있었다. 그렇다면 영국식 목욕탕은 무엇이고, 튀르키예식 목욕탕은 무엇일까? 이슬람 문화의 산물인 하맘이 영국 여왕의 본거지까지 쳐들어가는 데 성공한 것일까?

셜록 홈스와 존 왓슨이 활약했던 1890~1920년대 런던은 산업 혁명의 중심지였다. 하루가 멀다 하고 공장이 세워졌고 증기기관 기차는 시꺼먼 그을음을 내뿜으며 사람들을 실어 날랐다. 사람들은 도시로 몰려들었고, 밀집된 주거 환경은 여러 문제를 불러일으켰다.

1800년 런던의 인구는 거의 100만에 이르렀고 1850년에는 두 배로 늘어났다. 더러운 물, 지저분한 집, 환기되지 않는 방, 악취 등의 문제가 여기저기 넘쳐났고, 쓰레기도 넘쳐났다. 200만 명에 달하는 사람과 말과 개, 고양이 등이 템스강의 물을 끌어다 썼다. 그리고 이들이 배출한 오물도 템스강으로 흘러들었다. 템스강의 물을 쓰는 것은 각종 수인성 전염병을 담은 수프를 마시는 것과 다름없었다. 이런 상황에 처한 것은 런던뿐만이 아니었다. 맨체스터, 리버풀 등 같은 시기 공업으로 급성장한 도시는 동일한 문제로 골머리를 앓았다. 열악한 생활조건과 불결한 물은 결국 장티푸스, 발진티푸스, 티프테리아, 그리고 콜레라 같은 전염병 문제를 불러왔다.

영국 의사 존 스노John Snow(1813~1858)는 1849년에 「콜레라 전파 방식에 대하여On the Mode of Communication of Cholera」를 발표해 콜레라가 오염된 물로 감염된다는 가설을 제시했고, 1854년에 이를 증명해 냈다. 하지만 인구가 과밀하고 비위생적인 환경에서 병균이 퍼져나가기 쉽다는 사실이 이론으로 입증되었다 해도, 전염을 실제로 막으려면 더많은 것이 필요하다.

도시를 안전하게, 그리고 건강하게 유지하려면 어떻게 해야 할까? 물과 몸을 깨끗하게 관리하면 되지만 모두에게 가능한 일은 아니었다. 중상류층에게는 신체를 관리할 수 있는 공간과 시간, 그리고 수단이 있었을지도 모른다. 하지만 하루 평균 14시간에서 16시간을 일하는 노동자들이 쉽게 몸을 씻을 수 있었을까?

대도시에서 목욕을 하려면 도심으로 깨끗한 물을 길어오는 것부터가 문제다. 목욕물을 길어온 뒤에는 적합한 온도가 될 때까지 끓여야 하고, 이를 옮겨 담을 욕조도 있어야 한다. 목욕을 하려면 스펀지, 비누 같은 다른 목욕 용품도 필요하다. 무엇보다도 이 시기 영국 공장이나 기숙사, 아파트에서 숙식을 하는 이들에게는 욕조를 놓고 옷을 벗을 수 있는 사적인 공간이 없었다. 겨우 목욕을 하면 그 뒷정리는 누가, 어떻게 할까? 평균 16시간을 일하고 돌아와 밥도 먹어야 하고, 잠도 자야 하고, 아이도 키워야 하는데 목욕에 시간을 들이는 건 불가능했다. 손과 얼굴을 씻는 정도면 몰라도 전신욕은 그야말로 사치였다.

전염병이 유행하는 시기에 위생을 사수할 수 있는 역량은 개인의 경제적 사정과 밀접히 연결되어 있다. 당시에 전염병의 원인으로 세균이 지목받지는 않았지만, 적어도 다들 비위생적인 환경이 문제라고는 생각했다. 전염병 문제가 심각해지자 도시 빈민과 노동자의 생활환경을 개선해야 한다는 인식이 점점 커져갔다. 1844년에 '노동계급을 위한 목욕탕과 세탁소 설립 증진 위원회'가 설립되었고 런던의 주교가 대표를 맡았다.[53] 이 시기 공중목욕탕은 세탁소와 함께 붙어 있었다. 주교는 공중목욕탕을 설치하는 법안을 청원했고, 1846년에는 「목욕탕 및 세탁소 법」이라 불리는 법안이 제출되었다. 이는 영국의 지방 자치단체에 공중목욕탕과 세탁소 건설에 자금을 지원할 수 있는 권한을 부여한 최초의 법률이었다.[54] 이에 따라 도시는 자발적으로 공중목욕탕과 세탁소를 설립할 수 있게 되었다.[55]

이렇게 설립된 목욕탕은 자선단체, 지방의회, 개인 등이 후원했다. 노동계급을 위한 시설이었기에 이러한 목욕탕 대부분은 산업도시에 세워졌으며 기능적이고 실용적으로 설계되었다. 홈스가 말한 영국식 목욕탕이 바로 이런, 노동자를 위한 목욕 시설이다. 허구의 인물에 역사적 상상을 덧붙여 보자면, 사건을 해결하느라 여기저기 잠복 수사를 다니던 홈스 역시 이런 영국식 목욕탕이 드나들지 않았을까?

영국에서 대중이 이용할 수 있는 첫 번째 목욕탕은 1828년 리버풀에 문을 열었다. '조지스 피어 헤드George's Pier Head'라는 이름의 이 목욕탕은 세탁실과 배를 물에 내보내는 선양장을 포함한 복합 단지의 일부였다. 존 포스터 주니어John Foster Jr.(1786~1846)가 설계한 이 목욕탕은 남성과 여성을 위한 구역이 구분되어 있었고, 냉탕과 온탕, 샤워 시설, 스팀 사우나 등 다양한 편의시설을 갖추고 있었다. 또한, 지하에 설치된 대형 보일러로 물을 데우고 난방을 했다. 이용료는 단 1페니였으며, 목욕탕에서는 비누와 수건을 제공했다. 그뿐만 아니라, 시설을 청결하게 유지하고 이용객이 위생 규칙을 잘 지키는지 확인하는 관리인도 상주했다.[56] 1844년 런던 최초의 공중목욕탕과 세탁소가 런던 부두 근처의 글래스하우스 야드 인근에 건설되었고, 1850년에는 노팅엄 지역의 최초의 공중목욕탕과 세탁소가 문을 열었다. 이 목욕탕은 세탁물을 건조할 수 있는 공간과 세탁조 24개, 개인 목욕탕 6개, 개방된 대형 온탕이 남자용과 여자용으로 1개씩 있었다. 1856년에는 맨체스터 잘포드 목욕세탁회사가 맨체스터의 콜리어가에 그린게이트 공중목욕탕Green-gate Baths을 열었다.[57]

셜록 홈스가, 정확히는 의사라는 출신 배경을 갖춘 작가 아서 코난 도일Arthur Conan Doyle(1859~1930)이 언급한 "기분이 상쾌해지는 영국식 목욕탕"이 이와 같은 목욕탕이다. 그렇다면 왓슨이 "약 대신 터키

조지스 피어 헤드 ◌ 로버트 어빙 배로, 〈새로운 목욕, 조지스 퍼레이드, 리버풀〉, 1828, 39.3×57cm, 리버풀 국립 박물관

탕"이라고 언급한 이 튀르키예식 목욕, 하맘은 대체 어떻게 서유럽 대륙과 도버 해협을 건너 19세기 영국에 도착하게 되었을까?

튀르키예식 목욕탕은 노동계급이 아니라 상류층과 중산층의 여가와 휴식의 한 형태로 대중화되었다. 19세기 스코틀랜드 출신의 외교관 데이비드 어쿼트David Urquhart(1805~1877)는 오스만 튀르크를 여행한 후 『헤라클레스의 기둥The Pillars of Hercules』(1850)를 저술한다.[58] 이 책에서 이슬람식 목욕, 즉 하맘을 튀르키예식 목욕이라 소개했는데 이것이 사람들의 눈길을 끌었다. 1862년 어쿼드는 런던 저민가 76번지에 하맘을 건설했으며 아일랜드 의사 리처드 바터Richard Barter(1802~1870)는 수치료에 증기욕법을 도입했다.[59]

어쿼드의 목욕탕은 전통적인 이슬람식 목욕을 거의 완벽하게 경험할 수 있도록 지어졌다. 대리석이 장식된 온탕과 한증막이 있었고 거기에 영국 스타일이 추가되었다. 목욕을 마친 사람들이 열을 식힐 수 있는 풀이었다.[60] 어쿼트의 목욕탕은 런던 상류층 사이에서 빠르게 인기를 얻었다. 그러자 런던에는 이국적이고 고급스러운 레저와 휴식을 원하는 수요를 충족시키기 위해 여러 튀르키예식 목욕탕이 설립되었다.

튀르키예식 목욕탕은 고급스러웠고, 목욕만이 아니라 마사지, 아로마테라피, 각종 수치료 등 다양한 서비스를 제공했으니 의사인 왓슨의 입에서도 "약보다 터키탕"이라는 말이 나올 만했다. 거기에 사교를 위한 카페, 독서실, 당구장 같은 시설도 합쳐졌다고 하니 처음에는 "비싸고 나른해지기만 한다"며 시큰둥하던 홈스가 나중에는 "사족을 쓰지 못"할 정도로 태도를 바꾸게 만드는 굉장히 매력적인 장소였음은 분명하다.

산업의 발달과 함께 의학 지식도 발달했다. 1861년 프랑스의 생화학자인 루이 파스퇴르Louis Pasteur(1822~1895)는 질병과 미생물의 연관 관계를 밝혀냈다. 그는 유명한 백조목 플라스크 실험을 통해 병이 자연 발생 하는 것이 아니라 미생물에 의해 등장하는 것임을 입증했다. 파스퇴르 이전에도 세균설을 주장하는 사람은 있었지만, 그의 실험은 세균의 발생을 눈으로 보여줌으로써 이를 믿지 않았던 유럽인들을 납득시켰다. 얼마 지나지 않아 독일의 로베르트 코흐Robert Koch(1843~1910)도 탄저병균과 콜레라균을 발견했다.

손가락보다 작은 플레이트 위에 놓인 세균이 인체를 죽인다는 것을 모두 현미경을 통해 보았다. 불결한 환경과 악취라는 모호한 대상보다 눈으로 볼 수 있는 세균이 싸워야 할 대상으로 등극했고, 세균설은 서구 의학의 패러다임을 바꾸었다. 병을 치료하고 병에 걸리지 않기 위해서는 눈에 보이지 않는 세균을 관리하는 것이 무엇보다 중요해졌다.

1930~1940년대에 설파제와 항생제라는 해결책이 개발되기 전까지 인류가 미생물과 맞서싸울 수 있는 유일한 방법은 목욕이었다. 그래서 20세기 초입부터 몸을 씻는 습관은 점점 널리 받아들여졌다. 목욕을 위한 물품의 개발도 늘어났다. 그 대표 주자가 비누다. 비누와 바디워시, 때수건 등을 이용해 광적으로 몸을 씻어내는 시대가 도래했다.

1부. 세계 목욕의 역사

8

깨끗함을 새로운
정체성으로 삼다

북미의 목욕 문화

1620년 영국인들이 메이플라워호를 타기 전에도 아메리카 대륙에는 목욕 문화가 있었다. 한증막, 즉 사우나다. 북미 지역 선주민의 한증막은 땀을 뺀 사람들이 몸을 식히기 쉽도록 강가나 호숫가에 설치되었다. 제작 도구는 어린 나무가지와 가죽으로, 제작 단계는 다음과 같다.

먼저 땅을 둥글게 파고 버드나무, 물푸레나무, 자작나무, 단풍나무, 또는 소나무의 나뭇가지를 휘어 돔 형태의 틀을 만든다. 그리고 그 위를 물소나 사슴가죽, 또는 두꺼운 캔버스 천이나 담요로 덮어 열이 빠져나가는 것을 막는다. 다만 천장에는 공기구멍을 뚫었다. 입구는 사람이 기어서 들어갈 정도로 좁고, 높이도 사람이 겨우 앉을 수준이다. 내부 공간에 뜨겁게 달군 돌을 넣고 물을 뿌려 만든 증기를 쐰다.

한증막은 부족에 따라서 다른 이름으로 불렸다. 예를 들어 중서부 지역의 라코타 부족은 '다시 산다'는 뜻의 '인니피Inipi'라고 불렀으며 버드나무 가지로 만들었다. 크리 부족과 오지브웨 부족은 '할머니Nokomis'라 불렀다.[61] 이들은 한증이 신체를 깨끗하게 해줄 뿐만 아니라 여기에 치유력과 영적인 힘까지 있다고 믿었지만, 이들을 개종하러 들어온 유럽인들의 생각은 달랐다.

캐나다와 미국을 세운 이주민들은 19세기에 선주민들을 자신들의 문화에 동화시키기 위해 폭력적인 정책을 실시했다. 대여섯 살밖에 안 된 아이들을 강제로 부모로부터 떨어뜨려 기숙학교에 입학시키기도 했고, 선주민 여인들이 아이를 낳지 못하도록 불임 수술을 자행하기도 했다. 그런 통제 정책 중 하나가 한증 금지였다. 1885년 캐나다는 한증막의 설치와 이용을 금했고, 2년 뒤에는 미국도 한증 금지령을 내렸다. 그리고 한증은 미국의 경우 1934년, 캐나다는 1951년에야 해금되었다.[62]

이주민들이 선주민들의 목욕을 막은 데는 그들이 목욕을 즐기지 않았던 탓도 있을 것이다. 유럽인들이 아메리카로 본격적으로 이주한 17~18세기에는 영국에 목욕 문화와 공중목욕탕이 정착하지 않은 상태였다. 목욕을 하지 않던 영국인들은 새로운 대륙에 와서도 고향에서와 마찬가지로 행동했다. 그들은 여전히 몸을 씻는 일이 위험하다고 생각했고, 목욕하기보다 옷을 자주 갈아입기를 선택했다.

1775년 독립 전쟁을 계기로 변화의 바람이 불기 시작했다. 영국으

라코타 부족의 인니피

로부터 독립을 꿈꾸는 미국인, 신대륙에 거주하는 유럽인 후손들은 자신들을 억압하는 유럽인들과는 다른, 미국인으로서의 새로운 정체성을 만들어야 했다. 그중에서도 그들이 강조한 정체성 중 하나는 바로 '청결'이었다. 목욕을 하지 않는 유럽인들과는 달리 깨끗함을 자랑하는 미국인이라는 이미지를 새롭게 구축했다.

유럽의 지식인과 상류층은 목욕을 해야 한다고 주장했지만 여전히 일반 대중은 잘 씻지 않았다. 여기에 대비해 미국인이라면 노예인 흑인을 포함해 일반 서민들도 잘 씻어야 한다는 가치관이 퍼졌다. 그렇게 깨끗한 미국인이라는 관념이 정립되었다. 20세기 중반이 넘어 샤워 시설이 가정에 보급되기 전까지 미국인들은 욕조를 이용해서 씻었다. 그렇게 신체를 깔끔하게 관리하는 습관이 미국인의 일상 속에 자리 잡았다.

깨끗한 미국인이라는 가치관은 남북전쟁을 타고 더욱 확산되었다. 1853년부터 1856년까지 세계사적으로 큰 전쟁이 벌어졌다. 러시아와 오스만 제국, 영국, 프랑스, 사르데냐 연합군이 흑해를 두고 벌인 크림 전쟁이었다. 크림 전쟁의 영웅, 플로렌스 나이팅게일Florence Nightingale(1820~1910)은 야전병원장으로 활약하며 위생 개선을 위해 힘썼다. 그녀는 전쟁에서 총에 맞아 죽는 병사들보다 작은 부상에도 불구하고 감염과 전염병으로 죽는 병사들이 더 많다는 점을 지적했다. 나이팅게일은 부상병들이 지내는 환경을 개선하고 개인위생을 관리하기 위해 노력했다.

크림 전쟁이 있고 나서 얼마 뒤 1861년 미국에서는 흑인 노예 해방 문제를 둘러싸고 남북전쟁이 발발했다. 북부 연방정부는 남북전쟁을 앞두고 나이팅게일의 교훈을 받아들여, 1861년 의용군의 예방 위생을 전담할 미국 위생위원회를 발족했다. 위생위원회에서는 병사들에게 칫솔, 빗, 수건, 옷솔, 구둣솔을 지급했으며, 병사들이 이 물품을 어떻게 사용하고 있는지 매주 보고를 받았다. 병사들의 위생은 자연스럽게 개선되었고, 이는 북부의 승리로도 연결되었다. 북부 연방정부가 승리함으로써 청결 관념은 사람들에게 깊숙이 파고들었다. 미국인들은 위생을 공적으로 관리해야 할 대상으로 바라보게 되었고, 또한 청결 추구가 미국적인 삶의 방식으로 등극했다.[63]

19세기 중반 이후 영국에서 공중목욕탕과 하맘이 인기를 끌고 있을 때, 미국의 목욕 문화는 조금 다른 경로를 따라 흘러갔다. 이 시기 미국의 도시에서는 호텔을 중심으로 목욕 문화가 확산되었다. 철도망이 확장되고 증기선이 개발되자 멀리까지 여행하는 사람들의 수가 급증하고 호텔에 대한 수요도 함께 증가했다. 새롭게 지어진 미국 호텔들은 오래된 유럽의 호텔들보다 더 크고 깨끗한 시설을 자랑했다. 여행 열풍 속에서 1829년 보스턴에는 트레몬트 하우스Tremont House가 세워졌다.[64]

트레몬트 하우스는 19세기 미국의 건축가 이사야 로저스Isaiah Rogers(1800~1869)가 디자인한 4층짜리 화강암 건물로, 호텔 역사상 '최초'라는 타이틀을 아마도 가장 많이 달았을 것이다. 이 호텔에서는 요즘 호텔에서 당연하게 여기는 여러 시설과 서비스가 처음으로 도입되었다. 벨보이가 손님을 안내했고, 객실에는 프런트 데스크와 직접 소통할 수 있는 호출기가 설치되었으며, 실내 배관을 통해 각 방에 화장실과 욕실을 마련했다. 손님을 위한 무료 비누도 제공했다. 각 방에 도어락을 설치했고, 라운지에는 가스등을 놓았으며, 식당에서는 코스별로 음식을 선택할 수 있는 아라카르트A-La-Carte 서비스를 제공했다. 트레몬트 하우스는 고급 호텔의 기준을 세웠고, 찰스 디킨스와 같은 유명 인사들이 방문해 그 명성을 더욱 빛냈다.[65]

여기서 눈여겨볼 부분은 실내 배관 시스템이다. 트레몬트 하우스 이전의 고급 호텔들은 아무리 화려하다 해도 종업원들이 물을 건물 안으로 직접 운반해야만 했다. 하지만 트레몬트 하우스는 증기 구동 펌프를 이용해 옥상의 물탱크로 수돗물을 끌어올렸다. 이 물탱크에서 건물 내부의 수도꼭지로 물이 공급되었다. 1층에는 여덟 개의 수세식 화장실이 마련되었고 지하에는 여덟 개의 목욕탕도 설치되었다. 지하 목욕탕에서 수도꼭지를 돌리면 따뜻한 물이 쏟아져 나왔다. 손님들은 이물에 몸을 담가 여행의 피로를 씻어냈다.[66] 분명 호텔 역사에 한 획을 긋는 발전이었다.

그로부터 7년 후인 1836년 트레몬트 하우스를 넘어서는 새로운 호텔이 뉴욕의 맨해튼 트라이베카 인근에 자리 잡았다. 이사야 로저스가 새롭게 설계한 애스터 하우스Astor House다. 이 6층 건물은 화려함을 넘어서 객실이 무려 309개나 되었다. 1층부터 5층은 객실로 사용되었

애스터 하우스 조식 메뉴판

고 6층은 호텔 직원들의 공간이었다. 물론 서비스의 진화도 눈부셨지만, 가장 인상적인 변화는 모든 층에 화장실이 설치되었다는 점이다. 각 층마다 증기기관을 이용해 물을 끌어올리는 목욕 및 화장실 시설을 갖춰 투숙객들은 지하까지 내려갈 필요 없이 자신이 머무는 층에서 편리하게 목욕을 즐길 수 있었다.[67]

애스터 하우스는 곧 미국에서 가장 이름난 호텔로 자리매김했다. 에이브러햄 링컨도 자주 찾을 정도였으니[68] 그 명성이 어느 정도였는지 짐작할 수 있다. 이후로 새로 지어지는 모든 일류 호텔들은 애스터 하우스의 성공을 따라잡기 위해 안간힘을 썼고 호텔 건축은 계속해서 발달했다. 1870년대가 되자 애스터 하우스조차 구식으로 여겨지기 시작했다.

호텔에서의 목욕 문화는 점차 보급되어 청결이 미국인들의 새로운 가치관으로 떠올랐다. 하지만 이러한 변화는 호텔을 이용할 수 있는 계층에만 국한되어 목욕은 여전히 사치스러운 문화로 남아 있었다.

1832년부터 1849년까지 미국을 휩쓴 콜레라로 15만 명이 넘는 사람들이 목숨을 잃었다. 전염병의 유행은 공중목욕탕의 필요성을 크게 부각시켰다. 특히 집에 목욕 시설을 갖출 여력이 없는 이들을 위한 위생 시설의 필요성이 강조되었다. 이와 비슷한 시기 런던에서도 공중목욕탕 설치가 시작되었다.

1852년 뉴욕 맨해튼에 미국 최초의 공중목욕탕인 '대중 목욕 세탁 시설People's Washing and Bathing Establishment'이 문을 열었다. 이곳은 로어이

1852년 뉴욕 맨해튼에 문을 연 '대중 목욕 세탁 시설' 홍보 이미지

스트사이드 모트가 141번지와 143번지에 걸쳐 위치했고, 3층에는 세탁소가, 1층에는 수영장이 있어 위생과 건강을 동시에 돌볼 수 있는 설계를 자랑했다. 요금도 매우 저렴했다. 한 시간당 1등급 온수욕은 10센트, 일반 목욕은 5센트, 찬물 샤워는 5센트, 증기욕은 25센트, 수영은 3센트였다.●[69] 그러나 이러한 시설조차도 빈민층에게는 부담이었고, 목욕이라는 행위에 대한 심리적 장벽도 꽤 높았다. 결국 이 목욕탕은 10년 만에 문을 닫았다. 1880년대가 되어도 여전히 미국인 여섯 명 중 다섯 명은 양동이와 스펀지만으로 몸을 씻고 있었다.[70]

남북전쟁 동안 남군의 의사였던 사이먼 바루치Simon Baruch(1840~1921)는 1880년대 독일을 방문해 시영 목욕탕 시스템을 연구한 후, 미국 내 이민자가 밀집한 도시에 공중목욕탕이 필요하다고 강력히 주장했다. 바루치는 1895년까지 인구 5만 명 이상의 도시에는 무료 목욕탕 설립을 의무화하는 법안을 지지했고, 이 주장이 받아들여져 뉴욕시가 미국에서 그러한 법을 최초로 도입한 도시가 되었다.

한편 1852년에 설립된 '대중 목욕 세탁 시설'은 부유층의 기금으로 설치되었으나, 기금이 소진되면 입장료만으로 운영되어야 했다. 그런데 1897년 뉴욕의 센트럴 마켓 플레이스 9번지에 문을 연 공중목욕탕은 시영이었다. 빈곤층 생활 개선 협회Association for Improving the Condition of the Poor, AICP의 기부금과 종교 단체로부터 기부받은 땅 위에 지어진 이 목욕탕은 연간 10만 명 이상의 사람들에게 5센트의 저렴한 요금을 받고 비누와 수건, 목욕 서비스를 제공했다.

● 2024년 기준으로 환산하면 온수욕은 4달러, 보통 목욕은 3달러이다.

바루치는 1901년 맨해튼의 로어이스트사이드 리빙턴가 326번지에 최초의 '무료' 시영 목욕탕을 개장했다. 이후 이 건물은 1917년에 바루치의 이름을 따서 '바루치 배스하우스Baruch Bathhouse'로 개명했고, 1975년에 문을 닫을 때까지 운영되었다. 그 이후 오랫동안 사용되지 않아 방치된 상태였고 스포츠 시설로 전환될 위기에 처하기도 했다. 다행히도 건설 회사의 자금난으로 인해 2024년에 철거 계획이 최종적으로 무산되었다. 이곳은 바루치의 유산을 기리는 역사적인 장소로, 여전히 많은 이들의 기억 속에 남아 있다.[71][72]

1892년 뉴욕 이스트빌리지 이스트 10번가에는 '러시아·튀르키예 목욕탕Russian & Turkish Baths'이 문을 열었다. 이곳에서는 사우나, 거품 목욕, 그리고 마사지를 즐길 수 있다. 지금도 운영 중인 이 목욕탕을 방문하면 당시에 지어진 목욕탕의 형태를 직접 확인할 수 있다.

뉴욕 이스트사이드는 동유럽에서 온 이민자들이 많이 모여 살던 지역이다. 그래서 이 목욕탕은 그들이 고향에서 즐기던 목욕 문화를 이어받아 만들어졌을 것으로 추측된다. 목욕탕 입구에는 작은 주방이 자리 잡고 있어 러시아계 유대인들이 즐겨 먹는 간식을 판매한다.

목욕탕은 배관 시설이 부족했던 시절에 지어졌음을 보여주듯 지하에 위치해 있으며, 지하철 한 칸보다 작은 공간에 튀르키예식 한증막과 러시아식 사우나가 자리하고 있다. 이곳에서는 거품 목욕도 즐길 수 있고, 참나무 가지 다발로 몸을 때리는 러시아식 마사지도 경험할 수 있다. 물론 흠뻑 땀을 뺀 후에 시원한 냉탕에 몸을 담글 수도 있다.

뉴욕 이스트빌리지 이스트 10번가 러시아·튀르키예 목욕탕

이 목욕탕이 처음 문을 열었을 때의 주 고객층은 동유럽 출신 이민자들이었다. 오늘날에도 나이가 지긋한 러시아 이민자들이 자주 찾는다. 갱들이 뉴욕을 주름잡던 시절, 이 목욕탕의 사우나는 그들의 사업 논의 장소로 활용되었다고 전해진다. 특히 그들은 청각장애인 안마 시술사를 선호했다는데, 실제로 1980년대 중반까지 언어 장애가 있는 안마사가 이곳에서 근무했다고 전한다. 이런 이야기들을 들으면 이 목욕탕이 마치 살아 있는 전설 같다.

한때 번성했던 뉴욕의 공중목욕탕은 개인 욕실의 보급으로 인해 점차 사라지기 시작했다. 또한 1980년대 에이즈가 유행할 때 일부 공중목욕탕이 동성애자의 집결지로 지목되어 문을 닫게 되었다. 러시아·튀르키예 목욕탕은 '동성애자 출입 금지'라는 팻말을 걸고 영업을 계속함으로써 폐업을 피했다. 동성애자 차별이 만연한 시절에 벌어진 일이었다.[73]

현재 이 목욕탕의 입장료는 60달러이고 세금과 카드 수수료는 별도로 청구된다. 마사지 서비스를 이용하면 비용은 더욱 올라간다. 아직도 이곳에서는 러시아어가 심심찮게 들린다고 한다. 이 목욕탕을 체험하고 싶다면 두툼한 지갑부터 준비해야 하겠다.

9

영혼을 담은
증기를 쐬다

핀란드의 사우나

어린 시절 목욕탕 한쪽에 마련된 사우나는 미지의 공간이었다. 유리창 너머로는 뿌연 증기만이 보인다. 문을 열면 열기가 뿜어져 나온다. 숨을 쉬기도 어려운 습도 속에서 머리에 수건을 얹은 이들이 냉상하듯 땀을 뺀다. 내가 그 안에서 버틸 수 있는 시간은 고작해야 3분 남짓. 허겁지겁 뛰어나와 찬물과 뜨거운 물을 섞어 서늘한 물을 한 바가지 끼얹으면 그제야 살 것 같았다.

사우나는 한국 목욕탕에 깊게 자리했다. 돌로 가마를 지어 만든 한증막처럼 솔가지나 각종 한약재를 벽에 걸어놓아 한국적인 분위기를 풍기기도 한다. 그런데 '사우나sauna'라는 단어 자체는 핀란드에서 건너

왔다.[74]

사우나는 증기욕과 열기욕을 결합한 목욕법이다. 이 목욕법은 고대부터 존재해 왔으며, 세계 곳곳에서 그 흔적을 찾아볼 수 있다. 기원전 5세기, 고대 그리스의 역사가 헤로도토스는 그의 저작『역사』에서 스키타이인의 증기욕을 소개했다.[75] 북아메리카의 원주민들은 가죽 천막 안에 돌을 놓고 달군 후 물을 뿌려 증기를 만들어냈다. 발트해 연안 지역과 독일, 우크라이나에서도 핀란드 사우나와 비슷한 증기욕 관습이 발견된다. 에스토니아의 사우나는 그 가치를 인정받아 2014년에 유네스코 무형유산 대표 목록에 등재되었다. 러시아에는 바냐баня 라는 사우나가 있다. 이렇게 다양한 증기욕 중에서도 핀란드의 방식이 '사우나'라는 이름으로 전 세계에 널리 알려졌다. 한국에까지 말이다.

핀란드인에게 사우나는 생활의 필수 요소다. 핀란드 사람들이 모이는 곳이라면 어디에나 사우나가 있다고 해도 과언이 아니다. 주택이나 별장에는 물론, 스포츠 센터, 공용 해변, 스파, 수영장, 호텔 등 다양한 곳에서 공중 사우나를 운영한다. 심지어 이동 가능한 텐트형이나 뗏목형 사우나도 존재한다. 핀란드의 인구가 550만 명이고, 전국에는 약 330만 개의 사우나가 있다고 하니, 거의 1.6명당 한 명 꼴로 사우나를 소유하고 있는 셈이다.[76]

핀란드인은 어딜 가든 사우나를 만들었다. 유럽에서 가장 깊은 비금속 광산인 피하살미 광산에도, 런던의 로더히스에 위치한 핀란드 교회에도, 심지어 유엔군으로서 나미비아나 아프가니스탄에 파견되어서도 사우나를 지었다. 제2차 세계대전 동안 핀란드군이 사용한 현장 설명서에는 사우나를 단 여덟 시간 만에 지을 수 있는 방법이 기술되어 있었다.[77] 사우나 없는 핀란드인은 정말로 상상하기 어렵다.

핀란드인들은 대체로 토요일에 사우나를 즐긴다. 그러나 기회가 있을 때마다, 적어도 일주일에 한 번 이상은 사우나를 찾는다. 혼자서 가기도 하지만 대부분은 친구나 가족과 함께 시간을 보내는 편이다.

사우나실에 들어가기 전에는 반드시 샤워를 한다. 샤워를 마친 후에는 2~5평 크기의 사우나실로 들어간다. 이 방은 보통 80~110°C로 가열되어 있고 벽에 설치된 의자에 앉아 편안히 쉰다.[78] 열과 습도를 견딜 수 있게 디자인된 일회용 방석인 페플레티를 깔고 앉는다. 전통적인 핀란드 사우나는 주로 건식이다.

사우나실에는 키우아스kiuas라는 스토브가 있다. 이 스토브에 돌을 층층이 쌓고 장작을 태워 돌을 달군다. 카우하kauha라는 국자로 돌에 물을 뿌리면 '칙-' 소리와 함께 증기가 뿜어져 나온다.

이 특별한 증기를 '뢰윌뤼löyly'라고 부른다. 핀란드어로 '회위뤼höy-ry'는 증기나 수증기를 의미하지만, 사우나에서 발생하는 증기를 가리킬 때는 '뢰윌뤼'를 사용한다. 뢰윌뤼라는 단어에는 '정신, 숨, 영혼'이라는 의미도 포함되어 있다. 사우나의 핵심인 뢰윌뤼는 사우나마다 각기 다른 특성을 지니고 있다. 이렇게 다양한 뢰윌뤼를 경험하기 위해 사람들은 여러 사우나를 방문하고, 그 경험과 지식을 타인과 공유한다.

뢰윌뤼를 쐬는 동안 핀란드 사람들은 종종 이파리가 달린 자작나

핀란드의 사우나실

카우하로 물을
뿌려 뢰일뤼가
뿜어져 나오는
키우아스

무 묶음, 일명 비타vihta로 신체를 두드린다. 비타에는 근육 이완은 물론 모기 물린 부위의 가려움도 진정시키는 효과가 있다.

열기가 다소 불편해지면 사우나에서 나와 호수나 바다, 수영장으로 풍덩 뛰어들어 몸을 식힌다. 한겨울에는 호수에 뚫린 얼음 구멍인 아반토avanto로 들어가 몸을 식힌 후 곧바로 나온다. 몸을 식힌 후에는 다시 뜨거운 사우나로 돌아가 이를 반복한다. 사우나와 식히기를 몇 번 할지는 사람마다 다르고 이 과정은 최소 두 번 이상 반복되어 30분에서 두 시간 동안 이어진다. 밤늦게까지 목욕을 즐기는 사람들도 많다고 하니 목욕은 휴식을 넘어서 유흥이 된다.

수 시간 동안의 땀 빼기와 근육 이완 후에는 당연히 배가 고플 수밖에. 한국에서는 목욕 후에 보통 바나나우유를 마시지만, 핀란드 사람들은 샤워로 사우나를 끝내고 소시지와 맥주, 탄산음료를 즐긴다.

핀란드 사람들은 사우나를 통해 오랫동안 건강을 유지해 왔다. 전통 의학과 치료 방식이 사우나와 함께 발달해 왔으며, 비타로 몸을 두드리는 것도 중요한 치료법 중 하나다. "사우나는 가난한 사람들의 약국이다"라는 속담도 있다. 몸이 으슬으슬하면 따뜻한 곳에서 몸을 지지는 것 한국인의 방식과 비슷한 것일까? 최근 연구에 따르면 사우나는 혈압을 낮추고 심혈관 기능을 개선하는 데에도 도움이 된다고 한다.

전통적으로 사우나는 신성한 공간으로 여겨졌다. 사우나에서 병을 치료했고 출산을 했으며 사람이 세상을 떠난 후에는 장례식 전에 시체를 안치하기도 했다. 악귀에 홀린 이들을 비타로 두드리며 귀신을

쫓아내는 의식도 이곳에서 이루어졌다. 사우나는 몸을 넘어 영혼까지 정화하는 장소였다.[79]

사우나는 자연과의 깊은 연결을 경험할 수 있는 공간이기도 하다. 자작나무 장작을 태워 돌을 달구고 작은 창으로 비치는 아름다운 경치를 감상하며 호수에 풍덩 뛰어드는 것. 모두 자연 속에서 이루어진다.

또한 사회적 경계를 허무는 장소이다. 친척, 친구, 동료, 심지어 낯선 사람들과 함께 사우나 안에 들어가면 의복이 표현하는 사회적 지위를 알 수 없게 된다. 모두 같은 몸을 지닌 동등한 존재일 뿐이다. 이는 핀란드에서 다양한 사회 계층과 이민자를 통합하는 데에 큰 역할을 한다. 사우나는 사람들이 서로를 알아가고 소통할 수 있는 사교의 장이 된다.

이러한 사우나의 중요성은 일상적인 대화, 미디어, 동화 등에도 자주 등장하고 핀란드인의 정체성을 형성하는 데 기여한다. 이 모든 것이 인정받아 2020년에는 유네스코 무형유산으로도 지정되었다. 이처럼 사우나는 자연과 인간이 함께 어우러지는 복합적인 공간으로, 그 가치와 의미는 계속해서 전 세계에 전달되고 있다.

10

영혼을 정화하는
축제

인도의 쿰브 멜라

새벽이 밝아오는 가운데 온몸에 회백색의 분을 칠한 나가 사두 백여 명이 강가에 서 있다. 그뒤로 자리한 수백 명의 동료 수행자들. 이들은 무언가를 기다리고 있다. 이윽고 북소리가 울린다. 그들은 강을 향해 걷기 시작한다. 강변에는 수천, 수만 명의 사람들이 이 광경을 지켜보고 있다.

걸어간 수행자들의 몸이 강물에 닿는다. 그들은 환호성을 지르며 물속으로 뛰어든다. 손으로 얼굴을 씻고, 두 손을 모아 이마에 갖다 대며 신을 찬양한다. 해가 뜨고 수행자들이 강에서 나오면 이제 일반 사람들이 강에 들어간다. 성별이 무엇이든, 늙었든 어리든, 부유하든 가난하든, 모든 이들이 강물에 들어가 목욕한다. 영혼을 정화하고 죄를 용서받는다. 전 세계에서 가장 큰 종교 축제 쿰브 멜라의 한 장면이다.

쿰브 멜라Kumbh Melā는 산스크리트어로 항아리를 뜻하는 '쿰바kum-bha'와 축제를 뜻하는 '멜라melā'가 결합된 말로, 직역하면 '항아리 축제'라는 뜻이다. 강에서 벌어지는 이 축제가 어떠한 이유로 '강' 축제가 아닌 '항아리' 축제라 불리게 되었을까? 이는 힌두교 신화 '사무드라 만타나(유해교반, 우유 바다 휘젓기)'에서 유래한다.

천신들이 악신, 아수라와의 전쟁에서 패해 천상과 지상의 지배권을 잃었던 시기의 일이다. 천신들은 최고신 비슈누에게 도움을 요청했고, 비슈누는 우유 바다를 휘저어 불사의 약, 암리타를 찾으라고 조언했다. 천신들은 히말라야의 만다라산을 막대기 삼고, 시바신의 목에 걸린 뱀을 밧줄로 사용해 바다를 휘저었다.

우유 바다에서는 온갖 것들이 튀어 나왔다. 우주를 파멸시킬 독약과 모든 생명체의 어머니인 암소. 술의 여신 바루니와 행운의 여신 락슈미가 나타났다. 마지막으로 의학의 신 다반타라가 암리타가 든 항아리를 들고 나타났다.

암리타를 두고 천신과 아수라 간의 싸움이 시작되었다. 열두 낮과 열두 밤 동안 이어진 싸움에 비슈누도 참가했다. 비슈누는 아름다운 여인으로 변신해 아수라들로부터 항아리를 가로채어 가루다에게 건넸다. 그런데 이 과정에서 네 방울이 암리타가 지상으로 떨어졌다.

똑, 똑, 똑, 똑. 신들도 탐내는 암리타가 지상의 강물로 떨어졌다.

인간에게는 얼마나 큰 효력을 발휘할까? 암리타가 떨어진 강물 한 방울에라도 닿을 수 있다면 모든 고통에서 해방될 수 있지 않을까? 신화시대의 인간들은 그런 생각을 했을지도 모른다.

이러한 신념을 바탕으로 힌두교 신자들은 몸과 영혼의 정화를 위해 장기간 순례에 나선다. 순례지는 암리타가 떨어졌다고 전해지는 지역이고, 그곳에서 열리는 축제가 쿰브 멜라이다.

쿰브 멜라는 네 곳에서 개최된다. 갠지스강이 흐르는 하리드와르, 시프라강 강가의 우자인, 고다바리강 강가의 나시크, 그리고 갠지스강, 야무나강 그리고 신화 속 사라스와티강이 합류하는 프라야그라지에서 열린다. 이 중에서도 프라야그라지의 축제가 가장 화려하고 유명하다. 프라야그라지는 세 강이 만나는 곳이라는 뜻의 '트리베니 상감'이라고도 불린다. 갠지스강에서의 목욕 장면은 주로 프라야그라지의 쿰브 멜라에서 볼 수 있다.

네 지역에서 열리는 쿰브 멜라는 12년마다 한 번씩 찾아온다. 축제의 날짜는 힌두교의 역법과 태양, 달, 그리고 목성의 위치를 기준으로 정해지기 때문에 매번 다른 시기에 열린다. 프라야그라지, 하리드와르, 나시크, 우자인 순서로 개최되는데, 프라야그라지와 하리드와르는 3년 간격으로, 나시크와 우자인은 같은 해나 1년 간격으로 열린다. 갠지스강과 그 지류에 위치한 프라야그라지와 하리드와르는 6년마다 절반의 쿰브 멜라라는 뜻으로 '아르다 쿰브 멜라'도 개최한다. 더욱이 프라야그라지는 12년 주기가 12번 반복된 144년째에 '마하 쿰브 멜라',

　　　　　　　　　　　　1부. 세계 목욕의 역사

즉 큰 쿰브 멜라를 개최해 그 의미를 더한다.[80]

　쿰브 멜라에서는 강물에 몸을 정화하는 목욕만 하는 것이 아니다. 여러 행사가 열린다. 사람들은 설법을 듣고, 가난하고 약한 이들을 위한 자선 활동에 참여한다. 많은 사람이 모이는 기회를 잡아 정치가들도 쿰브 멜라 행사장에 선전물을 세우기도 한다. 다양한 주제의 이야기가 마치 우유 바다에서 건져 올린 보물처럼 쏟아져 나오고, 문화가 전해진다. 이런 이유로 2017년에 열린 제12차 유네스코회의에서 쿰브 멜라는 인류 축제 중에서도 가장 평화롭고 조화로운 의식으로 인정받아 무형문화유산으로 등재되었다.[81]

　쿰브 멜라에는 엄청난 수의 사람들이 참가한다. 이 행사는 매년 열리지 않기 때문에, 기다려온 사람들의 발길이 강으로 계속 이어진다. 목욕을 목적으로 하지만, 관광을 위해 찾는 이들도 많다. 2001년에 열린 마하 쿰브 멜라에는 무려 6000만 명이 모였고,[82] 2013년에는 약 1억 명의 순례자가 참가했다.[83] 그리고 6년 후인 2019년의 아르다 쿰브 멜라에는 총 1억 2000만 닝이 참가한 것으로 집계되었다.[84]

　사람이 많이 모일수록 사고의 위험도 커진다. 코로나-19가 유행하던 2021년 4월 하리드와르에서 열린 쿰브 멜라에는 100만 명이 모여들어 확진자가 대거 발생했다.[85] 압사 사고와 수인성 질병, 노숙으로 인한 범죄도 자주 일어났다.

　2019년 인도 정부는 엄청난 군중을 수용하기 위해 여러 대책을 마련했다. 행사를 앞두고 3개월 동안 가죽 공장을 비롯한 환경오염 업체

2013년 프라야그라지에서 개최된 아르다 쿰브 멜라

들의 영업을 정지시켜 강물의 수질을 개선했다. 5,000곳 이상에 천막 130만 개를 설치하고, 애플리케이션을 통해 인파의 분포를 실시간으로 확인할 수 있도록 했다. 수상 인명구조요원과 경찰을 곳곳에 배치해 안전을 확보했고, 여성 순례객의 편의를 위해 여성 전용 입욕 장소를 마련하고 옷을 갈아입을 수 있는 공간도 확대했다. 이러한 노력으로 많은 참가자들이 예전보다 안전하게 행사를 즐길 수 있었다.[86]

전 세계의 힌두교 신자들이 한자리에 모여 수행자들의 강의를 듣고 강물에 몸과 마음을 정화한다는 게 바로 쿰브 멜라의 매력이다. 말로는 표현하기 어려운 경외감을 자아낸다. 미국의 소설가 마크 트웨인은 1895년 쿰브 멜라를 방문한 뒤, 그 감동을 글로 남겼다.

경이롭지 않은가. 수많은 노인과 약자, 젊은이와 어린아이는 어떤 망설임과 불평도 없이 신앙의 힘으로 그런 놀라운 여정을 떠나고, 그들은 그로 인한 고통도 원망 없이 인내한다. 사랑 때문인지 아니면 두려움 때문에 여정을 떠나는지 나는 알 수 없다. 어떠한 충동으로 인해서 여정을 떠나든 간에, 여기에 서 비롯된 행위는 우리 같은 종류의 인간들, 차가운 백인들에게는 상상을 초월하는 경이로움이다.[87]

11

비슷하지만
다른

일본의 센토

도쿄에 여행을 갔을 때 겪었던 일이다. 목욕 시설이 있는 게스트하우스에 묵는 중이었는데 아침에 일어나 씻으려고 공용 욕실로 가니 그날따라 사람이 바글거렸다. 겨울에 바닥 난방이 되지 않는 다다미 위에서 하룻밤을 자고 일어난 터라 온몸이 뻐근했다. 샤워로도 몸이 풀릴 것 같지 않았다. 어디 뜨끈한 데 누워 몸을 좀 지지고 싶었다. 온몸을 한 번에 데울 수 있을 만큼 크고 따끈한 곳이 있다면, 그런 곳에서 씻으면 활기차게 하루를 시작할 수 있을 것만 같았다.

때마침 전날 관광을 끝내고 숙소로 돌아올 때 보았던 목욕탕이 떠올랐다. 입구를 가린 커다란 천에 뜨거운 물을 뜻하는 '유ゆ'라는 글자

가 분명 적혀 있었다. 언뜻 한자로 적힌 남녀 간판을 본 것 같기도 했다. 대충 옷을 갖추어 입고 기억을 더듬으며 목욕탕을 찾아 나섰다.

찾는 것은 그리 어렵지 않았다. 그런데 세상에……! 오전 9시를 훌쩍 넘긴 시간인데 아직 문을 안 열었다. 한국에서는 보통 새벽 5시에 여는데? 설마 휴업일인가? 영업시간을 적어 놓은 간판을 확인해 보았다. 개장 시간은 오후 3시. 나는 결국 터덜터덜 돌아와 공용 욕실에서 미지근한 물로 몸을 씻어야 했다.

나중에 게스트하우스 직원에게 설명을 들었다. 일본에서 목욕탕은 일과를 마치고 방문하는 곳으로 보통 오후 3시나 4시는 되어야 문을 연다고 한다. 한국 사람은 대개 하루를 시작할 때 목욕탕에 들어가는데, 일본에서는 반대로 하루를 마무리하는 곳이다. 비슷한 문화권, 가까운 거리, 목욕탕에 탕이 있다는 것도 비슷하지만 목욕의 의미가 이렇게나 다르다.

일본 공중목욕탕의 기원은 불교에서 찾을 수 있다. 일본 나라시에 위치한 사찰 호케지法華寺에는 '가라후로'라는 욕실이 있다.[88] 일본에 불교가 도입된 6세기부터 14세기에 이르기까지의 불교 역사를 정리한 책 『원형석서元亨釋書』(1322)에도 호케지가 기록되어 있는데, 8세기 중반 나라 시대에 쇼무 천황의 황후인 고묘 황후光明皇后(701~760)가 세웠다고 전한다.

이 시기 일본에서는 천재지변과 기근, 천연두가 기승이었다. 불심이 깊었던 고묘 황후는 부처님의 자비로 중생을 구하기로 한다. 귀천

나병에 걸린 거지의 모습으로 나타난 부처를 씻겨주는 고묘 황후 ◯ 우타가와 구니요시, 『목증가도木曾街道』 57번, 1852, 영국 박물관

을 불문하고 1,000명의 더러움을 씻겨주기로 결심한 것이다. 호케지에 가라후로를 짓고 999명의 사람을 씻겼다. 그리고 마지막 사람이 찾아왔는데 중증의 나병 환자였다. 나병, 그러니까 한센병은 당시만 해도 천벌로 여겨졌다. 그러나 황후는 피고름을 입으로 빨아 뱉어 없애고 환자를 깨끗하게 씻겨주었다. 목욕이 끝나자 환자는 몸에서 빛을 발하며 "나는 부처다"라고 말하고 하늘로 올라갔다.[89]

이 사건을 계기로 일본 사찰의 목욕탕에서 가난한 백성들에게 목욕을 베푸는 관행이 시작되었다. 승려는 한 달에 두 번 목욕해야 했기에 대개의 절에는 목욕 시설이 갖추어져 있었고 현재까지 도호쿠지東福寺, 쇼코쿠지相国寺, 다이토쿠지大德寺, 겐닌지建仁寺 등 교토의 오래된 사찰에는 욕실이 남아 있어 특별 공개 기간에 방문하면 관람할 수 있다. 앞서 언급한 호케지의 욕실도 1년에 한 번 개방한다. 절에서는 중생 제도 차원에서 이를 백성에게 개방하거나 끓인 물을 제공했다. 이렇게 불교 사찰 안의 욕실이 일본 대중 목욕 시설의 시작이 되었다.

사찰 목욕탕은 사람들로 북적였고, 이와 같은 목욕 시설은 곧 사람들이 모여 사는 지역으로도 퍼져 나갔다. 본격적으로 일본 목욕탕이 발달하기 시작한 건 17~19세기의 에도 시대이다.

일본에서는 공중목욕탕을 '센토錢湯'라고 부른다. 이는 '돈을 내고 들어가는 목욕탕'을 뜻하는 말이다. 센토는 1603년경에 처음 등장했고 그 이후로 수는 급격히 증가했다. 이는 목조 주택과 잦은 지진, 화재 때문이었다. 화재 위험 때문에 가정집에는 욕실 설치가 제한되었고 도

센토 입구 ◯ 세모 지붕과 입구에 크게 적힌 '유(ゆ)', 천 가림막은 센토의 상징이다.

센토 내부 ◯ 센토 내부에는 후지산이나 잉어 등의 그림이 그려져 있는 경우가 많다.

시에는 목욕탕을 필요하는 인구가 넘쳐났다. 거기에 장작값도 비싸서 하급 무사 가족도 일반 서민과 함께 공중목욕탕을 찾았다.

1800년대 중반에는 약 500개 이상의 공중목욕탕이 성업 중이었고 1900년대에 들어서자 1,000여 개로 늘었다. 공중목욕탕은 도시의 상징이었고 근대 이후에도 그 역할은 이어져 지역 주민들의 사교장 같은 역할을 담당했다.[90]

상황이 달라진 건 1960년대 이후부터. 경제가 발달하고 사회가 급격히 변화했다. 주택 사정도 좋아졌다. 이제 대부분의 집에는 욕실이 생겼다. 수도를 틀면 온수가 나오고 물이 식어도 욕조로 데울 수 있다. 남아 있는 공중목욕탕들은 단골들을 중심으로 영업을 이어가거나, 대형 스파로 탈바꿈했다.[91]

일본의 공중목욕탕은 마치 사찰처럼 보인다. 기와로 덮인 삼각형 지붕 아래 목욕탕 상호가 적힌 천이 바람에 펄럭인다. 흥미로운 사실 하나, 도쿄 쪽 목욕탕의 입구 천은 짧은 반면 오사카 쪽은 길다고 한다.[92] 이 천에는 '유ゆ'라고 적혀 있는데, 이는 뜨거운 물을 의미하는 단어다. 건물 입구에 '유'자가 보인다면 그곳이 목욕탕이다. 한국의 목욕탕처럼 커다란 굴뚝이 달린 건물이라면 틀림없다.

한국 목욕탕과 일본 목욕탕의 차이점 중 하나는 탈의실에 있는 '반다이番台'라는 곳이다. 반다이는 목욕탕 주인장이 앉아 목욕값을 받는 곳으로, 천장이 뚫려 있어 남녀 탈의실을 한눈에 볼 수 있다. 이 자리는 테니스 코트의 심판석처럼 살짝 높다. 반다이에 앉은 주인장의 성별을

1부. 세계 목욕의 역사

신경 쓰는 이는 없다. 대체로 나이 지긋한 여성 사장님이 앉아 있다.

옷을 갈아입고 목욕탕 안으로 들어가면 앉아서 씻는 곳과 냉탕, 온탕, 열탕이 보인다. 남녀 탕의 천장은 서로 통한다. 탕 안에서는 사람들이 이런저런 이야기를 나누며 서로의 일상을 공유한다. 샤워를 하고 탕 안으로 들어가 몸을 데우며 긴장을 푼다. 때는 밀지 않고, 한국에서 흔히 볼 수 있는 커다란 핑크색의 플라스틱 침대나 세신사는 없다. 때 수건은 물론이고 수건조차 제공되지 않는 경우가 많고, 사우나를 이용하려 하면 별도의 비용을 지불해야 한다. 목욕 후에는 자리로 돌아와 머리를 감고, 수건으로 몸을 닦은 후 탕을 나온다. 마지막으로 유리병에 담긴 시원한 우유 한 병을 마시며 집으로 돌아간다.

화산지대인 일본에는 노천탕이 흔하다. 만화나 드라마 같은 일본 대중매체에 목욕탕 장면이 나오면 주로 노천탕이다. 매체 속 인물들은 온천수가 솟아오르는 곳에 몸을 담그고 주변 풍경을 즐기며 휴식을 취한다. 이 노천탕은 때로는 수온이 41°C를 넘을 만큼 뜨겁다. 추운 겨울에는 온도 차로 인해 노약자가 쓰러질 위험도 있어 주의가 요구된다. 물론 노천탕이 어디에나 있는 것은 아니다.

17세기에 이르러서야 대도시에 공중목욕탕이 등장했다.[93] 그렇다면 그 이전에는 사람들이 어떻게 몸을 씻었을까?

고묘 황후의 일화를 읽으며 욕조에서 몸을 닦거나 물을 부어주는 모습을 상상했을지도 모른다. 그렇지만 사실 황후가 이용한 '가라후로'는 한증막 형식이었다. 온수를 담는 탕 대신 두 개의 텅 빈 방이 있었

고, 우물에서 길어온 물을 큰 가마솥에 끓인 후 방 아래에 두면 증기가 방 안으로 스며들어 사람들이 그 증기로 땀을 내며 몸을 씻었다.[94]

한증의 유래에 대해서는 여러 가지 설이 있다. 일본에서 가장 오래된 목욕 형태라는 주장부터, 9세기 초에 고승 구카이가 당나라에서 도입했다는 설, 그리고 한반도에서 전해졌다는 설까지 다양하다. 한증목욕은 온천이 없는 지역에서도 행해진다. 규슈, 시코쿠, 주고쿠 사이에 위치한 세토 내해 각지에서는 돌 가마 형태의 '이시부로石風呂'가 있다. 사람들은 이시부로나 천연 동굴에 장작을 넣고 불을 지핀 뒤 남은 열기로 땀을 빼며 몸을 깨끗이 했다.[95]

목욕탕 장면은 대중문화에 자주 묘사된다. 한번 떠올려 보자. 평범한 남성들이 옹기종기 모여 앉은 목욕탕에 등과 어깨 위로 화려한 꽃과 동물을 얹은 근육질 남성 여러 명이 우르르 들어온다. 모두 긴장하고 그들에게 좋은 자리를 비켜준다. 그들은 두툼한 근육과 문신을 과시하며 사우나에 들어간다. 모래시계를 뒤집고, 오야봉, 꼬붕, 사시미 등등 정체 모를 일본어를 섞어 쓰며 위화감을 조성한다. 한국 조폭 영화에서 볼 법한 전형적인 장면이다. 하지만 실제 일본에서는 문신이 있는 사람의 공중목욕탕 출입이 제한된다.

온천을 포함해 일본에 있는 대부분의 공중목욕탕에서는 내국인과 외국인을 가리지 않고 문신이 있는 사람의 입장을 금지한다. 법적 규정이 아니라 목욕탕의 자체 규정이다. 외국인 관광객 중에서도 문신 때문에 입장을 거절당하는 경우가 많고 한국의 유명 가수도 이런 경험

을 한 적이 있다.[96]

2020년 도쿄 올림픽을 앞두고 일본 관광청은 온천 협회에 문신이 있는 사람도 입욕을 허가해 달라고 요청했다.[97] 외국인 관광객 유치를 목적으로 한 조치였다. 일본 공중목욕탕법에 따르면 영업자는 공중위생을 이유로 전염병 보균자의 입장을 거부할 수 있다. 일본 정부는 문신이 위생에 영향을 끼치지 않는다는 점에서 문신을 이유로 한 출입 거부는 타당하지 않다고 판단했다. 그러나 이 권고에는 강제성이 없었고 정부 또한 목욕 허용 여부는 영업자의 몫이라며 한 발 뒤로 물러났다.[98]

대다수 공중목욕탕은 여전히 문신에 따라 출입을 제한하고 있다. 일본 사회에서는 문신을 부정적으로 보는 시각이 여전히 강하며, 조폭이 출입할까 봐 두렵다는 의견도 있다. 어떤 공중목욕탕은 문신이 있는 사람이 이용하고 싶다면 전체 탕을 빌리도록 권하거나, 스티커를 붙이는 조건 하에 입욕을 허용하기도 한다. 최근에는 문신을 한 사람도 이용할 수 있는 목욕탕 리스트를 공유하는 추세도 있다.

한국 목욕탕은 일본처럼 문신을 크게 신경 쓰지 않는다. 하지만 2014년 대구의 한 공중목욕탕에서 문신을 드러내고 불안감을 조성한 혐의로 조폭에게 범칙금을 부과한 사례가 있다. 그런데 다양한 문신을 새기는 사람이 늘고 있는 시대에 문신을 이유로 출입을 계속 막을 수 있을까? 얌전히 목욕만 하고 나간다면 목욕탕 문 앞에서만큼은 조금 더 너그러운 마음을 가져보아도 괜찮을 것 같다.

2부

한국의
목욕
문화

인류가 언제부터 목욕을
시작했는지 정확히 알기 어렵듯,
한국인의 목욕 역사도 그 시작점이
불분명하다. 한국은 그리스나
로마, 튀르키예, 인도와 같은 다른
문명들과는 별개로 독특한 목욕
문화를 발전시켰다. 목욕의 기본
목적은 몸의 더러움을 씻어내는
것이었으나, 시간이 흐르면서
불교와 유교의 영향을 받아 목욕의
형태와 방식이 점차 다양해졌다.
이렇게 한국인의 목욕 문화는
단순히 씻는 행위를 넘어서
다채로운 문화적 특성을 지니게
되었다.

1
목욕으로
죄를 대신 갚다

삼국 시대의 목욕

겨울이 끝나고 날이 따뜻해져 가는 3월 초하루. 여섯 마을의 촌장들이 덕 있는 인물을 왕으로 모시기 위해 모였다. 그때 백마 한 마리가 높은 곳에서 고개를 숙이고 절을 하는 모습이 보였다. 나정羅井이라 불리는 우물가였다.

가까이 다가가 보니 백마는 사라지고 자줏빛 알만 남아 있었다. 알을 깨자 단정하고 아름다운 사내아이가 나왔다. 사람들은 그 아기를 동천東泉에 씻겼다. 아이를 씻기자 몸에서 빛이 났다. 천지가 진동하고 새와 짐승들이 춤을 췄다. 해와 달마저 밝게 빛났다. 사람들은 그 아이의 이름을 혁거세라 짓고 하늘이 내려준 왕으로 여겨 모셨다.

같은 날 사량리의 알영 우물가에 용이 나타났다. 닭을 닮은 용은 왼쪽 옆구리로 여자아이를 낳고 사라져 버렸다. 아기의 얼굴은 아름다웠지만 입술은 닭의 부리와 같았다. 아기를 월성 북쪽의 냇물로 데려가 씻기니 부리가 떨어져 나갔다. 두 아이는 함께 자라 13세에 혼인했다. 박혁거세와 그의 부인 알영의 탄생 이야기로 신라의 건국 신화이다.

문헌이 남아 있지 않은 시대, 역사가 기록되기 이전에도 사람들은 목욕을 했을 것이다. 하지만 구체적인 기록이 없어 언제, 어떻게, 무슨 도구로 씻었는지는 알 수 없다. 박혁거세와 알영의 탄생 이야기는 한국 역사상 가장 오래된 목욕에 대한 기록이다.

이 이야기에서 목욕은 청결 유지를 위해 하는 일상적인 행동 이상의 의미를 갖는다. 혁거세는 목욕 후 몸에서 빛이 나왔고, 알영은 외모에서 유일한 흠인 닭 부리 입술이 사라졌다. 맑은 물로 씻음으로써 부정한 것이 제거되었다. 물로 씻는다는 것은 부정을 정화한다는 상징적 의미를 내포한다. 그렇다면 일반 사람들도 맑은 물로 몸을 씻어 내면서 종교적인 불결함도 씻어내지 않았을까?

이러한 목욕의 의미는 음력 3월 3일 삼짇날에 행해지는 '계욕禊浴'이라는 풍습으로 이어졌다. 계욕은 부정을 쫓는 일로, 육체 만이 아니라 정신까지 맑고 깨끗하게 가꾸는 의식이다. 『삼국유사三國遺事』(1281)의 「가락국기」에 따르면, 3월 상사일(3월 첫 뱀날)이 계욕의 날로 신맞이 굿을 벌였다고 기록되어 있다. 계욕은 삼월 삼짇날 산속의 맑은 물에 몸을 깨끗이 씻어 신들을 맞이하는 준비 의식으로 여겨졌다. 여성들은 이날 맑은 물로 목욕하고 머리를 감았고, 3월 초하루부터 청명절(매년 4월 4일~5일 사이)까지 목욕을 하면 정숙하고 귀한 몸이 된다는 믿음도 생겼다.

이처럼 신라 사람들은 목욕이 관념적 더러움을 씻어내는 행위라고 생각했다. 『삼국유사』에는 아버지의 죄를 씻기 위해 아들에게 목욕을 형벌로 내린 사례가 기록되어 있다.

신라 제32대 효소왕(687~702) 시절 일이다. 화랑 죽지랑이 부하 득오실을 찾았다. 그는 득오실이 명령을 받고 익선의 창고지기로 일하는 줄 알고 있었다. 하지만 득오실은 사실 밭에서 일하고 있었고, 심지어 휴가조차 허락받지 못하고 있었다. 이 사실이 알려지자 화랑주는 익선을 체포하라 명령했지만 익선은 도망쳤다. 결국 화랑들은 익선의 맏아들을 잡아 와서 성안의 연못에서 목욕해서 아버지의 죄를 대신 씻으라고 명령했다. 하필 그날이 가장 추운 동짓날이었기에 익선의 아들은 얼어 죽었다.

비극적인 이야기다. 이 사례로 신라 사람들이 목욕을 죄를 씻는 수단으로 여겼음을 알 수 있다. 그들은 몸의 청결을 통해 자신뿐만 아니라 가족의 마음까지도 정화할 수 있다고 믿었다. 아들까지 죽게 만든 익선의 죄는 어디에서 씻어야 할지 알 수 없는 노릇임에도 불구하고 말이다.

목욕이 단지 영적이고 종교적인 의미만을 지녔던 것은 아니다. 유흥과 치료의 수단으로도 활용되었다.

부산광역시 동래구에 자리한 동래 온천은 그 기원이 신라 시대로 올라간다. 이곳에는 다리가 불편한 절름발이 노파가 살고 있었다. 어느 날 노파가 집 근처 논에서 다리를 저는 학을 보았다. 그런데 얼마 뒤에 다시 보니, 학은 다리가 나아 훨훨 날아가 버렸다. 이상하게 여긴 노파는 학이 있던 자리를 살펴보았다. 그 자리에는 뜨거운 물이 솟아오르고 있었다. 그 물에 자신의 다리를 담갔더니 며칠 후에는 다리가 나아 걸을 수 있게 되었다고 전해진다.[1] 학과 노파를 고친 온천물의 효력이 사실이었나 보다.『삼국유사』에 따르면 683년에는 재상 충원공이 동래 온천에서 목욕을 했다고 기록되어 있고,[2] 조선 시대 지리서인『신증동국여지승람新增東國輿地勝覽』(1486)에도 신라의 왕이 치료 목적으로 이곳을 방문했다는 내용이 있다.[3]

목욕의 효험은 신라 사람들에게만 알려진 것은 아니었다.『삼국사기三國史記』「고구려 본기」에 따르면 고구려 사람들도 온천을 즐겼다. 서천왕(?~292)의 동생 일우와 소발은 병을 핑계로 온천에 가서 다른 이들과 함께 놀고 모반을 꾀했다. 모반은 조용히 꾀해야 하는 법이거늘, 얼마나 요란하게 놀았는지 형인 왕에게 금방 발각되고 말았다. 실패한 모반은 둘째로 치고, 온천에서 병도 고치고 유희를 즐겼다는 사실을 엿볼 수 있다.

백제의 목욕 문화는 문헌으로는 찾아보기 힘들지만 유물에서 그 흔적을 짐작할 수 있다. 국보로 지정된 백제금동대향로는 백제의 도교 문화를 보여주는 걸작이다. 이 향로의 뚜껑에는 폭포 아래에서 몸을 반쯤 내밀고 긴 머리를 감는 인물의 모습이 부조되어 있다. 일각에서는 이 장면을 산속에서 수행하며 신선이 먹는 영약을 제조하기 위해 목욕재계하는 모습으로 해석한다. 이는 삼월 삼짇날의 계욕 풍습과도 맥을 같이한다.

통일신라 시대에 이르러 목욕은 더욱 성행했다. 불교의 영향이 컸다. 신라 초기에 불교가 전래되자 신라인들은 몸을 더 자주 씻게 되었으며, 통일 신라가 되니 불교가 융성하며 목욕 문화도 대중화되었다.

불교의 계율에는 목욕 재계가 포함되어 있으며, 불교 경전에는 목욕 횟수까지 정해져 있었다. 한 달에 기본적으로 두 번, 계절에 따라 횟수가 달라진다. 1019년 송나라의 승려 도성道誠은 『석씨요람釋氏要覽』에서 목욕을 몸, 말, 마음 세 가지를 씻는 것으로 정의했다. 목욕은 그만큼 불교에서 중요한 의식이었다.

승려들은 보름 주기로 포살布薩을 행한다. 빈피사라왕●의 권유로 석가모니가 대중 앞에서 허물을 드러내고 참회했던 의식에서 기원한 것으로[4] 승려들은 포살을 앞두고 몸을 씻는다. 당나라에서 유학한 후 643년(선덕왕 12년)에 귀국한 자장법사가 이 포살 의식을 도입하고 철저히 시행했다. 이 의식은 보름과 그믐에 행해졌으므로, 승려의 삭발과 목욕은 음력 14일과 29일에 행해졌을 것이다.

한국과 중국, 일본의 선종禪宗 사찰의 전통적인 구조인 칠당가람七

● 頻婆娑羅王. 산스크리트어, 팔리어로 빔비사라(bimbisāra)라고 읽으며 영승(影勝)이라 번역된다. 기원전 인도 갠지스강 중류에 자리한 불교의 발상지인 마가다국(magadha國)의 왕으로 재위 기간은 기원전 580~기원전 550년경으로 추정된다. 최초의 절이라 알려진 죽림정사(竹林精舍)를 지어 석가모니에게 바쳤다.

백제금동대향로

堂伽藍에는 반드시 욕실이 포함되었으며, 사찰에는 목욕탕이 마련되어 있었다. 지금도 많은 절에서는 포살일에 맞추어 한 달에 두 번 목욕을 한다. 이렇게 사찰 목욕탕은 공중목욕탕의 효시로 볼 수 있다.[567]

『불설온실세욕중승경佛說溫室洗浴衆僧』은 목욕에 필요한 일곱 가지를 열거한다. 이들은 맑은 물淨水, 팥비누澡豆, 불을 피우는 일燃火, 버드나무가지楊枝, 차조기 기름蘇膏, 속옷, 깨끗한 재淨灰다. 이 일곱 가지를 사용해 목욕을 하면 병을 예방하고 복을 받는다고 전해진다. 불법에 따라 목욕할 때는 오른손으로 물병을 들고 왼손으로 몸을 씻어야 한다. 목욕 전에는 밖으로 나가 손에 재를 발라 깨끗이 씻은 후에 황토를 사용해 세 번 닦고 깨끗한 물로 헹군다. 팔은 밀가루를 사용해 팔꿈치까지 깨끗이 씻는다.[8] 그다음에 본격적인 목욕을 시작한다.

몸을 깨끗이 하고, 말과 마음을 씻어내면 더러움을 제거하고 복을 받을 수 있다. 목욕에 대한 불교의 견해이다. 복을 받기 싫어하는 이는 없고, 신라 시대에 목욕은 널리 퍼져나갔다. 하지만 절 바깥, 귀족 저택이나 일반 사람들도 불경에 기록된 물품과 형식을 모두 갖춰 씻었는지는 확인하기 어렵다.

일본 세토 내해 연안에서는 해초를 간 천연동굴을 이용한 한증막, 이시부로가 전해진다. 이시부로의 유래에 대한 몇몇 학설 중 헤이안 시대 말엽 통일 신라에서 일본으로 수입되었다는 주장이 있다.[9] 만약 이 주장이 사실이라면, 통일 신라 시대 사람들도 한증으로 목욕을 즐겼을 것이라고 추측 가능하다. 돌을 쌓고 뜨겁게 달군 다음 그 위에 물을 부어 나오는 증기를 쐬는 신라 사람들. 그러나 이는 아직까지 역사적 상상에 불과하다.

결국 삼국 시대의 목욕에 대해 알 수 있는 것은, 이 시대에 행해진 일상적인 목욕보다 역사에 기록된 목욕에 대한 종교적 관념이다. 일상적인 목욕 문화는 그다음 시대에 자세하게 알아볼 수 있다.

2

개울에서
몸을 씻다

고려의 목욕

한국의 목욕 문화에 대한 가장 유명한 기록은 아마도 송나라 사신 서긍徐兢이 남긴 『선화봉사고려도경宣和奉使高麗圖經』(1124)이다. 그는 1123년 고려를 다녀와 그때의 경험을 다방면으로 기록했는데 목욕도 빠지지 않았다. 고려 사람들은 아침에 일어나자마자 목욕으로 하루를 시작했고 여름에는 하루에 두 번씩 목욕했다.

> 남자와 여자의 분별도 없고, 의관을 언덕에 놓고 물굽이에 따라 몸을 벌거벗되 괴상하게 여기지 않았다.[10]

ı35

가장 널리 알려진 내용이 위의 구절이다. 서긍의 기록에 따르면 고려 시대 사람들은 주로 시냇물에서 목욕을 했다. 남녀가 섞여 옷을 벗고 있어도 괴상하거나 어색하게 여기지 않았다니. 부끄러워하는 사람이 있다면 그게 오히려 수상쩍게 보일지도 모른다. 아마 여름이 되면 냇가에서 남녀노소 불문하고 목욕을 즐기는 것이 숨을 쉬듯 자연스러운 일상으로 자리 잡았기 때문인 듯하다. 냇가는 공중목욕탕이자 야외 풀장으로 변신했다. 신라 시대에도 절이 아닌 곳에서는 냇가에서 목욕하지 않았을까?

고려 사람들은 시원한 시냇물에서 목욕하는 것뿐만 아니라, 뜨끈뜨끈한 온천욕도 즐겼다. 요즘은 온천 하면 인공적으로 지하수를 끌어올려 사용하는 방식을 떠올리지만, 한반도에는 지표면까지 자연스럽게 솟아오르는 자연 온천이 꽤 많이 분포해 있다. 경기도와 전라도를 제외한 대부분의 지역에서 온천욕을 즐길 수 있었다.

고려의 왕들과 귀족들은 온천을 자주 찾았다. 특히 왕은 개성에서 북쪽으로 위치한 황해도의 평주, 지금의 평산군에 있는 온천을 자주 방문해 왕자와 공주들과 함께 온천욕을 즐기며 사냥도 했다. 원나라 초대 황제 쿠빌라이 칸의 사위이자 음주와 가무로 한 세월 보냈던 충렬왕(1236~1308)은 온천을 자주 찾았다. 그의 온천 행차는 백성들의 원성을 불러일으켰는데 온천욕과 사냥에 필요한 음식과 물자, 토지 사용, 부역을 온천 주변 백성들로부터 징수했기 때문이다.[11]

온천욕과 목욕은 병을 치료하는 목적으로도 널리 행해졌다. 선종

5년(1088)에는 온천 치료를 위해 공식적으로 휴가를 부여하는 제도가 생겼다. 관리가 병 치료를 위해 온천욕을 하러 갈 경우 그 여정의 거리에 따라 휴가를 주는 것이었다.[12] 이 규정은 말로만 존재하지는 않았다. 목종 6년(1003) 문하시중이었던 한언공이 병에 걸리자 목종은 그를 위해 말과 수레를 지원하며 온천욕을 명령했다.

때로는 병환 때문이 아니라, 만나기 싫은 사람을 피하거나 일을 회피하기 위해 목욕이나 온천을 핑계로 삼는 경우도 있었다. 충숙왕 7년(1338) 원나라의 사신이 환관과 공녀, 말을 요구하는 황제의 명령을 가지고 왔다. 고려는 원나라의 속국이었고 고려의 왕은 명목상의 존재에 불과했다. 그렇지만 충숙왕은 원나라의 요구를 수락하고 싶지 않았던 모양이다. 그는 목욕을 핑계로 사신과의 만남을 거절했다. 사신은 병든 사람을 만나러 가겠다고 고집을 부릴 수 없었다. 다음 날 모습을 드러낸 왕은 화가 난 사신을 달래야 했다.[13] 이런 구실을 신하들도 비슷한 방식으로 활용했다. 고려 말 공양왕 3년(1391)에 이성계는 병을 핑계로 사직을 요청하고 평수에 위치한 온천으로 떠났다.[14] 온천에 간다, 목욕하러 간다는 말은 피로한 몸을 쉬러 가거나 병을 치료한다는 의미로 받아들여졌다.

온천이 아니더라도 궁에서 목욕을 즐기는 것은 당시 왕의 일상이었다. 충숙왕(1294~1339)은 목욕의 매력에 푹 빠져 있었다. 충숙왕은 아들 충혜왕(1315~1344)에게 왕위를 넘겨주었지만, 충혜왕이 폭정을 일삼자 원나라의 결정으로 다시 왕위에 올랐다. 이런 혼란 속에서 충숙왕은 목욕을 통해 잠시나마 평안을 찾았을지도 모른다.

충숙왕의 목욕 사랑은 단순한 취미를 넘어섰다. 『고려사高麗史』(1454)에 따르면 그는 한 달에 향료만 10여 항아리를, 목욕용 수건으로는 60여 필의 저포를 사용했다.[15] 여기서 저포 한 필은 성인 한 명의 옷을 만들 수 있는 양으로, 조선 전기의 포백척布帛尺으로 환산하면 길이가 약 16.35m, 너비가 32.7cm에 달한다.● [16] 60필이면 총 길이가 981m에 달하고, 60명 분의 옷을 만들 수 있었다. 왕이 목욕에 사용하는 물품이 방대하다 보니 환관들이 몰래 빼돌려도 쉽사리 알아채지 못하는 상황도 벌어졌다.

고려 시대에도 목욕은 정신의 불결함을 지워내는 영적인 행위로 여겨졌다. 현종 15년(1024년)에 왕은 기우제를 지내기 전에 목욕재계를 하고 향불을 피우며 하늘에 기도를 올렸다.[17]

목욕에 얽힌 민간 이야기도 흥미롭다. 무신정변이 일어났던 명종(1170~1197) 대의 일이다. 전주에 일엄이라는 승려가 살았다. 그는 눈먼 사람의 시력을 회복시키고, 죽은 이를 다시 살릴 수 있다고 주장해 유명세를 치렀다. 그의 명성이 대단해 개성으로 올 때마다 사람들이 나이와 신분을 막론하고 그를 보기 위해 몰려들어 마을과 거리가 텅 비었다. 사람들은 그의 설법을 듣는 것뿐만 아니라, 그가 양치하고 세수한 물, 사용한 목욕물을 한 방울이라도 얻으려 아우성이었다. 그 물을

● 세종 13년(1431)년 중앙과 지방의 서로 다른 길이 기준을 교정했고, 포백척 또한 이때 교정되었다. 그러나 이 시기에 교정된 포백척은 현존하지 않는다. 다만 『경국대전(經國大典)』에 포백척은 황종척(黃鐘尺)의 '1척(尺) 3촌(寸) 4분(分) 8리(釐)'라고 기록하고 있는데, 이를 통해 조선 전기 포백척은 약 46.66cm 내외 정도로 유추할 수 있다.

마시면 온갖 병을 치료할 수 있기 때문이었다. 이 물을 중생의 번뇌를 씻어내는 부처의 가르침을 물에 비유한 '법수法水'라고 부르며, 금처럼 귀하게 여겼다.[18] 얼핏 인도의 쿰브 멜라가 떠오른다.

신통력을 가진 이가 접촉한 물로 몸을 씻으면 그 신통력이 몸을 씻은 자에게도 옮아 영향을 발휘한다는 감염주술적 사고이다. 예를 들어, 사고를 당한 사람의 옷가지에 닿고 싶지 않은 마음, 아이를 원하는 여성이 다른 산모가 입었던 치마를 입는 옛 풍속이 이와 같은 관념에서 유래했다.

이러한 믿음은 신라 시대에도 있었다. 노힐부득과 달달박박이 관세음보살을 목욕시키자 그 물이 황금빛으로 변했다. 두 사람은 그 물로 목욕했고 미륵불과 아미타불로 성불했다. 『삼국유사』에 전해지는 일화다. 이처럼 목욕물의 신비한 효능에 대한 믿음은 절박한 이들에게 영향을 미쳤다.

3

알몸을 보이는 것은
예가 아니다

조선의 목욕

조선 건국 후 100년도 지나지 않은 1488년, 성종 19년의 일이다. 허종許琮(1434~1494)은 명나라에서 사신으로 오는 동월董越(1430~1502)을 마중하러 나갔다. 두 사람이 만나 평안북도 박천강을 건널 즈음 허종이 조심스럽게 말문을 열었다.

"『대명일통지大明一統志』(1461)에 기록된 우리나라의 풍속을 보니 아버지와 아들이 같은 냇가에서 함께 목욕하고 남녀가 좋아하면 바로 혼인한다고 했는데 그건 옛날 역사책에서 전하는 말일 뿐입니다."

북송 이후 중국에는 새로운 통일 국가가 세워지면 지리서를 새로 편찬하는 관행이 생겼다. 명나라는 1368년에 건국된 후, 100여 년의 시간을 들여 1461년 『대명일통지』라는 지리서를 완성했다. 이때 한반도의 내용을 기술하면서 여러 자료를 참고했겠지만 1124년에 서긍이 작성한 『선화봉사고려도경』도 자료로 사용한 것으로 보인다. 고려도경에 기록된 고려의 목욕 풍습이 『대명일통지』에도 그대로 기재되었다. 300년 뒤의 인물인 허종은 이를 비판했다.

"지금은 그런 풍속이 없는데 『대명일통지』는 옛날 기록에 따라 기록하고 있으니 잘못된 것 아닙니까?"

동월은 허종의 지적을 흔쾌히 받아들였다.

"당연히 그 나라의 현재 풍속을 기록해야지, 옛날 역사서의 내용을 그대로 베껴 전하는 것은 잘못입니다. 조선의 미풍양속을 모두 적어주시면 실록을 편찬할 때 이를 황제에게 아뢰어 올리겠습니다." [19]

동월은 사신으로 조선의 곳곳을 순방하면서 다양한 풍경과 풍속을 목격했다. 그리고 그 경험을 바탕으로 명에 돌아가 『조선부朝鮮賦』(1490)를 집필했다. 이 책에서 그는 서긍의 기록이 옛날 일임을 적고 『대명일통지』의 기록을 부정하시 않으면서도 조선의 의견을 수용했다.

시내에서 남자와 함께 목욕하고, 역驛에서 일하는 이들이 모두 과부라고 한다. 이 말을 처음 들었을 때 상당히 해괴하더니 지금은 이미 다 고쳐 없어진 것을 알았다.

이처럼 자유분방했던 고려의 풍속은 300년이 채 되지 않아 해괴

한 것으로 여겨지게 되었다. 고려에서 조선으로 국가가 바뀌면서 국가 운영의 기반 사상이 불교에서 성리학으로 전환되었기 때문이다.

성리학은 가족 중심의 혈연 공동체와 국가 중심의 사회 공동체라는 윤리 규범을 강조한다. 조선은 새로운 규범을 퍼뜨리는 데 온 힘을 다했다. 지배층인 양반뿐만 아니라 피지배층도 국가 공동체의 일원으로서 새로운 윤리 규범을 따라야 했다. 효자와 열녀, 충신의 이야기를 한글과 그림을 활용해 쉽게 풀어낸 『삼강행실도三綱行實圖』(1434)가 그 예이다.

이런 노력 덕분에 성리학적 윤리 규범은 조선 사람들의 일상생활에 깊숙이 스며들었다. 그중 하나가 남자와 여자가 서로 예의를 지키며 구분되어야 한다는 부부유별夫婦有別이었다. 남성은 여성의 영역을 침범하지 못하고 여성 역시 남성의 영역을 침범할 수 없었다. 각자의 영역에서 예의를 지키며 생활하고, 상호 접촉과 교류에 주의했다. 『예기禮記』의 「내측內則」편에 따르면, 남녀는 우물을 함께 쓰거나 욕실을 공동으로 사용하거나 잠자리를 공유해서는 안 된다.[20]

그러니 남녀가 서로 알몸을 드러내고 목욕하는 것은 상상조차 할 수 없었다. 심지어 같은 성별이라 할지라도 벗은 몸을 드러내는 것은 '예禮'에 어긋나는 행위로 간주되었다. 조선 후기에 이르러서는 옷을 벗고 타인과 함께 목욕한다는 말을 심한 욕설처럼 사용했다.[21]

그렇다면 예가 도대체 무엇이길래 같은 남자끼리, 같은 여자끼리조차 훌렁훌렁 옷을 벗고 시원하게 물을 끼얹지 못하는 것일까? 예는

〈목욕하는 사람들水浴圖〉 ◯ 작자 미상, 조선 시대,
104.8×46.4cm, 국립중앙박물관

조선을 통틀어 사회적으로 인간을 규정하는 가장 강력한 힘이었다. 인간이 짐승과 구별되는 이유는 예를 알고 실천하기 때문이다. 예를 지키지 않는 행위는 인간답지 못한 행동이다. 따라서 인간다운 사람을 추구하는 한 예에서 벗어날 수 없다. 더워서 냇가에서 몸을 씻는 바람에 금수만도 못한 놈으로 전락할 수는 없는 일이다.

성종은 성리학적 윤리 규범을 전파하는 데 특히 힘썼던 왕이다. 조선의 왕과 신하들이 그토록 성리학적 예를 지키고 퍼트리려고 노력하고 있는데, 명나라의 지리지에 조선에서 예에 어긋난 행동을 했다고 기록되었다. 허종은 당연히 지리지의 내용을 수정하라고 강력하게 요구할 수밖에 없었다.

남 앞에서 맨살을 드러내는 것이 금기시되었다고 해서 그것이 목욕을 하지 말라는 뜻은 아니었다. 목욕재계라는 말이 남아 있는 것을 보면 조선 시대 사람들도 분명 씻었을 것이다. 신라와 고려 시대에는 사찰이 공중목욕탕 역할을 했으나, 조선에서는 불교가 억압받으면서 사찰의 공적 역할도 크게 줄어들었다. 그렇다면 조선 사람들은 과연 어디서 목욕을 했을까?

인간은 예를 지켜야 하므로 목욕 또한 예의 범주 안에서 이루어져야 했다. 목욕재계는 몸을 정갈하게 하고 마음을 가다듬는 과정을 포함한다. 특히 조선 시대에는 중요한 의례인 제사를 지내기 전에 반드시 목욕을 해야 했다. 세속에 찌든 몸과 마음을 깨끗이 씻어내는 의미는 더욱 강화되었다.

양반은 물론이고 왕도 제사를 지내기 전에는 목욕을 해야 했다. 『국조오례의서례國朝五禮序例』(1474)에 따르면, 사직, 종묘, 영녕전에 대한 제사부터 선농제, 선잠제, 여제에 이르기까지 한 해에 지내야 하는 제사가 20건이 넘었다. 이 외에도 기우제를 지내거나 사신을 맞이할 때, 혼례나 상장례를 치를 때도 목욕이 필수였다.

『조선왕조실록』에는 목욕재계와 관련된 다양한 일화가 기록되어 있다. 성종은 배제●하는 백관은 목욕하지 않아도 되지만, 집사●●는 반드시 목욕을 해야 하므로, 각 제소에 목욕 용구를 갖추도록 지시했다.²² 한편 연산군은 목욕할 수 없다는 이유로 제사 참여를 거부한 적이 있다. 문묘에 참배할 때는 목욕이 필수였는데, 추운 날씨를 이유로 목욕을 하지 않겠다며 버텼다. 연산군은 이런 일화가 많다.

추위가 매서운 음력 2월, 사직제●●●와 석전제●●●●를 치를 시기가 되었다. 연산군은 제사를 꼭 그날에 해야 하는지 예조에 문의했다. 예조에서는 날씨가 따뜻해질 것이라며 제사를 계획대로 진행하라고

● 陪祭. 조선 시대 국왕과 왕실을 중심으로 한 각종 의식에 참석하는 일.
●● 執事. 조선 시대 국왕과 왕실을 중심으로 한 각종 의식에서 주관자를 도와 의식을 진행시킨 의식 관원. 대개 6품 이상이 임명되었다. 술잔을 올리는 헌관(獻官)이나 제상에 제물을 놓는 천조관(薦俎官), 축문을 읽는 대축(大祝) 등이 속한다.
●●● 社稷祭. 토지를 주관하는 신인 사(社)와 곡식을 주관하는 신인 직(稷)에게 제사로 사직단에서는 국가의 안녕과 풍년을 기원하며 제사를 지냈다.
●●●● 釋奠祭. 성균관(成均館)과 향교(鄕校)의 문묘(文廟)에서 공자(孔子)와 그 제자 및 유교 성현에게 지내는 제사. 조선이 국가 통치 이념으로 유학을 내세웠음을 보여주는 대표적인 의례이다.

고했다. 더해서 "사대부가 선조의 제사를 지낼 때 날씨가 매번 추우면 목욕을 어떻게 그때마다 다 할 수 있겠느냐"라며 "자신이 깨끗하다면 3일간 목욕재계하지 않아도 제사에 참여할 수 있다"라고 덧붙였다.● 이러한 일화에 대해 사관은 왕이 자주 제삿날에 목욕하기 어렵다며 날씨를 핑계로 삼는 일이 많아 이런 말을 하게 된 것이라고 해석했다.[23] 연산군이 추워서 목욕할 수 없다는 핑계로 제사를 여러 차례 빠졌던 것으로 보인다.

왕은 어디서 목욕했을까? 역사학자 김용숙은 1970년대까지 생존해 있던 대한제국의 궁녀들 인터뷰를 토대로 『조선조궁중풍속연구』(1987)를 저술했다. 그의 연구에 따르면, 창덕궁 대조전 뒤편에는 순종 내외가 사용했던 목욕탕湯子과 세면실(세수간, 洗手間)이 있었다. 하지만 그보다 전, 옛날 조선에는 왕과 왕비의 목욕탕이 별도로 존재하지 않았다. 왕의 침실에는 작은 방이 딸려 있었고, 이곳에서 왕들은 목욕과 세수를 했다. 기름종이를 깔고 그 위에 큰 함지박 욕조를 놓아 목욕했다.[24]

겨울에는 목욕을 기피하던 연산군도 날씨가 무더운 음력 오뉴월에는 목욕을 앞장서서 했다. 그는 자신의 생일을 앞두고 놋으로 만든 큰 욕조 네 개를 궁에 들여오라고 지시했다.[25] 목욕통에 바를 옻진을 올리도록 독촉한 적도 있는데,[26] 옻칠은 왕실에서 사용하던 함지박 욕조에 방수 처리를 위해 행해진 것으로 보인다.

세수간의 나인들은 옻칠한 함지박에 더운물을 부어놓고, 그 옆에 찬물통을 준비했다. 껍질을 벗기고 알맹이만 남긴 팥을 곱게 갈아 비

● 원칙적으로 3일 동안 술과 고기를 먹지 않고 성관계를 하지 않는 등 금욕하고, 하루에 최소 한 번씩 몸을 씻어서 몸과 마음을 정갈히 해야 한다.

백자 청화 원형 이층능화무늬
비누합

백자 청화 풀꽃무늬 원형
이층비누합

백자 사각 비누합

누로 사용했으며, 부드러운 무명천으로 만든 수건을 사용했다. 궁중에서는 이 수건을 '수건'이라고 불렀고, 상의원에서 준비했다. 목욕 준비가 완료되면, 시녀상궁이 왕이 갈아입을 내복과 의대를 준비해 놓았다. 겨울에는 모시실과 명주실로 짠, 조금 거친 비단인 저주紵紬로 내복을 만들었지만, 대한제국 시대에는 서양사로 내복을 만들었다.[27]

목욕 준비가 완료되면, 왕은 얇은 바지와 홑겹 비단옷을 입고 함지박 욕조에 들어가 뒤돌아 앉았다. 왕을 씻기는 중책은 왕의 유모인 봉보부인이 맡았다. 왕의 몸에는 아무나 손을 댈 수 없었기 때문이다. 훗날 순종이 창덕궁의 서구식 목욕탕을 이용할 때도 유모가 직접 몸을 씻겨주었다. 유모가 고인이 된 후에는 보모상궁이 그 역할을 이어받았다. 무수리가 왕을 씻겨주다 정분이 나는 장면은 드라마에서나 볼 수 있는 상상이다.

1907년, 고종의 퇴위와 더불어 대한제국의 황궁은 경운궁(덕수궁)에서 창덕궁으로 옮겨졌다. 경복궁의 중건으로 인해 창덕궁은 약 40년간 비어 있었고, 황궁으로서의 기능을 회복하기 위해 대대적인 보수가 필요했다. 당시는 서양 문물을 적극적으로 수용하던 시기였으며, 보수 공사에는 일본인들도 참여해 근대적 건축 기법이 도입되었다. 이 과정에서 창덕궁은 일본식과 서양식 요소를 접목한 새로운 형태로 변모했다.[28]

특히 왕과 왕비가 거주하던 대조전에 서양식 설비가 대대적으로 도입되었다. 기관실과 상하수도 설비가 들어섰고, 서쪽 창고를 철거해 '어목실御沐室', 왕의 목욕실을 신축했다. 김용숙의 저서에 기록된 궁녀들의 증언에 따르면 서구식 목욕탕은 이때 새로 설치되었다. 『순종실록』에도 대조전 서쪽 목욕소 기관실에서 화재가 발생했다는 기록이 있어, 1913년 이전에 해당 시설이 완공되었음을 알 수 있다.[29]

1917년 대조전이 화재로 인해 소실되었다. 김용숙은 이때 목욕소에서 사용하던 함지박도 함께 사라졌을 것으로 추측한다. 대조전은 태종 5년(1405)에 처음 지어진 창덕궁의 정식 침전寢殿으로, 왕비의 생활공간으로 사용되었다. 임진왜란, 인조반정, 순조 33년(1833)의 화재를 겪으며 여러 차례 소실되고 중건을 반복하다가, 마침내 1917년에 또다시 불타 없어졌다. 그 자리에는 경복궁의 침전인 교태전을 옮겨와 현재의 대조전을 재건했다.[30]

교태전을 옮겨 세우면서 건물은 시대에 맞게 새롭게 구성되었다. 현재 대조전은 앞면 9칸, 옆면 4칸, 총 36칸 규모의 건물로, 내부는 서양식으로 개조되어 왕과 왕비의 침실이 동쪽과 서쪽에 마련되었다. 서양식 쪽마루, 유리창, 가구 등을 갖춘 현대적인 실내 장식이 특징이다. 이 공사는 1920년에 마무리되었다. 당시 설계도에 따르면, 대조전의 서북쪽에는 '세수간'이라 표기된 구역이 있다. 이곳은 온돌 4칸과 판장 2칸으로 구성되어 있으며, 상하수도 시설이 설치되어 있고, 따뜻한 물을 공급하는 기관실은 희정당의 동북쪽 행랑에 지하로 연결되어 있다.

신분이 가장 높은 사람이 사는 궁궐에도 목욕탕이 별도로 마련되어 있지 않았다. 지체 높은 양반집이라 해도 사정은 다르지 않았다. 따로 정해진 장소 없이 방안이나 광, 뒷마당에서 목욕하는 풍경이 펼쳐졌다. 이보다 작은 집에 사는 중인이나 양민, 천민들도 비슷한 방식으로 몸을 씻었다. 밤이 되면 함지나 옹기에 물을 담아 몸을 씻거나 남의 눈을 피해 조용히 냇가로 향했다.

대부분의 사람들은 방 안에서 몸을 씻었다. 밥을 먹고 잠을 자는 그 좁은 공간에 사람이 들어갈 만한 큰 통을 들여놓는 것은 사실상 불가능했다. 그런 통을 구하기도 어려웠고 사용한 목욕물을 처리하는 일도 문제였다.

게다가 찬바람이 부는 계절에는 목욕 자체가 고역이었다. 감기라도 걸리면 죽을 수도 있었다. 왕조차 겨울에는 목욕을 기피했으니, 일반 백성들의 고생은 말할 것도 없었다. 그래서 조선 시대에는 방 안에서 물로 간단히 온몸을 닦는 정도로 목욕이 이루어졌고, 이로 인해 부분욕이 일반적인 목욕 방식으로 자리잡게 되었다.

이런 환경에서 목욕 용품이 발달했다. 1921년 종로구 계동에 시집온 이규숙은 당시 사용했던 목욕 용품에 대해 자세히 설명했다.[31] 그녀의 말에 따르면, 한 번 몸을 씻는 데 사용되는 대야만 서너 개였다. 세숫대야, 손 씻는 대야, 발을 씻는 대야, 양치질을 위한 그릇 등이 그것이다. 여성의 경우에는 뒷물을 위한 대야까지 별도로 사용했다.

대야의 가장자리에 돌출된 부분을 '전'이라 칭한다. 전의 모양은 대야의 용도에 따라 다양했다. 세수를 위한 놋대야는 손으로 잡기 쉽도록 전이 넙적했고, 발을 씻거나 뒷물을 위한 대야는 '옴팡대야'라 불리는데 오목한 밥그릇 같다. 손 씻는 대야는 세수하거나 발 씻는 대야

종이 세숫대야

동합금 세숫대야

보다 상대적으로 크기가 작았다.

가족 구성원 모두가 하나의 세면대를 공유하는 현대와 다르게, 조선 시대에는 개인별로 전용 대야를 소유했다. 시어머니, 시아버지, 남편, 본인, 그리고 하인들까지 각자의 방에 자신의 대야를 걸어두었다. 따라서 하인까지 두며 살았던 부유한 양반 가정의 경우에는 한집에서 사용하는 대야만 해도 열 개가 넘어갔다. 밥그릇보다 대야의 수가 더 많았다. 그렇기에 조선 시대 사람들이 부분욕을 선호했다 하더라도 그들이 전신욕을 즐기던 시절보다 더 지저분했다고는 말하기 어렵다.

조선 후기의 실학자 서유구(1764~1845)는 일상생활에서 필요한 내용들을 모아 백과사전 『임원경제지林園經濟志』를 저술했다. 이 책의 7권 「섬용지贍用志」 '회조제기頮洮諸器'에서 몸 씻는 다양한 도구들을 자세히 정리했다. 대야 하나만 해도 놋대야銅盆, 청자와 백자로 만든 사기대야瓷盆, 질그릇 대야陶盆, 나무 대야木盆, 가죽 대야革盆 등 재료별로 다섯 가지 이상으로 구분했다. 그뿐만 아니라 나무로 만든 목욕통浴盆, 뒷물을 위한 유황이硫黃匜, 양치질을 위한 사발漱水碗, 비누 가루를 보관하는 조두합澡豆盒, 물튐을 방지하는 세숫대야 깔개頮盆藉와 세수치마盥裳, 수건帨, 목욕물을 끓이는 탕관湯罐까지 상세하게 기록했다.[32]

다양한 도구들을 실제로 어떻게 사용했을까? 아침에 일어나자마자 하인들은 윗목으로 대야에 물을 떠왔다. 대야를 용도에 따라 다 따로 썼으니 물을 여러 번 떠와야 했을 것이다. 이규숙은 한 번 씻을 때마다 대야를 다섯 개씩 사용했다고 회상했다. 여성은 주로 자신의 방에서, 남성은 사랑방이나 마당에서 몸을 깨끗이 했다.

비누는 궁중에서 사용하던 것과 마찬가지로 팥을 갈아 만들어 사용했다. 껍질을 깨끗이 벗겨 맷돌로 곱게 갈면 밀가루처럼 곱고 하얀 가루가 된다. 얼굴에 물을 묻힌 후 손바닥에 가루를 묻혀 부드럽게 문지르면 피부가 깨끗해지고 부드러워졌다.

머리는 아침에 감지 않았다. 남녀노소를 불문하고 머리카락을 자르지 않았던 것은 『효경孝經』에서 말하는 '신체발부 수지부모身體髮膚 受之父母'의 가르침을 따랐기 때문이다. 긴 머리는 말리는 데도 오랜 시간이 걸렸다. 그래서 대부분 밤에 머리를 감고 밤새 잘 말린 다음, 아침에 꼼꼼히 빗고 쪽을 쪘다.[33]

조선 시대 사람들이 항상 부분욕만 한 것은 아니다. 전신욕도 중요한 연례 행사였다. 서민들은 음력 삼진날, 단오, 유둣날 같은 세시 풍속을 따라 야외의 냇가에서 몸을 씻었다. 실록에는 옥에 갇힌 죄인들에게도 한 달에 한 번 머리를 감을 수 있었으며, 5월부터 7월까지 여름 석 달 동안은 원하는 사람에게 한 차례 목욕을 허락하는 기록까지 남아 있다.[34]

전신을 씻지 않았다고 해서 그들이 불결했던 것은 아니다. 조선 사람들은 남의 눈을 피해 혼자 있을 때 누구보다도 열심히 몸을 씻었다.

4

온천을 찾는 자에게
큰 상을 내릴 것이다

조선의 온천

조선이 건국된 후 성군의 시대를 맞이한 세종 20년(1438), 왕은 큰 고민에 빠졌다. 온천에 가고 싶은데 쉬운 일이 아니었기 때문이다.[35]

세종의 온천 사랑은 할아버지 태조와 아버지 태종으로부터 내리 3대를 걸쳐 내려왔다. 태조와 태종은 황해도 평주(현 황해도 평산)와 강원도 이천까지가서 온천을 즐겼다. 평주 온천은 고려 왕들도 방문할 만큼 유명했다.

그런데 문제가 있었다. 평주 온천과 이천 온천은 고려의 수도였던 개성과는 가까웠지만, 새 도읍지 한양과는 상당한 거리가 있었다. 평주 온천에서 한양까지는 무려 250리, 약 100km나 되었다. 오늘날 차로도 두 시간이 넘게 걸리는 거리인데, 말과 가마로는 얼마나 시간이 소요될지 상상만 해도 아찔하다.

만약 겨울이 되어 눈이 내린다면?[36] 가마에 가만히 앉아 이동하는 왕도 고생이었겠지만, 그를 수행해야 하는 신하들의 고역은 더욱 컸을 것이다. 이런 문제 때문에 태조 대부터 신하들은 역성을 감내하면서도 임금에게 온천에 자주 가지 말라고 간언했다.[37]

세종은 온천에 대한 열정을 접지 않았다. 어쩌면 조선 땅 어딘가에 숨은 온천이 있지 않을까? 이왕이면 한양과 가깝고 길도 좋고 가기도 편한 경기도 땅에! 그는 명령을 내렸다. 경기도에 숨어있는 온천을 찾아라. 성공하는 이에게는 상을 내리겠다.[38]

경기도에서 대대적인 온천 찾기 프로젝트가 시작되었다. 포상은 파격적이었다. 약효가 뛰어난 온천을 발견하면 관직자는 3등급 승진, 비관직자는 7품으로 채용되며, 향리는 8품 채용과 동시에 역驛을 면제받는다. 역의 노비나 일꾼은 노역에서 벗어나고 본인에 한해 세금도 면제받는다. 물질적 보상을 원한다면 면포 100필이나 쌀 100석을 받을 수 있다. 온천이 발견된 지역은 칭호가 승격된다.[39]

온천을 찾기만 한다면 과거에 급제하는 것보다 더 많은 혜택을 얻을 수 있었다. 내 한 몸 팔자를 펴고 지역에도 영광이었다. 세종은 여기에 몇 마디를 덧붙였다. 만약 온천을 발견한 자가 이웃의 핍박을 이겨낼 수 없어 다른 고을로 떠나기를 원한다면, 원하는 곳에 정착할 수 있도록 비옥한 땅을 주고 부역도 면해주겠다. 완벽하게 보호해 줄 것이다.[40]

실제로 세종은 4년 전인 1434년(세종 16년)에도 이사맹에게 부평에서 온천을 수색했다.[41] 그리고 1435년(세종 17년)에는 온천을 발견해 신고한 사람과 그의 자손까지도 해코지를 당하지 않도록 보호하겠다고 선언했다. 해코지를 시도하는 자는 변방의 군대로 보내거나 강제 노동에 처하겠다고 엄포를 놓았다.[42 43]

온천을 이렇게 찾아다녔기 때문일까? 성종 때 학자 성현이 쓴『용재총화慵齋叢話』(1525)에는 16세기 전반까지 알려진 온천 목록과 특징이 기록되어 있다.『용재총화』에 따르면 경기도와 전라도를 제외한 거의 모든 지역에서 자연 온천이 발견되었다. 경상도의 영산현(현재 창녕군 일대), 동래, 충북의 충주 안부역(현 수안보), 온양, 강원도의 이천, 고성, 평해 등 기록된 온천만 열 곳이 넘었다. 성현은 온천의 위치, 물의 온도와 성질, 온천을 방문했던 역대 왕까지 상세하게 기록했다.

온천이 가장 많았던 지역은 황해도였다. 배천의 대교 온천, 연안의 전성 온천, 평주 온천을 비롯해 문화 온천, 안악 온천 등이 있었다. 마산 온천은 기이한 온천으로 소문이 났다. 물이 여러 구멍에서 솟아났는데, 이 물의 온도와 맛이 제각각이었다. 어떤 곳은 채소를 던지면 순식간에 익을 정도로 뜨거웠다. 평안도 양덕현의 온천도 뜨거운 온도로 유명했다. 팔팔 끓는 탕 수준이어서 날짐승의 털을 데칠 수 있었다.

현재까지 운영 중인 온천도 보인다. 동래 온천이다. 1407년(태종 7년)에 동래에 설치된 부산포 왜관 덕분에 알록달록한 옷을 입은 일본인들이 자주 방문했다고 기록되어 있다. 이 온천의 물은 비단처럼 고와

서 마실 수도 있고 술을 데울 수도 있었다.

역대 왕들의 온천 사랑도 기록되어 있다. 조선 왕들은 대를 이어 온천을 찾았다. 세종과 세조는 강원도 이천과 고성의 온천을 찾았고, 세조는 온양 온천을 자주 방문했다. 세조의 왕비 정희왕후는 병을 치료하기 위해 온양 온천을 방문했다가 그곳의 행궁에서 생을 마감했다.

세종은 한양과 인접한 경기도 지역에서 온천을 찾고자 했다. 그의 눈길이 간 곳은 부평이었다. 부평에 온천이 있다는 소문을 듣고 수백 명을 동원해 여러 차례 땅을 파보았지만 매번 실패로 돌아갔다.[44] 나이 든 노인들과 향리들은 온천의 위치를 알려주기보다는 차라리 형벌을 받겠다며 입을 굳게 다물었다.[45][46][47] 결국 세종은 부평에서 온천 찾기를 포기하고 말았다.[48] 성현은 부평에 실제로 온천이 있었는지는 끝내 알 수 없었다고 적었다. 고서에 잘못 기록된 것인지, 아니면 사람들이 온천을 싫어해 그 근원을 의도적으로 막아버린 것인지 의문을 제기했다.

세종의 이러한 일화와 『용재총화』를 통해 볼 때, 일반 백성들은 자신의 마을에 온천이 있다는 사실을 숨기려 했던 것으로 보인다. 온천 발견자에게 벼슬, 쌀, 땅을 주는데 왜 그랬을까?

왕의 온천 행차는 그야말로 국가의 대사였다. 왕이 움직인다는 것은 그와 함께 왕실과 정부의 기능이 전체적으로 이동한다는 의미였다. 온천을 가장 자주 찾았던 왕은 18대 왕 현종(1641~1674)이었다. 33세의 젊은 나이로 세상을 떠난 그는 종기와 피부병, 눈병으로 고생했고 약이나 침술로도 별다른 효과를 보지 못해, 신하들은 그에게 온천욕을 권했다.

1665년 4월 17일 현종이 온양 온천으로 향할 때의 광경은 대단했다. 왕과 왕족뿐만 아니라 영의정, 우의정, 병조판서, 도승지 등 수많은 관료와 의원들이 동행했다.[49] 이들을 보호하기 위해 무예별감 30명, 어영군 1,200명, 기병 50명, 군뢰와 예비군에 해당하는 잡색 400명이 동원됐다. 거기다 금군 500명, 기마병 400명, 포수 800명이 수행했다. 실록에 기록된 인원만 해도 이만큼이었고, 내관과 궁녀, 하인들을 비롯해 이들을 수송할 군마까지 포함하면 그 수는 더욱 많았다.[50]

궁궐 한 채가 온양으로 이동하는 격이었다. 수천 명의 사람들과 말들이 필요한 먹거리와 자원을 한양에서 온양까지 운반해야 했다. 게다가 이 모든 인원이 온양 행궁에서 편히 쉴 수 있었을까? 당연히 그럴 수 없었다. 일부 물자는 도성에서 조달되었겠지만, 온천 지역에서도 감당해야 했다. 부담이 컸다. 임금의 수라상에 올릴 특산품부터 군사들이 머물 병영을 짓기 위한 땅까지 제공해야 했다.

농번기에 왕이 행차하면 백성들은 왕과 신하들을 접대하느라 밭을 임시 병영으로 내놓았다. 그해 농사는 완전히 망가질 수밖에 없었다. 왕의 방문은 백성들에게 그야말로 생계가 끊어지는 위협이 될 수 있었다. 백성들이 왕에게 온천의 존재를 숨기고 싶어 했던 것도 이해가 간다.

현종은 온천 행차가 지역에 큰 피해를 준다는 사실을 알고 있었다.

2부. 한국의 목욕 문화

그는 '폐단'이 많다고까지 말했다.[51] 150여 칸이나 되는 온천 행궁, 30가지가 넘는 반찬으로 차려진 수라상, 매일 올려야 하는 산 노루,[52][53] 그리고 가건물을 짓느라 농사 지을 수 없게 된 땅까지 모두 폐단이었다.[54] 지역 특산물인 반찬과 노루를 임금 혼자 먹었을 리 없고, 그 많은 땔감을 수행원들이 마련했을 리도 없다.

온천 지역에 보상이 전혀 없었던 것은 아니다. 온양 온천 행차 시 충청도에 사는 사람만 참여할 수 있는 과거 시험을 열었고 죄인의 죄를 감경했다. 백성들이 왕의 행차를 구경할 수 있도록 하고 지방의 실정을 듣는 시간도 가졌다. 노루 진상도 매일에서 사흘에 한 번으로 줄이라는 명령이 내려졌다. 온천욕을 마치고 돌아가는 길에는 백성들에게 쌀을 주고, 행차로 인해 손상된 논과 밭을 다른 땅으로 바꿔주기도 했다.[55][56][57] 그러나 이런 보상이 과연 한 해 농사와 맞바꿀 만한지는 물음표가 붙는다.

이렇게 큰 폐단에도 불구하고 조선의 왕들은 온천 방문을 멈추지 않았다. 다만 농번기를 피하거나 행차의 규모를 줄이라는 지시 정도만 내려졌다. 이는 아마도 그들에게 온천의 유혹이 너무나도 큰 것이었을지 모른다.

왕이 온천에 가고자 한다고 해서 늘 그 소원이 이루어진 것은 아니었다. 때로는 신하들의 반대로 온천행이 취소되기도 했다. 그들이 제시한 반대 이유는 왕이 국정을 소홀히 한다는 것이었다.

1598년(선조 31년) 임진왜란이 막바지에 이르렀을 때의 일이다. 명나라의 관료 정응태가 황제에게 상소를 올렸는데, 그 내용이 해괴했다. 조선과 일본이 고구려의 옛 땅인 요동을 되찾으려 하며, 이에 조선에 파병된 사령관 양호가 협력하고 있다는 것이었다.[58] 이 소식은 조선의 명장들을 줄줄이 탄핵의 위기로 몰아넣었다. 전쟁이 거의 끝나가는 시점에 조선은 명나라의 도움이 절실했다.

절체절명의 위기 상황에 선조는 뜬금없이 평산 온천에 가겠다고 발표했다. 전쟁으로 인해 민생은 이미 피폐해진 상태였고, 외교적·군사적 문제까지 겹쳐 있었다. 이럴 때 온천행이라니, 신하들이 상상도 못할 일이었다. 영의정이자 약방藥房의 총책임자인 류성룡(1542~1607)은 왕의 질환에 온천욕보다는 약탕을 권했지만, 선조는 그의 말을 듣지 않았다. 그는 선대 왕들도 행했던 온천 행차를 지금이라고 못 할 이유가 없다며 고집을 부렸다.

언쟁이 이어졌고, 국정이 평안하고 날씨가 따뜻해지면 가자는 신하들의 간언도 소용이 없었다. 선조는 혼자라도 가겠다며 어깃장을 놓았다. 신하들은 종묘사직을 운운하며 말렸지만 말릴 수 없었다. 선조는 오히려 "사직을 버리고 나갔다는 뜻을 명나라에 전하라"라고 말한 뒤 문을 걸어 잠갔다. 조회도 보지 않았다.

이 일은 우스꽝스럽게 마무리되었다. 온천에 가려면 말이 필요했는데, 말을 관리하는 사복시司僕寺에서 선조에게 말을 내어주지 않았다. 사복시의 책임자였던 좌의정 윤두수(1533~1601)와 병조판서 이항복(1556~1618)은 부당한 명령을 거부했다. 선조는 이를 두고 단지 말의 상태를 확인하려 했을 뿐이라며 "혼자 말을 타고 어디로 달려가겠는가"라고 얼버무렸다. 사직을 버려서라도 온천에 가고자 했던 왕의 의지는 타고 갈 말 없이는 실현되지 못했다. 사관은 선조의 명령이 앞뒤가 맞지 않는다고 비난했다.[59] 왕이 일을 내팽겨치고 떠난 일화는 세월이 흘러도 여전히 기록으로 남아 현재까지 전해진다.

조선 왕실에서 가장 사랑받은 온천은 단연 온양 온천이다. 황해도나 강원도의 온천은 물이 지나치게 뜨거웠고 한양에서 멀어 접근성이 떨어졌다. 부산의 동래 온천도 물은 유명했지만 한양에서 한참을 달려야 했다. 이에 비해 온양은 치료 효과와 거리 면에서 최적의 조건을 갖추고 있었다.

온양 온천의 역사는 삼국 시대로 거슬러 올라간다. 온양은 백제 시절에는 탕정군湯井郡이라 불렸고, 고려 초기에는 온수군溫水郡으로 알려져 있었다. 두 지명 모두 따뜻한 물이 솟아나는 온천을 연상시킨다. 조선 태종 14년(1414)에는 인접한 신창新昌과 합쳐져 온창溫昌으로 불렸다가, 태종 16년에 다시 온수현溫水縣으로 분리되었다. 세종 24년(1442)에는 임금이 이곳에서 목욕을 하고 병을 치료받은 후, 이곳을 온양군溫陽郡으로 승격시켰다.[60] 조선 초기에는 태조, 세종, 세조가 자주 방문했으며, 현종, 숙종, 영조도 이곳을 찾았다. 흥선대원군 또한 이 온천을 방문한 바 있어, 온양 온천이 왕실 전용으로 사용되었다고 할 수 있다.

앞선 설명처럼 왕의 온천 행차는 단순한 휴양이 아니었다. 대규모 수행원과 함께했고 휴식도 취했으나 동시에 정사도 보아야 했다. 그러

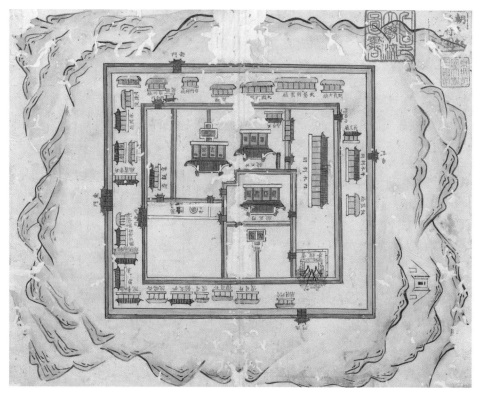

「온양행궁전도」 ◌ 『영괴대기』, 1795, 규장각

므로 왕의 임시 거처인 행궁이 필수적으로 지어졌다.

규장각에서 소장 중인 『영괴대기靈槐臺記』의 「온양행궁전도」를 보면 온양 온천에 지어진 행궁의 구조를 알 수 있다. 동문東門에서 시작된 흰색 어도御道를 따라가면 내정전內正殿과 외정전外正殿이 등장한다. 외정전은 집무를 보는 공간이며, 내정전은 왕의 침소로 사용되었다. 이 두 건물을 중심으로 기와지붕과 초가를 얹은 홍문관, 승정원, 상서원, 사간원, 수문장청 등이 배치되어, 한양의 궁궐처럼 정치와 행정 기능을 수행했다.

이 지도에는 중앙에 왕이 기거하는 공간인 정전과 함께 온천이라고 표기된 건물도 있다. 영조 36년(1760) 사도세자의 온양 행궁 방문을 기록한 『온궁사실溫宮事實』(1796)에는 온천 구조가 자세하게 설명되어 있다. 온천 건물은 12칸으로 나뉘어 있으며, 욕실, 양방凉房, 협실挾室, 탕실湯室로 구성되었다. 탕실은 온천수가 솟는 곳과 욕조가 있는 곳으로 나뉘었고, 탕실의 남북 양쪽에는 통로인 협로와 찬바람을 쐬며 몸을 식힐 수 있는 양방이 마련되어 있었다.

조선 후기에 활동했던 여항시인 조수삼(1762~1849)은 온양 온천에 대해 상세히 기록했다. 욕실 전각은 남북으로 기둥 다섯 개, 동서로는 네 개가 서 있었다. 욕실은 한 칸짜리 같지만 가운데를 벽으로 분리해 놓았다. 온천의 깊이는 약 1.8m, 세로 약 4.8m, 가로는 약 2.4m였다. 옥돌로 마감된 욕조 옆에는 세 개의 구멍이 있었다. 받아 놓은 온천물은 그 구멍에서 흘러나왔다.

온천수는 서북쪽에서 분출해 '상탕上湯'이라 불리는 첫 번째 구멍으로 나왔다가 동쪽으로 꺾여 '중탕中湯'으로, 그리고 전각을 벗어나 남쪽으로 흘러 '하탕下湯'으로 이어졌다. 상탕에서 하탕까지는 거리가 약 10여 보였고, 왕은 주로 상탕을 사용했다.

온천수는 처음엔 뜨겁지만 시간이 지나면 따뜻해져서 목욕하기에 안성맞춤이었다. 물의 유량도 풍부해서 계절에 구애받지 않았고, 물이 나오는 구멍을 막으면 밥 한 끼 먹는 동안에 수심이 몇 자까지 차올랐다고 한다.[61]

『온궁사실』과 함께 작성된『온천일기溫泉日記』(1760)는 목욕할 때 사용했던 물건들도 언급한다. 목욕 용품으로는 오동나무로 만든 바가지, 흑칠한 대야, 큰 함지박, 연한 박으로 만든 바가지, 유기로 만든 대야, 방석, 의자 등을 사용했다.

온천을 즐겨 찾았던 왕들은 저마다 개성 넘치는 목욕법을 뽐냈다. 피부병을 앓았던 세조는 자신의 경험을 바탕으로 효과적인 온천 이용법을 지시하곤 했다. 세조의 지론에 따르면, 추운 겨울에 목욕을 하면 감기에 걸릴 위험이 높아서 하지 않느니만 못했다. 온천하기 좋은 시기는 늦봄이 막 시작될 무렵, 해가 높이 떠 있고 바람이 불지 않는 날이다. 하루 중에서 배가 약간 고픈 듯하지만, 많이 먹고 싶지 않을 때를 틈타야 한다.[62] 확실히 배가 부를 때 뜨거운 물에 들어가는 일은 내키지 않는다.

목욕을 마치면 미리 덥혀 놓았던 단의單衣를 물에서 나오자마자

　　　　　　　　　　2부. 한국의 목욕 문화

등에 걸친다. 단의는 맨 안에 입는 속옷으로 탕에서 나올 때가 가장 춥기 때문에 고안한 방법일 것이다. 이후 저고리를 입되, 편안함을 기준으로 옷의 수를 정한다. 목욕 후에는 위에 부담이 가지 않는 부드러운 탕죽●을 먹는다.[63]

그런데 세조의 목욕법에서 빠진 중요한 부분이 있다. 목욕 날짜를 정하는 기준과 목욕을 끝낸 뒤 입고 먹는 방식은 적혀 있지만, 실제 탕 안에서의 목욕 방법은 언급하지 않았다. 이는 왕의 권한이 아니었다. 왕의 건강을 관리하는 내의원에서 결정했다.

다리의 종기를 치료하기 위해 온양 온천을 찾은 사도 세자는 부용향과 소목, 울금, 작설차 등을 온천수에 넣어 목욕했다. 몸을 닦을 때는 세모시를 이용해 짠 백저포와 흰 비단으로 만든 백면주로 세심하게 관리했다.

숙종 역시 비슷한 경험을 했다. 숙종 43년(1717) 피부병 치료를 위해 수안보 온천을 방문한 그는 3월 16일부터 22일까지 일주일간 매일 다양한 시간과 방법으로 목욕 치료를 받았다. 어떤 날은 사시(오전 9시부터 11시 사이), 또 다른 날은 오시(오전 11시부터 오후 1시 사이)에 온천욕을 했다.[64]

목욕의 세부적인 절차도 정교했다. 의자에 앉아 뒤로 길게 늘어뜨린 머리카락을 감을 때 사용하는 물의 양과 횟수도 정해져 있었다. 첫날은 머리를 감을 때 물을 350바가지 사용했고, 둘째 날은 400바가지, 셋째 날부터 여섯째 날까지는 500바가지를 사용했다. 마지막 날에는 물끼얹는 횟수가 200바가지로 줄었다. 몸을 씻는 방법도 첫날은 몸 전

● 湯粥. 채소, 육류, 생선 등으로 만든 육수에 쌀을 섞어 죽처럼 만든 음식을 뜻한다. 죽은 쌀과 물을 섞어 만든 음식이고, 탕은 채소나 육류, 생선만으로 끓인 음식이다.

체를 300번, 둘째 날은 허리 아래를 300번 씻었으며, 셋째 날부터는 배꼽 아래를 2각(약 30분간) 담그는 반신욕을 시작했다. 이 반신욕은 여섯째 날까지 이어졌으며, 마지막 날은 다리 아래를 약 15분 동안 담그는 것으로 마무리됐다.

온천이 왕의 전유물은 아니었다. 신하들에게 온천 휴가를 주는 고려 시대의 관행이 조선에서도 계속됐다. 그리고 이 특권은 상류층 양반에게만 국한되지 않았다. 양반부터 중인, 서민, 심지어 부녀자까지 온천에 방문할 수 있었다.

문종은 황해도 배천의 온천에서 왕이 이용하는 어실탕御室湯을 제외한 다른 탕들을 백성들에게 개방하도록 지시했다가,[65] 1년 후에는 어실탕까지 개방을 허락했다.[66] 성종 역시 왕과 세자가 머무는 공간을 제외하고는 다른 곳들을 개방하라고 명령했다. 또한 온천의 남쪽에 있는 탕실을 재상과 양반의 부녀자들에게도 개방하라고 지시했다.[67] 이러한 명령은 양반 계층의 여성들도 온천을 이용할 수 있었음을 보여준다.

세조는 신빈과 숙의가 고성의 온천을 방문할 때 강원도 관찰사에게 대접을 소홀히 하지 말라고 강조했다.[68] 세종의 다섯 번째 아들인 광평대군의 부인은 몇 달 동안 동래 온천에 머물러서 왜관을 통해 온천욕을 하러 왔던 일본인들을 좌절시켰다.[69]

왕이 온천을 찾으면 신하들도 덩달아 온천욕을 만끽할 수 있었다. 숙종은 자신이 물에 들어가기 전에 신하들이 침전 북쪽의 북탕北湯에서 목욕을 할 수 있도록 허락했다.[70] 이는 실록에도 옛 예법에 따른 것으로 기록되어 있어, 현종이나 그 이전 왕들도 비슷한 관례를 따랐음을 알 수 있다. 왕은 온천 휴가를 요청하는 신하에게 말이나 곡식을 제공하기도 했다.

영조가 1750년, 사도세자가 1760년에 방문한 후로 조선의 왕들은 더 이상 온양을 찾지 않았다. 그러나 백성들은 여전히 온천을 찾아 목욕을 즐겼고, 온천은 치유를 목적으로 한 공중목욕탕으로 이용되었다. 양반과 중인도 온천을 방문했다.

17세기의 사대부인 정구는 중풍 치료를 위해 동래 온천을 찾았고, 그 경험을 『한강선생봉산욕행록寒岡先生蓬山浴行錄』에 기록했다. 또한 조수삼도 1834년에 온양 온천을 답사한 후 『온정기溫井記』를 남겨, 일반 사람들이 어떻게 온천을 이용했는지를 상세히 전했다.

여민동락與民同樂. 백성과 즐거움을 함께하라. 맹자의 말은 위정자가 갖추어야 할 중요한 덕목이었다. 영조는 이 정신을 실천했다. 그는 다음과 같이 말하며 왕실이 사용하는 상탕을 자신들이 방문하지 않을 때 백성들에게 개방하라고 지시했다. "하늘의 은혜로운 물에 백성들이 함께 목욕해 모두 태평성대에서 천수를 누리게 하라."[71]

이렇게 온양 온천은 모두에게 개방되었으나, 그곳을 방문한 이들은 상탕에서 목욕하지 않음으로써 왕에 대한 예를 지켰다. 온천은 조선 백성 모두를 위한 것이었다.

5

가장 가까이 있는
치료소

조선의 한증

"태평성대에서 천수를 누리게 하라."

영조는 온양행궁을 백성에게 개방하며 위와 같이 말했다. 타고난 수명대로 건강하게 살다가는 것은 모두의 소망이었다. 온천은 그 소망을 이루는 데 중요한 역할을 했다. 땀을 흘려 나쁜 기운을 몰아내고, 중풍, 피부병, 눈병 등을 치료했다. 세종은 눈병으로, 세조와 사도세자, 그리고 현종은 피부병으로 온천을 찾았다.

온천은 대민 의료 기관이었다. 국법에 그렇게 정해져 있었다. 『경국대전經國大典』(1466)에는 온천이 있는 지역의 수령이 성실한 사람을 선정해 건물을 수리하고 병든 자를 돌보게 하라고 명시되어 있다.[72] 이

규정은 경국대전을 이어받은 『대전통편大典通編』(1785)에도 그대로 남아 있다.[73]

온천을 이용할 수 있는 사람은 제한적이었다. 조선의 인구에 비하면 온천의 수는 턱없이 적었다. 온천과 먼 곳에 사는 사람도 많았다. 말이나 가마를 이용할 수 없는 가난한 백성들은 온천까지 걸어가다가 길에서 쓰러질 수도 있었다. 그렇다고 해서 치료를 포기할 수는 없었다. 사람들은 온천 대신 다른 방법으로도 치유의 기회를 모색했다.

조선 초기에 빈민들의 구제와 구휼을 담당한 기관은 활인원이었다. 동소문 밖과 서소문 밖 두 곳에 자리 잡은 활인원은 한증 시설도 갖춰져 있어 의료기관이자 공중목욕탕 역할을 했다. 다만 평소에 목욕을 위해 방문하는 곳이 아니라 치료의 일환으로 목욕을 처방받았을 때 사용했다. 세종 4년(1422)에는 사대문 안팎으로 한증 시설을 추가로 설치했는데, 잘못된 처방으로 인해 한증을 하다 사망하는 사례가 발생했다. 이에 전의감, 혜민국, 제생원의 의원들을 차출해 사용을 철저히 관리했다.[74]

온천이 멀리 있어 접근하기 어려웠기 때문에 활인원에 자연스레 사람들이 몰려들었다. 세종 11년(1429)에는 동활인원에서 예산 증액을 요청했다. 기존의 한증 목욕실이 너무 협소해져 모든 환자를 수용하기 어려워진 탓이다. 목욕실은 남성과 여성의 공간을 분리해야 했고, 신분에 따른 구분도 필요했다. 이에 세종은 목욕실을 세 곳 추가로 건설하고, 돌로 만든 욕조를 설치할 예산을 승인했다.[75]

세종은 성균관에도 목욕통을 하사했다. 유학자들이 습진으로 고생하는 것을 보고 토목 부서에 명령을 내려 목욕통浴桶을 설치하고 치료를 받게 했다.[76]

한양에서 멀리 떨어진 지역에서도 한증막이 생겨났다. 대부분 지역 현황을 점검하기 위해 내려간 관리들의 요구에 의해 설치된 것이다. 세종 30년(1448)에는 전라도 감사가 전북 고창의 무장현에 목욕간을 지어달라고 청했다.[77] 온천을 이용한 치료 시설은 국가가 허가를 내주어야 설립할 수 있었기 때문이다. 조선 전기에 전라도는 경기도와 더불어 온천이 없다고 알려졌지만 대신 치료 효과가 있는 소금물이 솟는 염정鹽井이 있었다. 『신증동국여지승람』에 따르면 이곳의 소금물은 약수로 불렸고 주민들이 자주 치료에 사용했다고 한다.[78] 세종은 이에 따라 그 지역에도 목욕 시설을 설치해 주었다. 무장현뿐만 아니라 제주도에서 나병이 발생했을 때도 목욕으로 병을 치료했다.[79]

세종의 뒤를 이은 문종도 목욕을 치료 시설로 활용하는 전통을 이어갔다. 문종은 개성부의 활민원活民院을 수리해서 목욕과 한증을 이용해 환자들을 치료하라고 지시했다.[80] 이를 통해 공공의료에서 침과 뜸 못지않게 목욕과 한증이 중요한 역할을 했음을 알 수 있다.

세종 시기에는 곳곳에 치료 목적의 한증막이 설치되었다. 이와 관련해 흥미로운 사실 하나를 발견할 수 있다. 예조에서 제출한 보고서에 따르면, 동·서활인원과 사대문 안의 한증막에서 승려들이 환자의 증상을 묻지 않고 무조건 땀을 내게 했다고 한다.[81] 한증막에서 치료를

담당한 이들은 의원이 아니라 승려였다는 것이다.[82]

한증막 관련 기록들을 살펴보면 승려의 역할이 자주 언급된다. 세종 11년(1429)에 동활인원에서 한증막 확장의 필요성을 주장한 사람도 대선사 일혜라는 승려였다.[83] 제주도에서 나병 치료를 주도한 이들 역시 의생과 승려였다.[84] 한증막 현장에서 병자들을 직접 대하고 시설을 관리한 이들은 파견된 의원들보다는 승려들이었을 가능성이 크다. 한증막에서는 환자를 진단하고 처방하고 치료하는 것 이상의 작업이 필요하다. 불을 지피고 물을 끓여 김을 내고, 환자들을 안내하고 씻기는 역할을 맡아야 했던 인력이 필수적이었다. 이러한 역할을 승려들이 담당하지 않았을까?

세종 9년(1427), 12년(1430), 13년(1431)의 기사에 '한증승汗蒸僧'이라는 단어가 등장한다.[85][86][87] 이는 한증을 업으로 삼은 승려들이 있었다는 의미다. 더불어 삼국 시대부터 공중목욕탕 역할을 해온 사찰의 기능이 조선 초기까지도 남아 있었다는 사실을 말해준다.

『세종실록』에 따르면, 사찰에서는 시주를 받아 욕실을 확장하고, 병을 치료하는 환자들이 땔감과 음식을 가져왔다. 하지만 가난한 이들은 목욕을 위한 땔감과 음식을 마련하기 어려웠다. 이에 한증승은 쌀 50섬과 무명 50필을 받아 '보寶'를 설립해서 한증에 필요한 재원을 마련하겠다고 세종에게 요청했다.[88]

보는 특정 목적을 위한 기금을 만들고 거기에서 발생하는 이자로 사업을 운영하는 일종의 재단이다. 삼국 시대에 형성되어 고려 시대에 활발히 운영되었고 조선 중기에는 사라졌다. 보를 관리하는 주체는 주로 불교계였지만, 국가나 세속인도 이와 비슷한 방식으로 기금을 조성해 이자를 통해 수익을 창출하고 이를 특정 용도에 사용했다.

한증승은 곡식과 무명을 통해 이자를 만들고 그 이자로 병자를 돕겠다고 세종에게 제안했다. 이는 사찰에서 한증 기금 재단을 운영하겠다는 요청이었고, 세종은 이 요청을 수락했다. 이처럼 조선 초기에는 국가가 직접 운영하는 한증막과 사찰이 운영하는 한증막이 공존했다. 그러나 시간이 흐르고 조선 중기에 이르면 사찰에서 운영하는 한증막에 대한 기록이 갑자기 사라진다. 이는 억불 정책이 강화되면서 사찰이 민간에서 산속으로 이동했고, 사찰의 사회적 기능도 축소되었기 때문으로 추정된다.

사찰의 역할은 점차 사라졌으나 한증막은 민간에 살아남았다. 그림을 통해 그 모습을 엿볼 수 있다. 19세기 말 기산 김준근이 그린 풍속화에는 〈한증〉이라는 작품이 있다. 이 그림 속에는 벌거벗은 남자가 좁은 문을 통과해 벽돌로 쌓은 둥근 탑 위에 이엉을 얹은 한증막 안으로 기어 들어가는 모습이 담겨 있다. 한증막 앞에는 문이 활짝 열린 네 칸짜리 초가집이 있다. 집 안에서 한 남자가 아궁이 앞에서 부지런히 일하고, 다른 남자는 안에서 땀을 흘리고, 또 다른 남자는 바깥에 깔아 둔 멍석 위에서 물을 끼얹으며 몸을 식히는 중이다. 이 그림은 한증하는 과정을 생생하게 보여준다.

인천광역시 강화군 교동면 고구리에는 조선 후기부터 1970년대까

한증막 풍경 ○ 김준근, 〈한증〉, 『풍속도첩』, 19세기 말, 프랑스 국립기메박물관

지 사용된 것으로 추정되는 한증막이 아직도 남아 있다. 기산의 그림과는 다르게 이엉 지붕은 없지만, 황토와 돌을 사용해 만들어진 이 건축물은 직경 4.5m, 높이 3m, 면적 16m²로 여러 사람이 함께 사용할 수 있는 크기다.

한증막에 들어가는 문은 매우 좁아 성인이 기어서 들어가야 할 정도였다. 이는 외부로 열기가 새어 나가는 것을 최소화하기 위함이다. 내부에서는 마른 소나무 가지로 불을 피워 온도를 높인 후 재를 치우고 생솔가지를 깔아 땀을 낸다. 너무 뜨거울 경우 포대를 뒤집어쓰기도 했다. 땀을 흘린 뒤에는 한증막 밖으로 나와 근처 시냇물에서 몸을 식히고, 평탄한 쉼터에서 휴식을 취했다. 기산의 그림 속 풍경이 교동도에서도 재현되었다.

그렇지만 한증은 일상적인 목욕이라기보다 치료에 더 가까웠다. 그렇다면 민간에는 또 어떠한 목욕 풍습이 있을까?

6

약물로 몸을 씻어
건강을 기원하다

민간의 세시 풍속

언제부터 시작되었는지 정확한 기원은 알 수 없지만 해년 해마다 일정한 시기가 되면 빠짐없이 행하는 일들이 있다. 설날에는 떡국을 먹고 윷놀이를 하며, 정월대보름에는 부럼을 깨먹고 더위를 판다. 추석에는 송편을 빚고 강강술래를 한다. 이처럼 계절과 날짜에 맞춰 되풀이해 온 고유의 풍속을 세시 풍속이라고 한다. 우리가 알고 있는 전통적인 세시 풍속은 주로 조선 후기에 기록된 풍속지로 전해진다.

목욕 또한 세시 풍속의 일부였다. 특정한 날이 되면 반드시 목욕을 해야 했다. 매일 흐르는 냇물과 계곡물이지만 이날이 되면 특별한 효험을 발휘하는 '약물'이 되기 때문이다. 3월 삼짇날, 5월 단오, 6월 유두와 복날, 7월 칠석과 백중이 그런 날이었다. 이날이 되면 조상들은 몸을 씻고 건강과 평안을 기원했다.

목욕과 관련된 세시 풍속이라면 가장 먼저 단오가 생각날 것이다. 단오를 이틀 앞둔 어느 날, 창포 장수가 거적에 싼 창포를 쌓아두고 큰 소리로 외친다. "창포 사시오! 창포!" 사람들은 그 창포를 사서 단오 아침에 창포물로 얼굴을 씻고 머리를 감았다. 서양화가 겸 삽화가인 행인 이승만(1903~1975)의 『풍류세시기』(1977)에 기록된 단오 풍경이다.[89]

음력 5월 5일 단오는 여름의 시작을 알리는 날이다. 옷도 얇아지고 피부도 끈적해지기 시작한다. 평소에 동백기름으로 곱게 땋았던 머리는 아무리 빗질해도 시원하지 않고 몸에서는 쉰 냄새가 난다. 여름을 상쾌하게 맞이하기 위해서는 몸을 깨끗이 씻어내야 한다. 『동국세시기東國歲時記』(1849)에 따르면 조선 후기에도 창포를 끓인 물로 몸을 씻는 풍속이 있었다.[90]

단오 전날에 우물가나 냇가, 못 근처에서 자란 창포를 베어 밤새 묵혀 두었다가 단옷날 아침에 삶는다. 창포를 삶아 우려낸 물로 머리를 감으면 머리카락에 윤기가 흐르고 향기도 난다. 창포는 '미드미'● 에 좋고[91] 노환으로 인한 두통, 중풍 등 머리 관련 질환에도 효과가 있다고 전해진다.[92]

창포물은 머리만 감는 데 사용되지 않았다. 밤새 창포에 맺힌 이슬을 받아 세수를 하거나, 부스럼 방지와 고운 피부를 위해 박가분에 창포를 개어 피부에 발랐다. 이는 박가분이 판매된 1910년대 이후에 등

● 머리카락 끝이 두 갈래로 갈라지는 현상. 속초 지역 방언으로 "미드미 먹다"라고 말한다.

신윤복, 〈단오풍정〉, 19세기 말~19세기 초, 28.2×35.6cm, 간송미술관

장한 풍속이다.[93] 쑥과 창포를 함께 삶은 물로 목욕을 하면 땀띠나 피부병도 예방할 수 있었다. 창포잎을 머리에 꽂으면 그 향기로 인해 잡귀를 물리칠 수 있다고도 믿었다.

단오에 창포물을 사용하지 않고 목욕하는 지역도 있었다. 부산광역시 강서구 가덕도에서는 단옷날 시냇물을 '약물'이라 불렀고 금줄을 쳐서 부정을 막은 후에 머리를 감았다고 한다.[94]

이렇게 단오의 목욕 풍속에는 여름날의 불쾌한 증상들을 피하고, 몸을 건강하게 유지하려는 조상들의 지혜가 담겨 있다.

시간이 지나면 창포물만으로는 부족한 삼복이 다가온다. 초복, 중복, 말복으로 이어지는 7월에서 8월까지의 무더운 날들. 이열치열을 실천하며 삼계탕을 먹고 더위를 이겨내려는 날이다.

집에서 따뜻한 물로 몸을 씻으려 하면 목욕물을 끓이다가 사람이 먼저 지친다. 시원한 물로 목욕을 하려고 우물물을 길어 와도 열기에 금방 미지근해져 버린다. 그렇다고 이 더위에 씻지 않을 수도 없다. 시원한 물줄기가 콸콸 쏟아지는 곳이 있으면 좋겠다고 생각할 것이다. 그래서 많은 이들이 삼복더위를 피해 시원한 내천을 찾아간다. 흐르는 물에 발을 담그고 준비한 음식을 먹으며 발장구를 치면 거기가 바로 무릉도원이다. 이를 '복달임'이나 '복놀이'라 부른다.

양반 남성들은 '탁족濯足 놀이'라고도 불렀다. 탁족은 '발을 씻는다'는 뜻으로, 선비들은 '탁족회'라는 모임을 만들어 산수가 좋은 곳을 찾아다니며 물에 발을 담그고 놀았다. 옷을 벗지 못했던 것은 예의를 지키기 위함이었으리라. 이들의 모습은 탁족도라는 그림 장르까지 탄생시켰다.

양반들은 발만 담갔지만 일반 백성들은 복날에 물속에서 온몸을 씻어냈다. 이렇게 하면 더위도 식히고 청결함도 유지할 수 있었다. 전라남도 해안가에서는 복날에 모래찜질을 하기도 했다. 모래찜질은 몸이 아플 때나 신경통이 있을 때 특효라고 전해진다.

복날에 모든 이가 목욕을 즐긴 것은 아니었다. 특히 초복에는 아이들의 목욕을 금기시했다. 초복에 목욕하면 아이들에게 살이 붙지 않는다고 믿었기 때문이다. 어쩌면 여름 감기를 걱정해서였을까? 아니면 물놀이 중 발생할 수 있는 사고를 미리 막기 위해서였을까? 흥미로운 점은, 만약 아이가 초복에 목욕을 했다면 중복과 말복에도 반드시 목욕을 해야 한다는 조항이 붙었다는 것이다.[95] 금기를 어겼을 때의 대가로는 꽤 감당할 만한 수준이다.

7월 삼복더위가 기승을 부리면 유두流頭도 함께 찾아온다. 음력 6월 15일에 맞이하는 이날은 이름조차 동쪽으로 흐르는 물에 머리를 감고 목욕한다는 '동류수두목욕東流水頭沐浴'에서 유래했다. 사람들은 유둣날에 동쪽으로 흐르는 냇물에서 머리를 감고 몸을 씻었다.

왜 동쪽으로 흐르는 냇물일까? 이에 대해서는 학자마다 의견이 분분하다. 태양이 떠오르는 방향이 동쪽이기 때문에 동쪽으로 흐르는 물에 양기가 충만하고 귀신을 쫓는 힘이 있다고 믿었다는 의견이 대표적이다. 또 다른 설은 유두가 신라 시대의 풍속에서 비롯했기 때문이라는 것이다. 신라의 수도였던 서라벌에서는 물이 주로 동쪽으로 흘렀기 때문에 동쪽으로 흐르는 물이라 하면 그저 평범한 시냇물을 가리켰다.[96][97][98]

물이 어느 방향으로 흐르든 관계없이, 유둣날에는 사람들이 흐르는 물에 머리를 감으면 앞으로 다가올 불운과 흉한 일을 피할 수 있다고 믿었다. 남녀노소 모두가 냇가와 계곡으로 나가 몸을 씻었다. 여성들도 예외 없이 참여해 자신만의 공간에서 흰 천을 치고 타인의 시선을 가린 뒤 몸을 씻었다.

조선 후기 한양에서는 옥류동이 물맞이하기 좋은 곳으로 유명했다. 옥류동은 종로구 인왕산 아래에 위치한 마을로, 그 맑은 물 때문에 옥류玉流라는 이름이 붙었다. 겸재 정선(1676~1759)은 이곳을 시원한 물이 흐르는 계곡 위에 정자가 세워진 곳으로 묘사했다. 중인과 서리 출신 시인들도 이곳에서 모여 시를 짓고 교류했다.[99]

20세기 초반에는 도봉산 아래의 정릉 계곡과 낙산 아래가 대표적인 유둣날 물맞이 장소였다. 옥류동에서 멀지 않은 인왕산 기슭의 황학정도 피서객으로 붐볐다. 광주의 무등산이나 제주도의 한라산 주변도 인기가 많았다.[100]

유둣날 몸을 씻는 풍속은 전국적으로 나타났다. 평안남도에서는 유둣날 차갑고 깨끗한 물, '냉청'을 머리에 맞으면 한 해 동안 건강하게 지낼 수 있다고 전해진다. 전라남도에서는 유둣날 몸을 씻으러 갈 때 금기사항도 있었다. 물을 맞으러 가기 전날에는 비린내 나는 음식을 피하고, 몸을 씻으러 가는 길에 뱀과 같은 부정한 것을 만나면 씻기를 포기하고 집으로 돌아와야 했다. 이는 단순한 목욕이 아닌, 제사와 같은 경건한 행사였다.

음력 7월이 되면 견우와 직녀가 만나는 칠석이 다가온다. 이날은 외양간 거름물도 약이 된다는 속설이 있다. 칠석에 맞는 물은 약효가 있다고 해서 '약물'이라고 부르며, 이때 몸을 씻는 풍속을 '칠석 약물맞이'라고 부른다.[101] 일부 지역에서는 다른 명절에도 물을 약물이라 부르지만, 주로 칠석의 물을 약물이라 한다. 칠석의 물이 다른 때보다 약효가 뛰어나다고 믿었기 때문이다.

칠석날에는 하루에 세 번 목욕한다. 아침, 점심, 저녁 식사 후 각각 목욕을 한다. 특히 오시(오전 11시~오후 1시)에 물을 맞으면 약효가 가장 크다고 한다. 약물을 맞으면 땀띠도 사라지고 부스럼도 예방할 수 있어, 양력으로 8월 늦더위가 한창일 때 여름을 건강하게 마무리하는 데 최적이다.

해안가에서는 해수욕으로 약물을 맞이했다. 경상북도 해안 지역에서는 칠석날 바닷물이 일반 물과 섞이는 것을 약수라고 불렀다. 어른들은 일정 시간이 되면 "약물 들어온다. 목욕 가자."라고 하며 가족들을 모아 바닷가로 향해 멱을 감았다. 만약 칠석날 물맞이를 하지 못하면, 집에서라도 머리를 감고 등목을 해서 약물맞이를 대신했다.

음력 7월 15일 백중百中도 또 다른 목욕 날이다. 음력 보름과 그믐에 물이 가장 많이 차오르는 때를 한사리라고 하는데, 백중에 일어나는 한사리를 백중사리라고 부른다. 이날은 연중 물살이 가장 센 날로, 여름 물과 겨울 물이 바뀌는 시기라고 여겨진다. 따라서 이때의 물은 모든 병을 치료할 수 있는 약이 된다고 믿었다.

칠석과 백중에 목욕하는 풍속이 전국적으로 퍼져 있는 것은 아니었다. 칠석날의 목욕은 충청도, 전라도, 경상도의 남부 지역에서 주로 이루어졌고, 백중 목욕은 제주에서 자주 볼 수 있었다. 반면 한반도 중부 이북 지역에서는 백중이 지나면 날씨가 선선해져서 야외에서 대대적으로 목욕하기 어려웠다. 더욱이 조수간만의 차이가 큰 서해안에서는 "백중에 바다 미역 하면 물귀신이 된다"라는 경고성 속담도 전해진다.[102 103] 이는 백중사리 때의 물살이 유난히 세기 때문에 안전이 우려되었기 때문으로 보인다.

목욕은 봄이나 여름에만 한다고 생각하면 오산이다. 겨울에도 목욕의 정취를 즐기는 풍습이 있었다. 동백나무가 많은 거문도에서는 한 해를 마감하는 섣달그믐날 저녁에 동백꽃을 우려낸 뜨거운 물로 목욕을 즐겼다. 이는 1950년대까지 이어져 온 전통으로,[104] 동백꽃이 피부에 좋다는 믿음을 넘어서 겨울밤의 동백꽃 목욕은 그 자체로 한 폭의 그림 같은 운치를 자아낸다.

이처럼 한국에는 목욕과 관련된 다양한 세시 풍속이 있었지만, 목욕이 일상이 된 지금은 대부분 사라졌다. 농업과 어업 등 전통적인 생업과 밀접한 관계를 가진 이 풍속들은 오늘날 몇몇 큰 명절에만 간신히 목격할 수 있다. 그렇지만 현대 사회에 맞는 새로운 세시 풍속이 자리 잡았다.

오늘날 우리는 매일 목욕을 한다. 그리고 명절이나 특별한 날에는 더욱 깨끗이 몸을 단장한다. 설과 추석을 앞두고는 목욕탕, 미용실, 이발소가 북적거린다. 입학식이나 졸업식, 개학식을 앞두고는 평소보다 더 정성을 들여 몸을 씻는다. 또한 봄과 가을의 좋은 날에는 노인들을 모시고 꽃구경이나 단풍 구경을 다녀오고, 돌아오는 길에 목욕을 하는 것도 과거의 세시 풍속을 이어가는 일종의 현대적 해석이라 볼 수 있다. 예나 지금이나 좋은 날 몸을 깨끗이 하며 밝은 미래와 건강을 기원하는 것은 인간의 변함없는 마음이다.

7

씻지 않음은
곧 미개함이다

구한말의 위생 관념

19세기 중반에 세계는 둘로 나뉘었다. 지배하는 국가와 지배받는 국가.

영국과 프랑스 같은 서구 유럽 국가들은 경제적 부를 찾아 새로운 땅을 지배했다. 이들이 처음부터 무력으로 타 국가를 침략한 것은 아니다. 서방 열강들은 자신들의 사상과 기술을 기준으로 다른 문화와 사회의 수준을 분석하고 평가했다. 그리고 그 기준에 미치지 못하는 사회는 정복 대상으로 취급했다. '적자생존'과 '약육강식'의 논리에 따라 자신들보다 약한 사회는 어차피 살아남지 못할 것이라고 판단했기 때문이다.

생물학적 이론을 바탕으로 인간 사회와 문화를 이해했던 사회진화론은 식민주의의 근거가 되었다. 사회를 생물의 진화 단계처럼 위계로 파악하며, 호랑이가 사슴을 잡아먹는 것이 당연하듯 발전 단계가 높은 사회가 낮은 단계의 사회를 정복하는 것을 자연스럽다고 여겼다. 서구만큼 지식과 기술 수준이 높지 못한 사회는 지배받을 운명이라고 믿었다.

서구 열강은 자신들의 기준에 맞춰 모든 것을 이해했다. 그중 청결함은 서구와 비서구, 지배와 피지배를 나누는 중요한 기준이었다. 보면 바로 알 수 있기 때문이었다. "어디 사람들은 평생 세 번밖에 안 씻는다더라." "지저분하고 게으른 사람들." "그러니까 아직까지 가난하게 살지." 이런 차별적인 발언의 기원은 그 시대의 사고방식에 있다.

중국, 인도, 아프리카 등 비서구 사회가 서구에게 멸시받았던 원인 중 하나는 불결함이었다. 서구 열강에게 더러운 신체는 미개한 사회와 문명을 단적으로 보여주는 증거였다. 조선 역시 이러한 비난의 대상이 되었다.

19세기 중반 이후 서구의 문물과 사상, 외국인이 조선에 조금씩 들어오기 시작했다. 총과 칼보다는 사상과 기술이 앞서서 퍼져 나갔다. 의료 기술과 개신교를 장착한 의료선교사들을 선두로, 여행자, 화가, 기자 등 다양한 외국인들이 조선을 방문했다. 이들 대부분이 조선의 첫인상으로 불결함과 더러운 냄새가 가득한 환경을 지적하면서, 그럼에도 불구하고 착한 조선인들의 모습을 언급했다. 이는 전형적인 피지

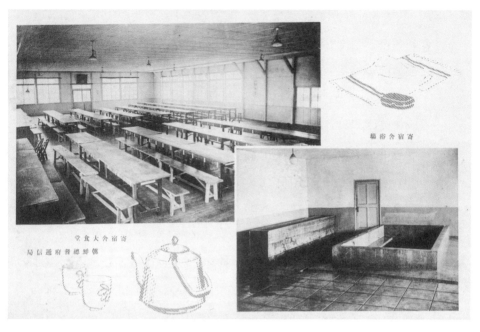

場浴舍宿寄

堂食大舍宿寄

局信遞府督總鮮朝

조선총독부 체신국 체신이원양성소 기숙사 식당과 목욕탕 사진엽서 ◌
용산역사박물관

배 국가의 이미지다.

　물론 조선도 할 말이 있다. 목욕 방식은 시대에 따라 변화해 왔고 조선 사람들이 씻지 않은 것도 아니었다. 조선인들은 부분욕이라는 방법으로 청결을 유지했다. 정수된 물을 가정마다 공급받는 사회 기반 시설이 없어 전신을 자주 씻는 것이 어려웠을 뿐이다. 게다가 모든 서구인들이 자주 씻었던 것도 아니다. 하지만 사회진화론과 식민주의는 이러한 점들을 간과했다.

　여기에 청나라를 거쳐 들어온 콜레라가 19세기 조선을 강타했다. 토하고, 설사하고, 소화 장애가 나타나는 이런 감염 증상은 조선에서 유래를 찾기 어려운 것이었다. 콜레라는 원래 인도 지역의 풍토병이었지만, 식민지를 건설하러 인도에 들어간 영국 군인들을 통해 멀리멀리 퍼져나갔다. 서양인들이 발을 들여놓은 시기는 바로 콜레라를 비롯한 각종 전염병이 조선을 골치 아프게 만든 시절이었다.

　1821년 조선에서 처음으로 콜레라가 발병하자, 사람들은 그 병을 이상한 병이라는 의미로 그저 '괴질'이라고 불렀다. 마땅한 이름조차 없었다. 그런데 단 열흘 만에 천 명이 넘는 사람들이 괴질로 목숨을 잃었고, 1821년과 1822년 사이에만 10만 명 이상이 사망했다. 조선 땅에서 볼 수 없던 병이었기에 대처 방법도, 처방도 없었다. 의원들은 병의 원인조차 제대로 파악하지 못했고, 청나라를 통해 들어왔다는 사실만 어렴풋이 파악했다.[105] [106]

　서양에서도 콜레라의 원인을 파악하기까지 오랜 시간이 걸렸다.

1854년 영국 의사 존 스노는 오염된 물을 통해 런던에 콜레라가 퍼진다는 것을 관찰로 입증했고 깨끗한 상수도의 중요성을 강조했다. 그리고 1884년에는 독일 의사 로베르트 코흐가 콜레라 원인균을 직접 눈으로 확인했다.

콜레라는 조선에서 주기적으로 발병했다. 19세기의 대유행만 10여 차례로, 여름만 오면 유행하는 질병이 되었다. 당시 신문에는 콜레라에 걸리면 구제할 방법이 없다는 기사가 자주 실렸다. 1886년 7월 5일 한약방 동수관에서《한성주보》에 게재한 광고인「동수관고백同壽館告白」에 따르면, 콜레라는 '한 번 걸리면 구제할 도리가 없는 딱한 병'이라는 인식이 널리 퍼져 있었다. 사람들은 감염된 이들을 격리하는 것 외에 별다른 대처 방법을 찾지 못했다.[107]

민간에서는 콜레라 증상인 다리 마비와 경련, 그리고 통증을 두려워했고, 쥐 귀신이 콜레라를 몰고 온다고 믿었다.[108] 이를 쫓기 위해 문앞에 고양이 그림이 그려진 부적을 붙여놓았다.[109] 왕실과 관청 역시 시체를 수습하고 병사를 성 밖으로 내보내 격리했고, 전염병을 몰고 오는 여귀를 달래는 제사를 지냈다.[110]

콜레라의 근본적인 원인은 불결한 환경에 있었다. 농업 중심 사회에서 인간과 가축의 분뇨는 중요한 거름이었으나, 상하수도 시설이 갖추어지지 않은 도시에서는 비가 오면 이 분뇨가 토양에 섞여 들어가 토양과 지하수가 오염되었다. 사람들은 분뇨가 섞인 우물물을 마시거나 그 물로 씻은 채소를 그대로 섭취했다. 이러한 환경은 콜레라균이

입을 통해 신체로 침입하는 길을 열어주었다.

거리는 더럽고 사람들은 전염병으로 고통받았다. 불결함은 시선을 돌릴 때마다 눈에 들어왔다. 조선의 이러한 상황은 서구에서 볼 때 미개 그 자체였다. 조선을 바라보는 서구인의 감각은 정치적 상황과 맞물리며 조선의 지식인층에게도 서서히 스며들었다. 서구의 시선을 받아들인 조선의 지식인층들은 서양이 조선을 바라보듯 스스로를 바라보기 시작했다.

게다가 조선을 둘러싼 국제 정세도 급격하게 변했다. 서구는 물론이고 청과 일본까지 조선을 탐내서 자주 국가 조선은 식민지가 될 위기에 처해 있었다. 이에 조선의 지식인층은 사회 제도를 개혁하고 서구의 기준에 맞추어 생활 방식을 바꿔야 할 필요성을 느꼈다. 그중에서 문명개화론자들은 낡은 전통을 버리고 서양의 문화, 사상, 종교 등을 적극적으로 수용하며 국가의 자강을 목표로 삼았다.

미개함을 깨닫고 이를 벗어나려는 노력이 필요했다. 불결함이 문제라면 해결책은 간단했다. 씻으면 된다. 개화파는 많은 분야에서 근대적 개혁을 추구했고 서구 문명의 표상으로 위생을 중요하게 여겼다. 그리고 이 위생 문화를 실천하는 가장 효과적인 수단으로 목욕탕을 내세웠다.

1888년 박영효(1861~1939)는 고종에게 상소문 「건백서建白書」를 올렸다. 이 상소문에서 그는 목욕탕 설치를 포함한 여러 개혁안을 제안했다. 박영효는 "인민들에게 목욕할 수 있는 곳을 마련해 주어 때때로

2부. 한국의 목욕 문화

몸을 닦게 함으로써 더러움과 전염병을 면하도록 깨우치는 일"을 조선의 개혁에서 우선적으로 실시해야 할 과제로 보았다.[111] 목욕과 목욕탕 설치는 문명국가로 발전하기 위한 필수적인 조치였다. 김옥균 (1851~1894)은 이미 1884년 「치도약론治道略論」에서 이미 위생의 중요성을 강조했다.[112]

이러한 개념은 《독립신문》을 통해 대중에게도 널리 알려졌다. 1896년 6월 27일 자 《독립신문》은 콜레라 등의 유행병을 막고 백성의 위생을 도모하기 위해 필요한 조치들을 촉구했다. 개천 청결, 길가에서의 대소변 금지, 물 끓여 마시기, 푸성귀를 개천물로 씻지 않기 등의 사항이 그것이었다. 또한 가난한 인민도 목욕할 수 있도록 도성 안 몇 곳에 큰 목욕탕을 설치할 것을 촉구했다. 이렇게 정한 규칙들을 밤낮으로 순찰해 시행하도록 하며, 위반 시 엄중히 다루어야 한다고 주장했다.[113] 이들에게 목욕은 자주적인 국가로 나아가는 데 반드시 필요한 조건이었다.

고려 시대나 조선 시대나 사람들은 몸을 깨끗이 씻었다. 깨끗하지 않은 옷이나 머리는 예의에 어긋나는 것으로 여겨졌고, 제사 등 종교적 의례를 앞두고는 목욕이 어려울 경우 최소한 손이라도 씻어야 했다. 목욕은 예의를 갖추는 행위로 인식되었다. 그런데 서구의 시선이 들어오면서 불결함은 예의 없음을 넘어서 미개함까지 의미하게 되었다.

씻지 않으면 전염병이 퍼질 수 있다. 쇠약하고 미개한 민족으로 전락할 것이다. 결국 다른 국가의 지배를 받게 될 것이다. 불안감은 조선 사회 전반에 퍼져 나갔다. 거대한 민족적 불안감 앞에서 청결은 개인의 문제가 아니었다. 전염병 예방뿐만 아니라 열강에게 지배당하지 않기 위해서라도 목욕이 반드시 이루어져야 할 민족적 과제로 등극한다.

1910년 한일병합조약이 강제로 체결되어 1945년 광복하기까지 한국은 식민지 생활이라는 고통을 겪었다. 조선이 식민지로 전락한 원인은 여러 가지였겠지만, 가장 큰 요인은 내부보다는 외부, 국제 정세의 급격한 변화 때문이었다. 작은 나라인 조선은 변화 속도를 따라잡기 어려웠고, 사회 체제와 생활 방식을 바꾸기에는 이미 늦은 상황이었다.

조선이 식민지로 전락한 까닭은 몸을 씻지 않아서, 불결해서가 절대 아니었다. 씻지 않은 몸과 전염병은 그저 눈에 띄는 현상일 뿐이었다. 그러나 일본은 조선의 불결함을 식민 지배를 정당화하는 논리 중 하나로 활용했다. 전신욕을 자주 하지 않는 관습이나 물을 공급할 수 있는 사회 기반 시설의 부재는 조선의 열등함을 입증하는 논리로 왜곡되었다.

일본은 조선을 위생 국가로 만들겠다는 목표를 통치의 방향 중 하나로 설정했다. 이는 영국이 인도에 적용한 위생 담론과 유사한, 서구에서 배운 식민지 통치술의 일환이었다. 불결함은 조선의 열등함과 피지배의 상징으로 여겨졌다. 물론 위생과 청결은 건강한 삶을 위해 추구해야 할 보편적 미덕이다. 하지만 한국인에게 식민 지배 상황과 연계해 다른 요소가 부가되었다. 우리의 신체나 길거리가 일본보다 불결하다는 주장에서 기인한 열등감이었다.

목욕은 불결한 조선을 지배하는 깨끗한 일본의 상징처럼 여겨졌다. 윤치호는 자신의 일기에서 "대중목욕탕 하나 운영하지 못하는 우리가 독립을 운운할 자격이 있는가"라며 자조적인 태도를 보였다.[114] 1924년 1월 1일 자《동아일보》는 "외국인이 보면 게으르다고 탓한다"라며 생활 개선을 촉구했다.[115] 불결함, 나태함, 게으름을 동일시하는 인식은 이미 조선의 지식인층에게 깊이 자리 잡았다.

독립을 주장하기 위해서는 그에 걸맞은 자격이 필요하다고 여겨졌다. 그 자격 중 하나로 청결이 꼽혔다. 이러한 생각이 사회에 퍼졌다. 신체의 청결 상태는 개인 위생을 넘어, 독립이라는 정치적 목표로 확장되었다. 불결함은 민족적 치욕으로, 청결은 민족적 차원에서 달성해야 할 덕목으로 여겨졌다.

목욕은 청결과 위생을 달성하는 효율적인 방법으로 여겨졌다. 집과 옷을 깨끗이하는 것만으로는 부족했다. 깨끗함은 조선 시대에도 중요한 덕목이었지만, 그것만으로는 충분치 않았다. 목욕은 자주 할수록 좋았다. 겨울에 목욕을 하지 않는다는 것은 감기를 핑계로 한 게으름의 변명에 불과했다. 위에서 언급한《동아일보》기사에서는 "조선 사람에게 가장 급한 것은 목욕 장려"라며 여름에는 주 2회, 겨울에는 주 1회 목욕을 권장했다.

현실적으로《동아일보》에서 주장한 것처럼 목욕을 일주일에 한 번이나 두 번씩 할 수 있는 사람은 그리 많지 않았다. 상수도가 제대로 갖춰지지 않고, 물을 데울 시설도 부족한 상황에서 목욕은 쉬운 일이 아니었다. 간편하게 목욕을 즐길 수 있는 공간이 필요했다. 조선 시대부터 이어진 온천과 한증막도 있었지만, 이들은 일상적으로 쉽게 접근하기 어려운 곳이었다. 따라서 가장 간단한 대안은 돈을 내고 따뜻한 물에 몸을 담글 수 있는 공중목욕탕이었다.

근대 이후 공중목욕탕은 일본인들과 거의 동시에 우리나라에 유입되었다. 1876년 조일수호조규(강화도 조약) 체결로 부산, 원산, 인천에 외국인 거주지가 설치되었고, 일본인이 정착하면서 그들의 목욕 문화도 함께 들어왔다. 1881년 부산의 주한일본영사관은 「거류민 영업 규칙」을 만들었다. 무역상, 은행, 여인숙, 요리점 등 거류민들이 종사하는 직업을 15가지로 분류했는데 목욕업은 그중 하나인 잡점잡업雜店雜業에 속했다. 1882년 발행된 《조선신보》● 「영사관록사領事館錄事」에 따르면 일본인 거류지 내에서 공중목욕탕은 이미 영업 중이었다. 영사관록사의 맨 첫머리에는 거류민들의 범법 죄목을 규정한 '위경죄목'이 적혀 있는데, 목욕탕을 생업으로 하는 사람이 남녀 혼탕을 운영하거나, 목욕탕 입구를 활짝 열어놓거나, 창에 가리개를 하지 않으면 처벌 대상이었다.[116][117][118]

서울 남산 일대나 인천에도 일본인들이 모여 사는 곳에는 공중목욕탕이 설치되었다. 주 이용객은 일본인이었고, 일본인 거류민의 수가 증가함에 따라 목욕탕의 수요도 증가했다. 일본인들의 틈에 섞여 이용

● 《조선신보》는 부산에 거주하는 일본인 상인연합인 재부산항 일본인상법회의소에서 1881년 12월 10일에 한국에서 발행한 신문으로, 책자 형태로 열흘에 한 번씩 발행되었다. 일문과 한문이 혼용된 이 신문의 맨 앞에는 「영사관록사」가 실렸는데 이는 영사관의 공지 사항이다.

하는 조선 사람도 있었으나 종종 차별을 받는 문제가 발생했다. 조선인들이 마음 편히 이용할 수 있는 목욕 시설의 필요성이 점점 커졌다.

당연하게 들릴지 모르지만, 매일 목욕하기 위해서는 각 가정마다 목욕탕을 설치하는 것이 제일 낫다. 실제로 많은 사람들이 집에 목욕 공간을 마련해야 한다며 토론을 벌였다.[119] 하지만 모든 조선 사람이 집 안에 욕실을 설치하는 것은 현실적으로 불가능했다. 따뜻하고 깨끗한 물을 공급하는 상수도 시설과 온수 시설까지 갖추려면 비용이 너무 많이 들었다.

일본인 거주 지역에 공중목욕탕이 집중적으로 설치된 것도 상수도가 설치되고 관련 법령이 마련되었기 때문이다. 부산은 1894년부터 1895년, 1900년부터 1902년, 1908년부터 1910년까지 세 차례에 걸쳐 상수도 시설을 구축했다.[120][121][122] 인천은 1906년부터 노량진과 수도국산에 배관을 묻어 1910년부터 수돗물을 사용하기 시작했다. 서울은 1903년 남산 계곡에 수도를 설치한 것을 시작으로, 1908년 뚝섬에 정수장을 마련해 사대문 안과 용산 일대 주민에게 물을 공급했다. 1912년 당시 서울 인구는 약 30만 3,000명이었으며, 급수 인구는 7만 8,000명으로, 급수 보급률은 26%에 불과했다.[123][124] 상수도가 주로 일본인 거주지에 설치되었다는 점을 고려하면, 실제로 깨끗한 물을 사용할 수 있었던 조선 사람은 도시에 거주하는 일부 상류층에 국한되었을 것이다.[125][126][127]

1901년 어느 날 서울시 종로구 서린동에 위치한 혜천탕 목욕실에서 절도 사건이 발생했다. 혜천탕은 단순한 목욕탕이 아니었다. 술과 음식을 제공하고 연회도 열 수 있는 고급 음식점이 딸린 곳으로,[128][129] 《황성신문》에 따르면 경상도 출신 문화인사들이 결성한 교남교육회嶠南敎育會의 임원친목회가 이곳에서 열렸다고 한다.[130] 이날 혜천탕에서는 손님이 창문을 활짝 열어 놓고 편안하게 휴식을 취하고 있었는데, 갑자기 창밖에서 손이 나타나 손님의 탕건을 낚아채서 도주했다.[131] 탕건은 주로 양반과 부유한 중인들이 실내에서 착용하던 모자였다.

양반들이 맨살을 드러내고 목욕탕에 들어가는 것 자체가 의외일 수 있다. 그렇지만 청결을 문명과 진보, 독립의 상징으로 여기고 청결을 부르짖던 사람들 또한 대개 양반들이었다. 서구식 교육을 받을 기회가 그들에게 먼저 주어졌기 때문이었다.

상수도가 설치된 서울, 인천, 부산과 같은 대도시에서 공중목욕탕은 깨끗한 도시 생활을 상징하는 곳이었다.[132] 1930년대 잡지《별건곤》에 실린 「도회 생활 5계명」에는 이발사, 목욕탕 주인과 친하게 지내라고 권하는 내용이 나온다. 이는 돈이 없어도 목욕탕을 자기 집처럼 이용할 수 있도록 친밀감을 쌓으라는 조언이었다.[133] 1920년대부터는 상류층뿐만 아니라 일반 시민들도 도시에서 목욕탕을 적극적으로 이용하기 시작했다.

상대적으로 농어촌과 산촌, 그리고 도시 변두리에 사는 조선 사람들은 공중목욕탕의 혜택에서 소외되었다. 그러나 이 지역의 위생 상태가 한반도에 거주하는 일본인들의 건강과 밀접한 관련이 있었기 때문에, 일제는 각 마을마다 공중목욕탕을 설치할 계획을 세웠다. 도시 외곽에서는 청년회나 위생 조합을 중심으로 마을 소유의 목욕탕을 만들도록 지시했고, 도시 내부에서는 사설 목욕탕을 인수해 공영으로 운영했다.[134][135][136] 직장 내에도 공중목욕탕을 설치하는 추세가 있었다. 1938년에는 해주의 시멘트 공장에서 600명의 노동자가 파업을 벌이면서 목욕탕 설치를 요구했다.[137]

1940년에는 시내의 학교에도 공중목욕탕을 설치하자는 주장이 제기되었다. 세면 콘크리트로 풀장처럼 만든 목욕탕에서 아이들이 쉬는 시간에 목욕할 수 있도록 하자는 제안이었다. 이는 "전시하 아동 체력 보장이 가장 중요한 국책에 부합한다"라는 취지로 제시되었다.[138] 태평양 전쟁을 1년 앞두고 발표된 이 계획은 다소 섬뜩한 느낌을 준다.

일본의 위생 정책은 결과적으로 한국인의 위생 수준을 향상시켰을 수도 있다. 하지만 그것은 전 세계적인 추세의 일부일 뿐, 한국인을 위한 것이 아니라 한반도에 거주하는 일본인의 안녕과 일제의 이익을 위한 것이었다. 일본만 그랬던 것만은 아니다. 제국주의가 가진 본질적인 특성이 그러하다.

8

기차 타고
온천 나들이

일제 강점기 목욕탕과 관광

20세기 초 공중목욕탕은 한반도에서 자리를 잡기 시작했다. 조선 사람들도 목욕 자체는 해왔지만, 온천을 제외하고 불특정 다수의 사람이 집단으로 모여 일상적으로 목욕하는 공간은 처음이었다. 일본에서는 공중목욕탕을 후로야風呂屋, 유야湯屋, 센토錢湯로 불렀고 이는 한국에서 탕옥, 탕집, 전탕, 목욕집, 목욕탕, 목욕탕집, 욕장 등 다양하게 번역되었다. 이 명칭들은 모두 탕이 있고 씻는 공간이라는 의미를 담고 있다. 당시 사람들은 오늘날처럼 공중목욕탕을 몸을 담그는 탕에 중점을 두어 인식했다.

본격적인 공중목욕탕의 개업은 대한제국 초기에 일본인들을 주축

2부. 한국의 목욕 문화

으로 이루어졌다. 1897년《독립신문》에는 북청 출신 강학기가 청계천 변 수표교 옆 일본인 소유의 목욕탕에서 오줌을 눠서 논란을 일으킨 일화가 보도되었다.[139] 이 사건은 일본 영사관에까지 언급되어 외교 문제로 비화할 뻔했다. 이외에도 남산 근처 일본인 거류민 지역 밖에서 일본인들이 운영하는 목욕탕이 있었고 이곳을 조선 사람들도 방문했다.

조선으로 건너오는 일본인의 수가 점점 늘어났고 조선 사람들도 공중목욕탕을 찾기 시작했다. 공중목욕탕의 수요는 가파르게 증가했고 일본인 사업가들에게 새로운 사업 기회로 각광받았다. 1900년을 전후해서 조선에 들어온 일본인들은 미곡 중개업, 여관업, 임대업 등 다양한 분야에서 활동하면서 공중목욕탕 운영도 병행했다.

오카야마현 출신의 히로야스 키치지로廣安喜次郎(1865~?)는 1904년 인천으로 건너와 항구 근처에서 가옥임대업을 시작했다. 그는 1907년 한성으로 이주한 뒤 1922년 하세가와쵸(서울특별시 중구 소공동 일대) 51번지에서 비전옥備前屋이라는 여관과 철냉온천鉄冷溫泉이라는 약탕을 운영했다. 이 철냉온천은 경성의 명물로 자리 잡았으며, 온천 운영에 필요한 원료는 일본 사가현의 동명 온천에서 수입해 사용했다.[140] 한편 1903년 한성에 건너온 후쿠오카현 출신의 요시키 케이시치吉木惠七(1880~?)는 1930년대에 걸쳐 공중목욕탕 네 곳을 운영하며 목욕탕 업계에서 활발히 활동했다. 그는 나중에 경성탕옥조합의 장을 맡으며 목욕탕 사업의 중추적인 역할을 했다.[141]

일본인에 이어 조선 사람들도 공중목욕탕 사업에 발을 들였다. 1899년 한성의 위생 상황을 개선하고자 몇몇 사람들이 목욕탕을 개업 했는데 수가 서너 곳가량 되었다고《독립신문》은 전한다.[142] 이 목욕탕 들이 전부 조선인에 의해 운영되었는지는 확실치 않지만, 1900년에는 확실히 조선 사람의 손으로 문을 연 공중목욕탕이 있었다. 한성부 소학교를 졸업한 김주환이 새문밖(서울특별시 서대문구 충정로1가와 신문로1가에 걸친 지역)에 공중목욕탕을 열었고,[143] 1904년에는 같은 지역에서 김윤식이 우물물을 이용해 공중목욕탕을 운영했다. 김윤식의 공중목욕탕은 물의 치료 효과로 소문이 나서 영친왕이 친필로 '장수정長壽井'이라는 편액을 내렸다.[144] 더욱이 1908년《대한매일신보》에도 '인민의 위생을 위해 한인 목욕탕을 신설했다'는 기사가 실렸다.[145]

조선 사람이 경영하는 공중목욕탕이 등장하며 한글 신문에도 목욕탕 광고와 관련 기사도 등장하기 시작했다. 1902년 영친왕의 생일을 맞이해 '장수정'에서 목욕료를 받지 않았고, 무관학교 참위 차민재가 수건을 나눠주며 경축했다는 광고가《제국신문》에 실렸다.[146] 1908년 에는 지방 도시들, 평양 인근 지역을 포함해 총 38곳의 공중목욕탕이 설치되었으며,[147] 그중 일부는 수돗물을 이용해 운영되었다.

이 시기 신문 광고를 보면 공중목욕탕 시설을 홍보하는 내용이 자주 눈에 띈다. 특히《황성신문》에는 1901년과 1903년 서울 청계천변 무교동의 취향관에서 목욕탕을 운영한다는 광고가 실렸다. 광고에는 목욕탕을 새로 단장하고 한증막을 설치했으며, 다양한 내외국 요리를 혜천탕 광고 ○《제국신문》, 1904. 9. 7.

선보일 것을 알리며 방문을 권유했다.[148][149] 서린동에 위치한 혜천탕도 1904년에 문을 열었다. 혜천탕은 광고에서 청결한 목욕물과 함께 신선한 과자, 향기로운 각종 술을 준비했다고 강조했다.[150] 이보다 한참 앞선 1898년 청계천 광통교 남천변에 수월루라는 목욕탕이 개업해 목욕은 물론 커피와 술도 즐길 수 있었다.[151][152][153]

1906년《만세보萬歲報》에 손병희(1861~1922)는 조선 사람이 경영하는 공중목욕탕이 두세 곳밖에 없었다고 언급했다. 목욕 요금은 10전으로, 2025년 시세로 환산하면 약 12,000원 정도다. 이는 현재의 대형 사우나 이용 가격과 비슷한 수준으로, 당시 일반인에게는 다소 부담스러운 가격이었다. 모두가 신체를 깨끗하게 해야 하지만 가격이 높아서 상류 사회의 몇몇만 갈 수 잇다고 손병희는 지적했다.[154]

이렇게 고가의 요금과 함께 제공되는 술, 과자, 음식 때문에 초기 공중목욕탕은 위생 시설이라기보다는 사교 장소로 여겨졌다. 1934년《동아일보》의 기사 「목욕탕에서」에 따르면 1910년대까지 공중목욕탕에 가는 사람을 '바람난 사람'이라 여겼으므로 사람들은 몰래몰래 숨어 다녔다.[155] 공중목욕탕 방문이 사회적으로 좋지 않게 여겨지는 분위기였다. 시간이 지나면서 공중목욕탕의 수가 늘어났고 그곳을 방문하는 사람도 많아졌다. 운영 방식을 단속하기도 했다. 이와 같은 과정을 거치며 공중목욕탕은 점차 현재 우리가 알고 있는 형태로 변화했고, 유흥을 즐기는 목욕탕은 온천 지역이나 해변가에서 발달했다.

조선 시대부터 온천은 그 치료 효능으로 많은 이들의 사랑을 받

이處處에有혼後에可히衆人의踏
에沐浴室을必置ᄒ며此에…力不贍
ᄒ거나有할지니如此則幾個湯屋主
혼者ᄂᆞᆫ些少의金錢을帶ᄒ고商買
的沐浴湯屋으로向ᄒᄂ니此ᄂᆞᆫ富
ᄂᆞᆫ營業的利益을立見할거시오衆
人은沐浴ᄒᄂᆞᆫ習慣이次第로生ᄒ
리니淸潔이니衛生이니唱ᄒᄂᆞᆫ者ᄂᆞᆫ
ᄂ人의身體上에垢를先去ᄒ고
슬謜를次第로換着ᄒ미可한즉로
先唱할지어다

貴賤을無論ᄒ고其肉體를潔코
조ᄒᆞᆷ이一也라
我國에沐浴이라ᄒᄂᆞᆫ漢文字도有
ᄒ며沐浴이라ᄂᆞᆫ國語도有ᄒ니
必也沐浴ᄒᄂᆞᆫ傳來ᄒᄂᆞᆫ習慣이有ᄒ니
可ᄒ거날奈何이全國에此習이無
ᄒ야나

今我國에居留ᄒᄂᆞᆫ外人이處處에
浴湯을設置ᄒ얏스나我韓衣服을
着혼者가往ᄒ면其入浴을拒絕ᄒ
니彼的賣的湯屋主가我韓人의金
錢을辭却함이아니라始也에我韓
人이外人湯屋에往한者ᅵ一ᄭᅦ失이
有한故이니其故ᄂᆞᆫ何故오
彼外人의入浴ᄒᄂᆞᆫ者ᄂᆞᆫ體를裸ᄒ
고湯水幽에入할際에水桶으로湯
水을汲出ᄒ야汚穢處를若干先洗
ᄒ고然後入湯ᄒ야或三五分或十

● 東京電報

十二月九日午後四時發
午前七時着

● 特使統監招待

林外務大臣은本月午後六時에特
使李內務大臣一行外伊藤統監以
下를官邸에서招待ᄒ고晩餐會를
開ᄒ얏다더라

● 品川艀船沈沒

品川潟에碇泊中의千歲艦乘組水
兵上陸後歸艦의際에艀船이沈沒
ᄒ고粟組人員百三十三名內에九
十六名이溺死ᄒ얏다더라

論說

沐浴

沐浴은 一身의 垢를 洗滌ᄒᆞ야 精潔
케ᄒᆞᆷ이니 人이 此를 可히 廢치못할
바이라

凡人이 寢寐間에 身體腠理로 汗을
噴出ᄒᆞ얏다가 其汗汁이 乾ᄒᆞ면 垢
를 成ᄒᆞ나니 一日을 經ᄒᆞ면 少少의
垢가 生ᄒᆞ며 一旬을 經ᄒᆞ면 垢와 汗
이 腐敗ᄒᆞ야 虫이 化生ᄒᆞᄂᆞ니 其虫
은 卽 쇼이라 生存者ᄂᆞᆫ 姑舍ᄒᆞ고 其汚
虫이 有ᄒᆞ면 搔癢은 姑舍ᄒᆞ고 其汚
垢를 細言ᄒᆞᆫ즉 可히 形言ᄒᆞ리오

今世界의 文明을 唱ᄒᆞᄂᆞᆫ 邦國에ᄂᆞᆫ
반다시 淸潔로써 先問題를 合ᄂᆞᆫ故
로 人生生活上에 關한 何物을 勿論
ᄒᆞ고 精潔로 主치아니ᄒᆞᆷ이 無ᄒᆞᄂᆞ
니 허물며 人의 一身上에 直接한 汗
穢物을엇지 恬然히 帶有ᄒᆞ리오 故
主ᄂᆞᆫ 何誰가 無ᄒᆞᆫ者ᄂᆞᆫ 自家

餘分間에 全身을 暖케ᄒᆞ고 國外에
出ᄒᆞᆯᄯᆡ 垢를 洗滌ᄒᆞ니 其國中에 湯
은 如干 三二十人의 浴을 經ᄒᆞ야도
湯의 汚穢한 痕이 太甚치아니ᄒᆞᄂᆞ
我韓人中에 或此法을 不知ᄒᆞᄂᆞᆫ者

陳陳한 垢를 湯中에서 洗ᄒᆞ니 一
人의 洗를 經ᄒᆞ면 湯水上에 北垢
가 浮凝ᄒᆞ야 恰似灰色의 絲를 一二
分長短으로 絶斷ᄒᆞᆷ과 如ᄒᆞ야 湯水上에 加
ᄒᆞᆷ과 彷彿ᄒᆞ니 衆多客이 此를 厭避
ᄒᆞᆷ으로 湯主가 我韓人을 辭絶ᄒᆞᆫ다

흠이도 또한 無恠ᄒᆞᆯ도다

然而 我韓人의 沐浴湯이 精則精矣나
有ᄒᆞ니 其所謂獨湯이 僅히 二三處가
我韓人의 沐浴湯이 僅히 二三處가
一人浴의 代金이 新貨十錢이라 其
價高所致로 土等社會의 若干人뿐
數十萬人口居住ᄒᆞᄂᆞᆫ 國都에
이라 其身體를 精潔케ᄒᆞᄂᆞᆫ者—凡
幾人고

彼價高혼 獨湯도 不可無어니와 一
로 衆人이 混入ᄒᆞᄂᆞᆫ 價歇한 湯屋
에 衆人이 混入ᄒᆞᄂᆞᆫ 價歇한 湯屋

〇衆 〇衆 〇緖 라

〇公 음 에

〇千 하 〇十族

〇通 고 이

왔고, 이 인기는 일제 강점기에도 계속되었다. 일본인들은 조선의 온천에도 큰 관심을 보였다. 1918년 조선총독부는 체계적인 지질 조사를 위해 지질조사소를 설립했다. 이곳에서는 한반도 내의 다양한 지질과 토목을 면밀히 분석했다. 특히 지하수와 온천에 대한 과학적 조사를 진행했다.[156][157] 조사로 인해 조선의 온천들은 그 치료 효능이 과학적으로 입증되었고, 이는 조선의 온천이 일본인들 사이에 관광 명소로 자리매김하는 계기가 되었다.

관광지의 발전은 철도 교통의 발전과 궤를 같이했다. 일본은 식민지를 효율적으로 지배하기 위해 철도와 도로를 우선적으로 구축했다. 만주부터 일본까지의 물자와 인력을 신속하게 운송할 수 있는 철도는 막대한 수익을 창출하는 중요한 사업이었다. 부산으로 건너온 일본인들은 철도를 이용해 한반도를 가로질러 중국으로 이동했다. 이들 중 많은 사람들이 기차역 주변의 명소에서 유람을 즐겼다. 일본 자본을 포함한 철도회사들은 이러한 수요를 충족시키기 위해 역 주변에 새로운 관광지를 개발했다. 특히 '만철滿鐵, まんてつ'로 알려진 남만주철도주식회사南滿洲鐵道株式會社는 철도 사업을 기반으로 호텔업, 광업, 제조업에까지 손을 뻗쳤다.

남만주철도주식회사는 1906년부터 1945년까지 일제의 만주 침략과 만주 식민지 경영을 위해 존재했던 일본의 국책회사로 조선총독부로부터 조선의 철도를 위탁받아 경영했다. 만철은 수익을 늘리기 위해 조선총독부의 다양한 부대사업에 적극적으로 투자했다.

만철이 주목한 분야는 철도를 통한 온천 관광이었다. 사회 환원이라는 명분과 여행객을 대상으로 한 수입 증대라는 두 마리 토끼를 잡기 위해, 철도가 연결된 지역의 온천을 관광지로 개발하는 데 적극적으로 투자했다. 만철의 사업으로 유명해진 온천지로는 경상도의 동래 온천과 해운대 온천, 충청도의 온양 온천과 유성 온천, 황해도의 신천 온천과 용강 온천, 강원도 고성군의 외금강 온정리 온천, 함경도의 주을 온천이 있다.[158][159]

부산의 동래 온천은 신라 시대부터 조선 시대에 이르기까지 물 좋기로 소문난 명소였다. 조선 시대에도 일본인들은 동래 왜관에 오면 병을 핑계로 동래 온천을 찾곤 했다. 처음에는 병을 치료하러 온 조선 사람들과 일부 일본인들만이 방문할 수 있었던 동래 온천이지만 1876년 강화도 조약으로 부산이 개항하면서 상황이 달라졌다. 일본인들이 부산으로 대거 이주하면서 동래 온천의 일본인 이용객 수도 증가했다. 1883년에는 부산 거류민역소가 일본인만을 위한 동래 온천 입욕권을 1회 13전에 발행했으나, 지역 주민들의 강한 반대로 이 계획은 무산되었다. 그러나 15년 후인 1898년 동래 온천은 부산 거류민역소에 1년에 25원씩, 10년간 임대되어 본격적으로 관광지로 변모하기 시작했다.[160]

동래 온천 최초의 일본인 여관은 나가사키 출신의 야토지 나오키치八頭司直吉가 세운 야토지 여관八頭司旅館이었다. 이어서 1903년에는 광월루光月樓가 들어섰고, 쓰시마 출신의 도요타 후쿠타로豊田福太郎가 동래에 별장을 지은 뒤, 1907년 온천을 굴착해 호라이관蓬萊館을 건립했다.[161] 처음에는 9,917.36m²(3,000평)의 대지에 조성되었으며, 나중에는 25,123.97m²(7,600평)로 확장되었다. 1934년 기준으로 호라이관은 객실 35실, 셋방 30실, 욕탕 3개 6실을 갖추고 있었으며, 가족탕, 오락시설, 옥돌탕을 포함한 6,611.57m²(2,000평) 정도의 대규모 정원을 갖춘 종합 숙박 휴양 시설이었다.[162]

1917년에는 광복동에 본점을 둔 오이케 여관大池旅館과 부산역 앞에 본점을 둔 나루토 여관鳴戸旅館이 동래 온천에 지점을 내었다.[163] 1919년 8월 무렵이 되자 동래 온천은 욕탕 8개, 욕실 22개를 갖추고 100여 호의 민가가 거주하는 아름다운 고장으로 이름을 떨치기 시작했다.[164]

1920년대가 되자 동래에 있는 온천들을 운영하는 주체가 개인에서 대기업과 지방 정부로 다양해졌다. 1922년에는 만철도 동래 온천에서 사업 운영 계획을 세웠고,[165] 같은 시기에 동래면에서는 지역 주민을 위한 공영 대욕장 건설 공사에 박차를 가했다.[166] 이로 인해 온천을 찾는 사람들의 수는 점점 늘어났다. 동래면에서는 1923년에 12,000원을 들여 기존 공중 대욕장의 신축 공사를 진행했다.[167] [168] 이 외에도 목욕 설비를 갖춘 요리점과 소규모 여관이 들어서기 시작했으며, 1926년이 되면서 여관과 요정의 수는 26개 정도로 증가했다.[169] 온천으로 시작한 동래는 각종 자본이 투자되고 활기찬 관광지로 변모했다.

동래 온천이 인기를 끈 큰 이유 중 하나는 편리한 교통망 덕분이었다. 1897년 설립된 부산경편철도주식회사는 1909년 11월 부산진에서 동래 남문 구간에, 이어 12월에는 동래 남문에서 온천장 구간에 철도를 개통했다.[170][171] 이때 개통된 선로는 표준보다 좁고, 열차는 증기 기관을 사용해서 다수의 승객을 실어 나르기에 다소 불편함이 있었다. 1910년에는 조선와사전기주식회사가 부산경편철도주식회사를 인수하고 선로의 규격을 표준화하는 개량 공사를 진행했다.[172] 그런데 조선와사전기 주식회사의 중역 중 한 사람이 호라이관의 건립자인 도요타 후쿠타로였다.[173] 그의 철도 사업 참여는 동래와 부산항을 잇는 교통망이 관광지로서 온천 발전의 핵심임을 상징적으로 드러낸다.

1915년 10월부터는 증기기관 열차와 노면전차를 병행해 운영했고, 1916년 3월부터는 노면전차 전용으로 운행하기 시작했다.[174] 온천장이라는 명칭은 동래 온천 주변에 집중된 온천 숙박 시설들로 이루어진 지역을 가리키는 지명에서 비롯되어, 후에 역명으로도 채택되었다.[175] 전철은 오전 6시부터 오후 10시까지 운영되었고, 소요 시간은 48분, 하루에 15~16회 운행했다.[176] 이용 요금은 1929년 기준으로 한 구간에 5전이었다. 부산역에서 동래 온천까지는 총 다섯 구간으로 25전을 지불해야 했다. 전차와 대욕탕 시설을 갖춘 조선와사전기주식회사는 온천 입욕권과 전차왕복 할인권을 패키지로 판매했다.[177]

넘쳐나는 관광객을 노면전차에 전부 수용하기 힘들어서였는지. 아니면 말 못하는 범어사 부처님도 돌아앉을 만큼 운임이 비싸고, 실내가 불결하고, 한국어를 모르는 불친절한 운전수 때문이었는지.[178] 노면전차에 대한 이용객의 불만이 터져나왔다. 그래서였을까? 동래

2부. 한국의 목욕 문화

온천장의 교통망에 만철도 끼어든다. 1923년 만철은 동래 온천장과 부산부 사이에 12인승 자동차 영업을 부산서부자동차주식회사에 위탁 경영했다. 요금은 편도 60전, 왕복 1원이었다.[179] 178 조선총독부 철도국은 『조선여행안내기』에서 동래 온천을 '교통이 매우 편리한' 곳이라고 설명했다.[180]

각종 설비와 교통의 편의를 구비한 동래 온천은 1930년대 조선 최고의 온천으로 인정받았다. 1933년에는 차체에서 수평 방향으로 회전이 가능하고 속력을 빨리 낼 수 있는 최신식 보기차Bogie車를 도입해 부산역에서 동래 온천장까지 걸리는 전차 시간을 40분에서 15분으로 단축했다.[181] 1930년대 전반 동래 온천의 연간 이용객은 16만 명가량으로, 조선인이 주로 이용하는 동래면영의 공중욕탕 이용자만 1930년 이미 연간 10만 명을 넘어섰다. 당시 부산부민 인구가 13만 명임을 생각하면 어마어마한 수의 관광객이 동래 온천에 몸을 담갔다.[182] 1907년 일본인 거주자가 여섯 명에 불과했던 마을이 불과 30년 만인 1936년에는 일본인 가정이 90호로 증가했다.

관광객들이 몰려오면서 그들이 즐기고 놀 수 있는 문화도 함께 발생했다.[183] 씨름대회가 열리고 일류 국악인들이 초청되어 공연을 펼쳤으며,[184] 밤이 되면 활동사진, 즉 영화 상영이 이어졌다.[185][186] 1931년에는 관광객의 수요를 충족시키기 위해 부산, 동래, 해운대 온천을 순회하는 유람 버스도 운행하기 시작했다.[187]

동래 온천과 뗄 수 없는 관계에 있었던 것은 바로 유흥이었다.

1905년 여악女樂 제도●가 폐지되면서 관기는 사라졌고 기생들은 자유 영업을 시작했다. 이후 서울을 비롯한 각지에서 기생 조합이 생겨났고 동래 기생들도 1920년대 초에 동래 권번을 조직해 활동했다. 동래 온천은 그들의 주 무대가 되었다.

1917년 도쿄에서 유학 중이던 이광수(1892~1950)는 경성일보사의 요청으로 남한 지역을 유람하고 동래 온천을 방문했다. 그가 남긴 기록은 당시 번성하던 동래 온천장의 모습을 생생하게 전한다. 부산진에서 전차를 타고 도착한 이광수가 처음 마주한 광경은 흰 장막 사이로 보이는 기생들의 춤사위였다. 그 후 나루토 여관을 찾아 온천욕을 즐기고, 유카타 차림의 동료들과 함께 기생의 노래를 들었다. 그의 묘사는 마치 눈앞에서 펼쳐지는 듯하나, 훗날 친일 반민족 행위자가 될 모습이 엿보인다는 인상은 지우기 어렵다.

> 부산진에서 전차를 갈아타고 동래 시가를 바라보는 사이에 금산 밑 신라부터 금정金井으로 유명한 동래 온천에 달했다. 온천 입구에는 녹문 綠門이 새로 서고, 그 안에는 흰 장막을 치고 그 속에서 10여 인의 미인이 무슨 노래를 부르면서 춤을 춘다. (……) 이리 묻고 저리 물어 명호옥 여관鳴戶屋旅館, 나루토 여관에 무불無佛 사장을 찾아갔다. (……) 오래간만에 친구를 대하고 냉수에 목을 축이고 수정같이 맑은 온천에 먼지를 씻고 나니 죽었다 살아난 듯하고 선경仙境에 오른듯하다. 참 상쾌하다. 앞뒤를 터놓은 넓은 방에는 유카타 입은 호한好漢들이 가로세로 누워 코를 곤

● 여악은 국가기관에서 음악과 무용을 하는 여성 악인 또는 그들이 공연하는 음악과 무용이다. 관에 소속된 종으로 50세까지 국가의 연회에서 악기 연주·노래 등을 했다.

VIEW OF THE FAMOUS PLACE, FUSAN.
東萊溫泉場

釜山より鮮鐵の溫泉場に達し内地方面
より二里北東にあり、自動車常設の便あ
り、日客に多し。

1928년 동래 온천장 거리

다. 다리를 버둥거린다 야단들이다. 그 한복판에서 금 쟁반에 옥을 굴리는 소리를 내는 이가 이번 탐량단探凉團의 홍일점紅一點인 장안 명기 금홍錦紅이다. 그 곁에 금시계 줄을 찬란히 드리우고 방실방실 웃던 것이 영주 명기 홍련紅蓮이란 것을 그 후에 알았고 단 중에 어느 호쾌한 남자가 홍련에게 마음을 빼앗긴 줄도 그 후에 들어 알았다.[188]

1932년 무렵 동래 온천은 동래 기생들의 무대에 그치지 않고, 일본에서 건너온 게이샤까지 영업하는 국내 최대 유흥지로 자리매김했다.[189]

온양 온천은 원래 궁내부 소속이었다. 광무 5년(1900) 친일 관료 예종석芮宗錫이 궁내부로부터 온양 온천 개발을 허가받았으나, 1910년 국권이 빼앗기면서 이곳은 일본인의 손에 넘어갔고, 온양온천 주식회사에서 경영하게 되었다.[190]

『개벽』에서는 1910년 국권 피탈을 즈음해 온양 온천이 일본인의 손에 넘어갔다고 전하지만, 실상은 그보다 더 이른 광무 10년(1906)부터 일본인의 손에 넘어간 것으로 보인다. 1906년부터 1910년까지 각 도 관찰사와 외사국 사이에 오고 간 보고서와 훈령을 모은 「각관찰도 거래안各觀察道去來案」에 다음과 같은 사실이 기록되어 있다. 1906년 5월 14일 온양군수 권중억이 올린 보고서 제1호에서 일본인 아미토 도쿠야網戶得哉가 궁내부의 허가를 얻었다고 주장하며 무단으로 점거하고 궁문 위에 '온양관溫陽館'이라는 현판을 내걸었다는 사실을 볼 수 있다.[191] 아미토 도쿠야는 자본금 10만 원으로 온양온천 주식회사를 설립

館旅戶鳴・泉溫萊東鮮朝

동래 온천장 풍경 ◯ 1930년대 나루토 여관 욕실

했고, 행궁 경내의 혜파정, 신정비각, 영괴대비각만 남기고 나머지 전각을 철거했다. 이때 왕과 신하들이 사용했던 시설도 모두 사라졌다.

온양온천 주식회사는 1920년 6월 6일 온천 개축 공사를 마치고 충청남도청의 고위 관료와 유력한 관민들이 참석한 가운데 화려한 낙성식을 개최했다.[192] 이즈음에는 조선인 방문객을 위해 특별히 조선인용 욕탕을 설치하고 설비를 대대적으로 개조했다고 광고했지만,[193] 실상은 탕 이름을 '일본탕', '조선탕'으로 구분하거나, 양복을 입은 조선 사람은 품질이 낮은 옷이라도 출입을 허가하나, 한복을 입은 경우에는 비단옷이라 할지라도 허가하지 않는 등의 차별 정책으로 원성이 높았다.[194] 이렇게 차별을 일삼던 온양 온천은 1926년 11월 조선경남철도 주식회사가 운영권을 인수하면서 문을 닫았고, 그 자리에는 새로운 신정관이 세워지게 되었다.[195]

1922년 천안에서 온양 온천까지 철도가 개통되었고 1931년에는 장항선이 완성되었다. 이로 인해 온양 온천은 더욱 번창하게 되었다.[196] 희곡작가 남우훈은 1928년 온양 온천을 방문했다. 그는 온천에 대한 사전 정보 없이 안내인을 따라 여관에 들어갔다.[197] 온천욕장 주변에는 일본 사람들이 운영하는 주택, 여관, 상점이 즐비했는데, 남우훈은 이러한 풍경을 보고 온양 온천과 같은 작은 거리마저 일본인들의 독무대가 되어 있음을 안타까워했다.

대전 온천의 본격적인 개발은 조선으로 건너온 일본인들에 의해 이루어졌다. 1914년 대전에 정착한 일본인들을 중심으로 대전온천 주식회사가 설립되었고 온천 시굴이 시작되었다. 그 후 대구철도병원장이었던 후지나와 분준藤繩文順은 만철의 투자를 받아 온천을 개발했다. 1923년에는 20여 개의 객실과 공동 욕장을 갖춘, 주변에는 4,500평의 과수원과 1만여 평의 정원으로 둘러싸인 온천 여관인 호메이칸鳳鳴館을 개장했다. 이 호메이칸은 대전온천 주식회사에서 개발한 '구온천'과 대비되어 '신온천'으로 불렸다. 라듐 함유량이 전국 최고 수준으로 알려지면서 '영천靈泉', '약천藥泉'으로 불리며 큰 명성을 얻었다. 심지어 우가키 가즈시게宇垣 一成, 미나미 지로南次郎 등 조선 총독과 메이지 천황의 딸, 히가시쿠니 도시코東久邇聡子까지 찾아왔다.[198][199]

한편 구온천에서도 변화가 일어났다. 공주 지역의 갑부로 알려진 김갑순이 대전온천 주식회사의 주식을 매입해 최대 주주가 되었다. 온천 사업에 조선인과 조선의 자본이 한 자리를 차지한 의미있는 일이었으나 민족적 차원이라기보다 사업적 전략이었다. 김갑순은 자동차 운수업을 경영했는데 온천을 활용해 승객을 끌어모으는 전략을 펼쳤다.[200]

만철 역시 호메이칸 개장을 앞두고 대전역에서 분기한 호남선 철도 방면과 공주 쪽 교차로에 간이역을 신설했다. 거기에 더해 온천 이용객에게는 승차권 할인 같은 요금 정책을 제공했다. 이처럼 식민지 시대의 온천은 철도와 관광업의 합작품이었다.[201][202]

1923년은 만철에게 의미 깊은 해였다. 대전에서 호메이칸이 문을 열었고, 인천 월미도에서 조탕潮湯을 개업했다.[203] 조선총독부는 1918년 인천 내항에 독을 설치하고 북성 지구로부터 약 1km에 달하는 2차

大田儒城温泉豊明館本舘
Homeikwan,Jujyo Spuring.

대전 유성 온천 호메이칸 본관

선 둑길을 축했다. 한강의 급한 물살을 막고 월미도까지 나룻배로 건너가야 하는 교통 불편을 해소하려는 목적이었다. 이 제방이 완성된 후 만철은 30만 원을 투자해 조탕을 설립했다.[204]

1923년에 개장한 월미도 조탕은 바닷물을 끌어와 데워서 목욕하는 해수욕 시설이었다. 개장을 앞둔 6월 28일 《동아일보》는 인천역 대합소를 항구 쪽에 새롭게 조성해 승객들의 이동 거리를 줄였다는 소식을 전했다. 또한 인천 자동차 회사는 조탕까지 이동할 수 있는 승객 전용 자동차 서비스를 운영했다. 대인 15전, 소인 10전을 지불하면 운전수가 승객을 월미도 조탕까지 실어 날랐다.[205]

피서라고는 물맞이나 탁족이 전부였던 사람들에게 조탕은 획기적인 공간이었다. 서울에서 멀지 않은 거리에 위치해 있었고, 경성역에서 기차를 타고 인천까지 쉽게 도달할 수 있었다. 조탕은 마치 어린아이의 장난감처럼 알록달록하게 꾸며져 있었으며, 입장료는 대인 20전, 소아 10전이었다. 입장권은 기차표 형태로 제작되어 해수욕장과 실내 목욕탕을 자유롭게 이용할 수 있었다. 실내 목욕탕은 성별에 따라 좌우로 나뉘어 있었다. 비누 한 장을 2전에 팔았고 수건 한 장을 1전에 빌려주었다. 영업 시간은 오전 9시부터 오후 10시까지로 상당히 길었다.[206]

조탕은 야외 풀장으로 더 유명했다. 한 번에 150명을 수용할 수 있는 콘크리트 풀장에는 수심표가 부착되어 있었다. 공휴일에는 젊은 남녀가 살에 착 달라붙는 해수욕복을 입고 물놀이를 즐겼다. 가족 단위 방문객을 위한 가족탕도 마련되어 있었는데, 보통탕은 세 사람까지 80

전, 추가 인원 한 사람당 10전이었고, 특별탕은 세 사람까지 1원, 추가 인원 한 사람당 20전이었다.

조탕 2층에 위치한 매점에서는 종업원들이 술과 음식을 판매했다. 초밥 한 접시에 50전, 과자 20전, 샌드위치 50전, 커피 한 잔에 10전, 아이스크림 한 그릇에 20전이었다. 음식과 음료의 가격은 조탕 이용료 만큼이나 비쌌다.

오늘날 워터파크에서 헤엄을 치다가 휴식을 취하듯, 조탕에서도 휴식을 위한 방을 대여할 수 있었다. 대여 시간은 세 시간이며, 비용은 방의 크기와 설비에 따라 1원 50전부터 시작해 2원, 3원의 옵션이 있었다. 조탕은 호텔도 직접 경영했는데 하룻밤에 5원 50전이었다. 식당에서 판매하는 서양식 정식은 한 끼에 35전, 일본 정식은 1원 50전, 도시락은 60전이었다.

조탕 주변에는 개인이 운영하는 별장도 있었고, 개업 한 달 만에 여덟 곳에서 임대를 시작했다. 가장 저렴한 임강정과 벽파정은 24시간에 5원, 1박에 3원 50전, 두 시간에 1원 50전이었다. 금송정이나 선유정 같은 유명한 곳은 24시간에 12원까지 요금이 부과되었다. 별장에는 침구와 모기장이 준비되어 있어, 수영복만 챙겨오면 바로 조탕을 즐길 수 있었다. 유흥·편의 시설을 갖추어놓은 월미도 조탕은 개업 첫날에만 500여 명이 방문할 만큼 대성황이었다.[207]

1920년대 서울에서 쌀 한 가마니의 가격이 대략 26원이었던 것과 1906년 《만세보》에 기재된 공중목욕탕 입장료가 10전이었다는 사실

월미도 조탕 외관(전면) ◯ 조선 인천 월미도 조탕 본관 사진엽서

월미도 조탕 외관(후면)과 야외 수영장 ◯ 인천 월미도 조탕 풀장의 흥겨움
사진엽서

월미도 조탕 내부 ◯ 인천 명소 월미도 조탕 사진엽서

을 고려하면, 월미도 조탕은 누구나 방문할 수 있는 곳이 아니었다. 이는 부유층을 위한 유흥 시설이었다.

월미도 조탕과 주변 지역은 점점 더 호화롭게 변모했다. 1924년, 만철은 조탕의 경영을 인천 월미도유원회사에 맡겼다. 1935년경에는 바다 위에 떠 있는 듯한 요정, 용궁각과 함께 3층짜리 빈濱 호텔이 인접 해변에 새롭게 들어섰다. 이러한 변화로 인천항을 방문하거나 경성을 찾는 사람들에게 필수 관광지로 자리 잡았다.[208]

조탕의 명성은 외부 상황에 따라 크게 흔들렸다. 1938년 8월 신의주에서 인천으로 온 선원 중 콜레라 보균자가 발견되어 인근 지역에서 수영과 낚시가 금지되었다. 이로 인해 월미도 조탕과 외부 풀장은 일시적으로 문을 닫아야 했다.[209][210] 비록 해수욕은 금지되었지만 실내 목욕탕 사용은 금방 허용되었다. 그러나 콜레라의 위협으로 인해 많은 사람들이 월미도를 기피했고, 경기도는 일주일 만에 바닷물 사용을 다시 허락하면서 피서객들이 다시 몰려들었다.[211]

제2차 세계 대전이 한창이던 1940년대 조반에도 월미도 조탕은 계속해서 운영되었다. 일부 시설은 군사적 목적으로 철거되었지만, 《매일신보》에 따르면 매년 여름이면 조탕이 개장되었다.[212][213] 1945년 8월 15일 일제가 패망하고 만철이 해체된 이후에도 월미도 조탕은 그 명맥을 이어갔다. 광복 후 미군이 인천에 주둔하면서 월미도는 군사용지로 사용되었지만, 인천 시민들은 유명한 피서지였던 월미도의 개방을 요구했다. 이에 인천부는 월미도 관광주식회사를 조직하고 시설을 수리해 1949년 6월 조탕을 재개장했다.[214][215] 그러나 이듬해 발발한 한국 전쟁으로 인천 상륙 작전이 시행되어 월미도 조탕은 파괴되었고[216] 월미도는 군사상 출입 금지 지역으로 지정되었다.[217] 조탕의 영화도 막을 내렸다.

차별과 감시의
공간

일제 강점기 조선인의 목욕탕

일제 강점기 한반도의 위생 관리를 맡은 이들은 경찰이었다. 도둑이나 살인범을 쫓아야 할 경찰이 위생업무를? 쉽게 이해되지 않는다.

위생 업무를 담당하는 경찰의 뿌리는 1세기 후반부터 20세기 초반에 걸친 독일과 오스트리아의 의사 경찰medical police, medizinalpolizei에서 찾을 수 있다. 국가는 출산, 임신, 영유아 건강을 시작으로 식품 위생, 성병, 전염병, 산업 보건을 포괄해 국민의 건강을 관리했다. 그리고 이를 실행하는 방식이 경찰 활동이었다.

19세기 말 일본은 국가와 경찰 중심의 위생 체제와 의사 경찰 개념을 수입해 위생경찰이라는 용어를 만들어냈다. 위생경찰은 보건과 의

료, 방역, 가축 방역 업무를 담당했다.[218 219 220]

조선에서는 1894년 갑오개혁으로 위생경찰 사무가 정착되었다. 이는 1896년 6월 27일 자《독립신문》에도 언급된다. 길가에서의 대소변 금지, 개천에서의 푸성귀 세척 금지 등을 강조하며 밤낮으로 거리를 순찰해 이를 어긴 사람들을 처벌해야 함을 주장하는데 이를 시행하는 주체가 경찰이었다.[221]

고종 31년(1894년) 경무청관제직장 및 행정경찰장정에 따라 좌우포도청이 폐지되고 내무아문 소속으로 서울에 경무청이 창설되었다. 이어 다음 해인 1895년에는 칙령 제85호로「경무청관제警務廳官制」를 제정했고, 경찰은 감옥 업무 외에도 출판물 판매 허가, 시장 단속, 음료수 제조, 변소 구조와 분뇨 수거, 매장(장례), 전염병 예방, 종두 등의 다양한 보건 업무를 담당했다.

조선의 경찰이 위생을 관리한 시기는 오래 지속되지 않았다. 1906년 2월 대한제국의 경찰권은 통감부 설치로 사실상 무력화되었고, 1910년 6월 한일약정각서로 경찰권이 통감부로 넘어갔다. 그로부터 두 달 뒤 국권을 상실하며 경찰권의 공백이 생겼고, 이 자리를 일본 경찰이 차지하면서 위생 업무도 그들의 손에 넘어갔다. 이로써 조선의 위생 관리도 완전히 일본의 손에 넘어가게 되었다.

식민지 조선에서 위생경찰의 업무는 다양했다. 전염병 관리, 의약인 단속, 식품위생 등 일상과 밀접했다. 조선 땅에 발을 디디고 사는 이들 모두가 전염병 환자가 될 수도, 보균자가 될 수도 있었고, 어쩌면 길가나 개천에 오물을 버리거나 냇물에서 푸성귀를 씻어 먹을 수도 있었다. 병에 걸리면 병원으로 향할 수도 있지만 무속인을 불러 굿을 할 수도 있었다. 보통 사람들의 사소한 일상 행동조차도 위생경찰의 관리와 단속 대상이 되었다. 경찰이 그들의 판단에 따라 사람들을 억압하고 통제할 수 있었기 때문에, 위생경찰은 식민지 지배를 위한 강력하고 효율적인 수단으로 자리매김했다.

위생경찰이 관리하는 대상에 공중목욕탕도 있었다. 1910년 이전에도 조선에는 공중목욕탕이 존재했고, 이를 위한 법적 체계도 잘 갖춰져 있었다. 일본영사관은 1897년 도쿄에서 시행된 「목욕탕단속규칙」을 바탕으로 인천(1886), 한성(1887), 부산(1888), 원산(1891)에 동일한 규칙을 적용했다.[222] 이 규칙은 목욕탕의 욕장, 불을 때는 곳, 굴뚝 등의 설비뿐 아니라 영업 시간과 청소 주기, 도난 방지 등을 규정했다. 대부분의 내용은 일본의 규칙과 유사했지만, 행정 절차와 관할 면에서는 조금씩 차이가 있었다. 일본에서는 목욕탕 운영자가 조합이나 행정기관에 신고해 개업할 수 있었지만, 조선에서는 영사관이나 거류민 단체에 신청서를 제출하고 경찰의 시설 검사를 거쳐야만 영업 허가를 받을 수 있었다.

경찰은 최종적으로 목욕탕을 관리했고, 공중목욕탕 주인과 경찰 사이에서 영사관이 중개 역할을 했다. 「목욕탕단속규칙」에 따르면, 경찰은 시설 관리는 물론 매월 1회 대청소가 제대로 이루어지는지도 점검했다. 화재가 잦은 계절에는 특별히 시간 제한 없이 문을 닫도록 했으며, 이상한 유류품이나 수상한 목욕객도 신고 받았다.

부산에 거주하는 일본인들이 주로 읽었던 《조선신보》의 「영사관록사」[223] '위경죄목'에 따르면, 남녀 혼욕, 목욕탕 문을 활짝 열어 놓는 것, 문 앞에 가리개를 두지 않는 것도 처벌 대상이었다. 이는 경찰이 목욕탕까지 엄격히 단속하고 관리했음을 단적으로 보여주는 예이다.[224]

일본인 거류지에서만 시행되던 「목욕탕단속규칙」은 일본의 식민지 지배가 시작된 후, 조선 전역으로 확대 적용되었다. 영사관이 만든 규칙을 세분화해 전국에 적용하면서 공중목욕탕의 허가 주체도 변경되었다. 1911년 황해도에서 제정된 「목욕탕영업단속규칙」을 보면 허가의 주체로 영사관과 일본 거류민 단체는 배제되고 경찰서가 대신한다.[225]

1914년 조선총독부 경무총감부령 제4호로 더 엄격한 「목욕탕영업단속규칙湯屋營業取締規」이 제정되었다. 이 규칙에는 경찰 외에 군사경찰인 헌병도 공중목욕탕을 관리하는 주체로 포함되었다.[226] 이 규칙에 따르면, 공중목욕탕 개업을 신청할 때 필요한 서류를 준비해 경찰서장이나 헌병분대장에게 제출해야 한다. 건물은 도로에서 최소 90cm 이상 떨어져 있어야 하고, 실내의 욕탕과 탈의실은 외부에서 볼 수 없어야 했다. 남탕과 여탕은 출입문에서부터 분리되어 있으며, 손님의 의류와 휴대품을 위한 보관 설비도 갖추어져 있어야 했다.

목욕탕 내부에는 수조와 몸을 담그는 탕이 설치되어야 하고, 12세 이상 남녀의 혼욕은 금지되었다. 공중이 혐오하는 질환자나 문신이 있는 사람의 입욕도 금지되었다. 목욕값은 손님이 보기 쉬운 곳에 게시

朝鮮總督府官報

第五百九十五號

大正三年七月二十五日

朝鮮總督
官房總務局 印刷所

○告示

朝鮮總督府告示第二百七十六號
大正三年七月二十三日左記公立小學校ノ設置ヲ認可ス
大正三年七月二十五日
朝鮮總督 伯爵寺内正毅

學校名	位置
泰仁公立尋常小學校	全羅北道井邑郡泰仁面上一里

逓信省告示第四百二十五號
郵便局所ニ於タ外國爲替金ノ換算ニ適用スヘキ外國貨換算割合左ノ如シ
大正三年七月二十一日
逓信大臣 武富時敏

其ノ他ノ貨幣換算割合ハ從前ノ通

香港洋銀	一ドル	七四圓付「ドル」一〇九「セント」
上海	一テール	
人名牛人	六圓三九	
	一圓三二	
	七四	

（二十一日官報）

○通牒

官通牒第二百七十八號
大正三年七月二十五日
各所屬官署長宛
經由文書進達ニ關スル件
經由文書ノ上進官署ニ於テ特ニ意見ヲ附スルノ必要ナキモノニ在リテモ往往上申書等ヲ附スルノ向有之候得共右ハ自今必ス公文書規程第三條ノ規定ヲ勵行相成度依命及通牒候也
總務局長

○警務總監部公文

朝鮮總督府警務總監部令第四號
湯屋營業取締規則左ノ通定ム
大正三年七月二十五日
朝鮮總督府警務總長 立花小一郎

湯屋營業取締規則

第一條 湯屋營業ヲ爲サムトスル者ハ左ノ事項ヲ具シ其ノ營業ノ場所所在地ノ警察署長（警察署ノ事務ヲ取扱フ憲兵分隊長ヲ含ム以下之ニ同シ）ヲ經テ警務部長ニ願出テ許可ヲ受クヘシ
一 本籍、住所、氏名及生年月日
二 營業ノ場所及屋號
三 浴湯ノ種類
四 燃料ノ種類
五 汚水ノ排除ノ方法
六 工事竣功期限

第二條 前項ノ外建物ノ構造仕樣書、浴場ノ位置、脱衣場、流場、浴槽、水源、溜井、汲取場、燃料置場、煙突、火消場、排水設備等ノ位置並ニ特記シタル圖面及建設地附近ノ見取圖書並ニ分析成績書等ヲ添附スヘシ 特別ノ事情アル藥物浴ニ加フルモノ等ハ其ノ品質ニ付別ニ取扱ヲ顯書スヘシ 各警察署長ハ特別ノ事情アル場合ニ於テ前項ノ事項ノ一部ノ添附ヲ省略セシムルコトヲ得

第三條 營業用建物ハ左ノ各號ニ依リ設クヘシ
一 浴場ノ内部ハ男女ノ區別シ五尺以上ノ見透サザル裝飾ヲ爲スコト
二 出入口、脱衣場、洗場及浴槽ハ男女ノ區別シ五尺以上ノ見透サザル裝飾ヲ爲スコト
三 浴客ノ衣類其ノ他ノ携帶品ヲ保管スルニ設備ヲ爲スコト
四 浴場ニハ相當ノ窓ヲ設ケ又ハ換氣ノ設ヲ爲シ且湯氣抜ノ設ヲ爲スコト
五 洗場ニハ水栓及湯栓ヲ設ケ湯桶二十個以上ヲ備フルコト
六 浴用ニ供スル汚水ハ下水溝ニ流シテ排除スル設備ヲ爲スコト又ハ完全ナル汚水溜ヲ設クルコト
七 火焚場ノ周圍及天井ハ石、煉瓦其ノ他ノ不燃質物ヲ以テ築造シ天井ノ高サハ地盤ヨリ少クモ八尺以上ト爲シ又ハ金屬其ノ他ノ不燃質物ヲ以テ建設シ屋棟ヨリ六尺以上突出セシムルコト
八 煙突ハ石、煉瓦又ハ金屬其ノ他ノ不燃質物ヲ以テ建設シ屋棟ヨリ六尺以上突出セシムルコト
金屬性煙突ニシテ煙道ヲ木材其ノ他ノ可燃質物ト接近スルトキハ其ノ

「목욕탕영업단속규칙」 발표 ○《조선총독부관보》, 1914.7.25.
하단이 「목욕탕영업단속규칙 湯屋營業取締規則」 이다.

해야 하며, 사용한 물은 새로운 물과 섞이지 않도록 관리해야 했다. 욕조와 탕은 매일 교체하고, 청소는 최소 일일 1회 이상 실시해야 했다. 영업 시간은 일출부터 새벽 한 시까지로 정해졌다.

이 모든 사무를 경찰이 담당했다. 조선총독부 경무국 내에는 고등경찰과, 보안과 등과 함께 위생과가 설치되어 있었다. 별도의 위생 기관이나 부처가 있는 것이 아니었다. 위생에서 담당해야 하는 업무는 늘어났지만 여전히 경찰에 종속된 형태였다. 이러한 구조는 20세기 초반 대부분의 유럽 국가에서 위생경찰이라는 개념이 사라진 것과 대비되는데, 일본은 지배를 정당화하기 위한 목적으로 식민지 조선에서 이 제도를 유지했다.

일제에게 조선 사람들이 실제로 신체를 깨끗하게 관리하는지의 여부는 중요하지 않았다. 지배하는 자에게 지배받는 자는 항상 관리와 감독의 대상이었다. 공중목욕탕은 몸을 씻는 장소인 동시에 일본인의 시선으로 조선인의 신체와 청결을 검열하는 상징적인 공간이었다.

더러움은 미개함이라는 식민지 지배 논리 속에서 조선인들은 공중목욕탕을 찾기 시작했다. 미개한 인간이 되지 않고자 함도 있었겠지만 뜨거운 물로 쉽게 목욕할 수 있다는 편리함이 더 높았을 것이다. 하지만 목욕료는 결코 저렴하지 않았다. 1910년대 말 제1차 대전으로 인해 석탄 가격이 치솟으면서[227] 목욕료는 최대 2.5배까지 올랐다.[228][229][230] 공중목욕탕 업주들이 폭리를 취한다는 불만이 연일 터져 나왔다.[231]

더욱이 조선인들은 일본인과 같은 금액을 내고도 차별을 받는 상황에 처했다. 평양에서는 일부 공중목욕탕 주인이 "조선인은 받지 않는다"라며 이미 받은 목욕료를 돌려주기도 했다.[232] 포항에서는 더 심각한 사건이 발생해 벌거벗은 부녀자가 폭행당하는 일도 있었다.[233] 이처럼 공중목욕탕을 찾아 불결함을 없애려 해도, 단순히 조선인이라는 이유로 불결하다며 문전박대를 당하는 상황이 벌어졌다.

공중목욕탕 이용에 익숙지 않던 조선 사람들은 당연히 어려움을 겪었다. 많은 실수를 범했다. 어쩔 수 없는 일이었다. 예를 들어 생각해 보자. 튀르키예어와 문화를 하나도 모르는 현대 한국인이 이스탄불의 하맘에 가서 정해진 목욕 절차와 방식을 완벽하게 준수해서, 단 한 번의 실수도 없이 몸을 씻고 나올 수 있을까? 쉽지 않을 것이다.

조선 사람들은 탕에 들어가기 전에 몸을 깨끗이 씻어야 하는데, 이를 모르고 바로 물에 들어가거나 얼굴을 씻는 대야로 몸을 씻는 등의 행동을 했다. 최초의 공중목욕탕 이용 사례로 매번 언급되는 북청의 강학기 씨도 탕 안에서 오줌을 쌌다. 이러한 모습은 공중목욕탕 문화가 오래된 일본인들에게 분명히 지저분하게 보였을 것이다.

고객이 실수를 저질렀다면 올바른 목욕 절차를 친절하게 안내하면 그만이다. 하지만 일본인 목욕탕 주인들은 가르치기보다는 그냥 받지 않거나 내쫓는 방법을 선택했다. 공중목욕탕에는 '조선인 출입 금지'라는 표지판을 걸고, 일본인과 조선인이 사용하는 공간을 분리했다. 일본인이 다 사용한 후 저녁 10시가 넘어서야 조선인을 받는 경우도 있었다. 같은 돈을 내면서도 더 낮은 등급의 욕실을 사용하게 하거나, 수건조차 빌려주지 않는 등의 차별을 겪었다. 이러한 차별은 불합리했으니 당연히 갈등을 유발했다.

1919년 3·1 운동에 참여하다 체포된 장명식은 "본정의 욕탕에 우리가 가면 조선 사람은 목욕할 수가 없다고 하면서 거절한다"라며 독립운동을 시작하게 된 계기인 일본인과 조선인의 목욕탕 차별을 예로 들었다.[234] 이 발언은 목욕탕에서 발생한 차별이 목욕 문제를 넘어서서 식민지 시대의 근본적인 인권 문제와도 직결된 것임을 단적으로 드러낸다.

차별에 분노한 사람들은 경찰에 신고해 해당 목욕탕의 처벌과 영업 정지를 요청했다. 차별하는 공중목욕탕의 주소와 상호를 정확히 기재해 신문에도 기사로 실었다.[235][236] 심지어 조선인을 받지 않겠다는 일본인과의 실랑이가 패싸움으로 번지기도 했다.[237]

3·1운동 이후 문화정치가 시행되던 시기에 갈등이 가장 격했다. 경찰조차 "당국에서 문화정치를 주장하는 이때 이와 같은 악감정을 일으키는 행동은 보통 사람이라도 용서하지 못할 일인데 상업을 하는 사람들이 이와 같은 온당치 못한 차별을 하는 것은 그대로 둘 수가 없다"라는 의사를 표명했다.[238] 이에 공중목욕탕 업주들은 "할 수 없이 상을 찡그려가면서 조선 사람의 목욕을 거절하지 못하게 되었다."[239] 그러다 경찰의 감시가 느슨해지면 차별이 다시 반복되었다.

신고와 탄원은 근본적인 해결책이 될 수 없었다. 조선인이 차별 없이 목욕을 하려면 어떻게 해야 할까? 1914년 1월 3일 《동아일보》에 실

2부. 한국의 목욕 문화

린 「목욕업자의 만행」은 두 가지 해결책을 제시했다. "첫째, 이 모욕을 면하려면 우리의 손으로 목욕집을 내고, 둘째, 될 수 있는 대로 일본인 경영의 목욕탕에 아니 가기로 할 일"이다. 기사는 이렇게 말을 마쳤다. "이는 남을 배척하기 위해서가 아니라 우리의 체면을 지키기 위함이다."[240]

1923년 개성에는 조선인이 운영하는 한증막이 여럿 있었으나 공중목욕탕은 보기 힘들었다. 한 조선인이 공중목욕탕을 설립하려 했으나, 경찰은 건물 안전성을 문제 삼아 영업을 허가해 주지 않았다. 이 사건은 잡지에도 보도되었는데, 《개벽》은 "조선인의 탕옥 경영은 당국에서 절대 불허했던 바이므로 이번 일도 묻지 않아도 안다"라고 비판적인 의견을 덧붙였다.[241] 공중목욕탕을 지으려면 「목욕탕영업단속규칙」에 따라 경찰의 시설 점검과 허가를 받아야 했다. 하지만 일선 현장에서는 조선인에게 일본인보다 더 높은 기준을 요구했을 가능성이 있다.

조선인이 자본을 들여 공중목욕탕을 세우기는 쉽지 않았고, 몇 안 되는 조선인 경영의 공중목욕탕은 일본인 경영의 목욕탕보다 요금이 비쌌다. 일본인이 운영하는 공중목욕탕은 조선인을 배척했고, 조선인들 역시 그곳을 이용하고 싶어 하지 않았다. 저렴한 공설 목욕탕 설치를 요구하는 목소리가 끊이지 않았지만[242] 설치된 곳은 많지 않았다.

조선 사람들이 공중목욕탕 이용 방법과 예절에 익숙하지 않다는 문제도 있었다. 이에 따라 1920년대부터 1930년대까지 신문에는 공중목욕탕 이용 시 주의사항이나 올바른 목욕 방법에 대한 안내가 계속

실려 목욕 문화의 접근성과 이해도를 높이는 데 기여했다.

1928년 1월 12일부터 13일에 걸쳐 《동아일보》는 「목욕할 때의 주의할 점」이라는 기사를 연재했다.[243][244] 이 기사는 목욕의 빈도, 적절한 시간, 물과 비누의 사용법, 물의 온도와 씻는 순서 등 목욕과 관련된 일반적인 사항들을 자세히 설명했다. 또한 '목욕탕 내의 공덕심', 공중도덕을 지키려는 마음이 부족함을 비판했다. 공중목욕탕을 이용하는 조선인 절반 이상이 공중도덕을 엄수하고, 지키지 않는 절반을 책하면 모두가 공중도덕을 지킬 것이라고 주장했다.

기사에서 언급한 목욕탕 이용 시 지켜야 할 아홉 가지 사항은 다음과 같다. 첫째, 목욕탕 물에 들어가기 전에 불결한 부분을 씻기. 둘째, 물속에서 때를 밀지 말기. 셋째, 밖에서 민 때와 칠한 비누를 다 씻고 물에 들어가기. 넷째, 깨끗한 물에 더러운 물을 섞지 말기. 다섯째, 물 떠 쓰는 통은 각자 사용해 남의 것과 혼동하지 말기. 여섯째, 서 있는 상태로 물을 몸에 끼얹지 말기. 일곱째, 소변 보지 말기. 여덟째, 불결한 수건을 목욕탕 속에 가지고 들어가지 말기. 아홉째, 자기 기준으로 목욕물에 찬물을 너무 넣지 말기. 이러한 기본적인 에티켓을 잘 지키면 목욕탕 이용이 더욱 유쾌해질 것이라고 마무리 지었다.

기사는 또한 "우리 자매 중 비교적 진보된 계급이라 할 수 있는 여학생들조차 목욕탕 내에서 주의가 부족하다"라고 지적하며, 학교에서 공중목욕탕 이용 방법을 교육할 것을 제안했다. 이처럼 공중목욕탕 이용 방법은 전 국민이 익혀야 할 중요한 생활 습관으로 부상했다. 식민지에서는 일상의 사소한 습관마저 차별로 이어졌다. 이러한 상황에서 교육은 더욱 중요했다.

목욕을 주기적으로 하고 몸을 깨끗이 해야 한다는 인식이 점차 확산되었다. 공중목욕탕 수가 증가하고, 공중도덕 교육에도 힘을 쏟았지만, 실제로 온수에 몸을 담그고 때를 밀 수 있는 조선인은 드물었다. 요금도 문제였지만 공중목욕탕 자체가 부족한 것도 큰 원인이었다.

공중목욕탕은 상수도, 하수도, 물, 화력 등 다양한 자원과 기술을 필요로 하는 복잡한 시설이다. 이러한 구성 요소 중 하나라도 문제가 발생하면 운영에 지장이 생긴다. 일제는 전국적인 위생 정책을 시행하려 했지만, 필요한 시설은 제대로 갖추지 않았다. 「목욕탕영업단속규칙」은 공중목욕탕의 관리와 처벌에만 초점을 맞추었고, 기반 시설 확충에 대한 조항은 미흡했다.

가장 큰 문제는 깨끗한 물의 확보였다. 「목욕탕영업단속규칙」에 따라 매일 물을 갈아야 했으며 따라서 공중목욕탕 운영에는 막대한 양의 물이 필요했다. 그러나 식민지 시기에 만들어진 상수도 시설은 일본인에게 우선 제공되었다. 일본인 거주 지역에는 상수도와 하수도가 설치되어 공중목욕탕이 세워졌지만, 조선인이 사는 지역은 그러한 시설이 부족했다.

이 시기에 공중목욕탕은 주로 경성, 인천, 부산 등의 도시에, 그중에서도 일본인이 많이 사는 지역에 집중적으로 건설되었다. 조선인의 거주지나 도시 바깥의 위생 환경은 식민지 전과 크게 달라지지 않았다.

2부. 한국의 목욕 문화

1912년 인천 지역의 급수 보급률은 일본인이 51.9%, 조선인이 12.5%였다. 1917년에는 일본인 70.5%, 조선인 20.1%로 증가했다. 비록 조선인 가정의 상수도 보급률이 증가했지만, 여전히 일본인 거주 구역에는 미치지 못했다.[245 246] 이러한 상황은 경성에서도 마찬가지였으며, 조선의 수도 요금은 일본보다 무려 30~40% 높아[247] "동양에서 가장 비싸다"라고까지 회자되었다.[248]

비싼 목욕탕 이용료도 공중목욕탕에서 발길을 돌리게 하는 요인 중 하나였다. 「목욕탕영업단속규칙」은 입장료를 제한하지 않았고, 목욕탕 주인은 목욕값을 자율적으로 설정할 수 있었다. 당시 공중목욕탕은 물과 석탄만 있으면 운영할 수 있었다. 석탄은 탕 안에 담을 물을 가열할 때도 사용했지만 수원지로부터 물을 끌어 올리는 증기 펌프의 연료이기도 했다.

목욕탕의 핵심 자원은 물과 석탄이었다. 차갑고 깨끗하지 않은 물로 인해 사람들이 목욕탕을 기피했고, 석탄은 물을 가열하거나 증기 펌프의 연료로 사용되었다.

1914년부터 1918년까지 제1차 세계대전이 벌어지면서 한반도의 공중목욕탕 요금에도 영향을 미쳤다. 석탄 공급이 원활하지 않아 석탄 가격은 2.5배까지 치솟았고,[249] 목욕탕 조합이 빈번하게 요금을 인상했다.[250 251] "다른 물가는 다 떨어졌으나 오직 이발료와 목욕료만 떨어지지 않는다"라는 불만이 고조되었다.[252] 《동아일보》에는 "공설 이발소와 목욕탕을 설치해 이발료는 30전가량으로 목욕료는 5전가량으로

값을 싸게 해서 민간의 편의를 돌봐달라"라고 요구하는 호소문이 실렸다.[253] 공설 목욕탕 설치를 요구하는 목소리가 점점 더 높아졌다.

1920년대 조선총독부는 공설 목욕탕 건설을 결정했다. 인구가 조밀하고 하층 계급이 많이 사는 지역에 건설하기로 결정을 내렸으나, 실제로는 일본인과 일본 군인이 주로 거주하는 경성, 부산, 진해, 또는 온천이 많은 황해도에 설치했다. 기반 시설이 이미 갖춰진 곳에 지어 비용을 절감하면서도 생색만 냈다.

그렇게 만들어진 공설 목욕탕이었으나 시설은 열악했다. 「목욕탕 영업단속규칙」의 적용도 받지 않았으며, 나무, 함석, 벽돌로 지은 목욕탕의 면적은 19평에서 50평에 불과했다. 예를 들어 평양의 공설 목욕탕은 총 49평으로, 욕장은 30평, 나머지 공간은 불을 때는 곳 8평, 고용인 주택 6.5평, 부설 이발소 4.5평으로 나뉘었다. 목욕탕이 남녀욕실과 탈의실로 구분되어 있다는 것을 감안하면 실제 목욕할 수 있는 공간은 상당히 제한적이었다.

목욕탕 내부에는 요금을 받는 카운터, 옷장과 바구니, 신발장, 거울, 시계가 있는 탈의실, 그리고 30~60개의 나무통과 금속 대야가 있는 욕실이 마련되어 있었다. 목욕 용품과 수건은 입욕객이 직접 가져와야 했다.

공설 목욕탕은 민간에 위탁되어 운영되었기 때문에 수익을 추구하는 경향이 있었다. 전체 공설 목욕탕 중에서 50%는 목욕값으로 3~4전, 43.7%는 5~6전을 받았다. 무료 입장은 없었고, 가장 저렴한 1~2전을 받는 곳은 단 한 곳 있었다.[254][255] 사설 목욕탕에 비해 상대적으로 저렴했지만, 그렇다고 해서 모든 사람이 매일 목욕을 할 수 있는 가격은 아니었다.

식민지 말기까지 상황은 계속해서 어려웠다. 1940년 경성제국대학은 토막민의 생활과 위생 상태를 조사했다. 토막민이란 몰락한 농민들이 도시로 유입되면서 빈민층이 된 이들이다. 이들은 산기슭이나 강가, 다리 밑 같은 곳에 멍석을 깔고 주위에 짚을 펴서 만든 초가에 거주했다. 1927년에는 3,000여 명이었던 토막민은 1940년에는 무려 3만 6,000여 명으로 급증했다.

경성제국대학의 조사에 따르면, 토막민 556명 중 162명은 1~2개월에 한 번씩 공중목욕탕을 이용한다고 응답했다. 10일에서 1개월 사이에 한 번 공중목욕탕에 방문하는 이들은 126명이었고, 6개월에서 1년에 한 번 혹은 아직 공중목욕탕에 가본 적 없다는 이들도 16%나 되었다.[256]

당시 신문에서 주장하는 적절한 공중목욕탕 방문 횟수는 최소 1주일에 한 번, 아니면 이틀에 한 번이었고 목욕은 자주 할수록 좋았다. 하지만 빈민층을 포함한 대부분의 사람들에게 이는 사실상 불가능한 일이었다. 특히 공중목욕탕이 없는 지역의 사람들은 여름에 잠시 물가에서 몸을 씻거나 부분욕을 하는 것 외에는 제대로 씻기 어려웠다.

공중목욕탕의 등장은 모두가 계절을 가리지 않고 뜨거운 물에 목욕할 수 있는 가능성을 열었으나, 실제로는 그저 이론에 불과했다. 일제는 위생을 모두의 의무로 선전했지만, 실상은 목욕탕이 있는 거주지

토막 ◯ 송석하, 1935.

에 살면서도 그 비용을 감당할 수 있는 이들만이 '문명인'의 대열에 합류할 수 있었다. 대부분의 조선인은 여전히 따뜻한 날에는 냇가나 강가에서 몸을 씻어야 했고, 추운 계절에는 그마저도 하기 어려운 환경에서 생활해야 했다. 이러한 상황은 공중목욕탕이라는 혁신이 사실상 일부에게만 혜택을 주는 구조적 모순을 드러내었다.

3부

공중목욕탕과
현대
한국 사회

1945년 8월 15일, 대한민국은 환희의 광복을
맞이했다. 한반도에 살던 일본인들은 가져갈 수 없는
재산을 두고 일본으로 돌아갔다. 그들이 운영하던
공중목욕탕도 문을 닫았고, 곧 한국인의 손으로
넘어왔다. 이제 한국인도 차별 없이 목욕을 즐길
수 있게 되었을까? 아니면 더러움을 미개하게 보던
시선에서 벗어나 조선 시대처럼 부분욕의 삶을
즐기게 되었을까?

「목욕탕 없는 설움」. 이는 광복 후 서울의 상황을
단적으로 보여주는 《경향신문》의 표제어였다.
1947년 서울 시민들은 문명적인 생활을 위해
필수적인 목욕탕을 찾아 10리, 20리를 헤매야 하고,
겨우 찾은 목욕탕에서도 20원을 내고 불결한 목욕을
해야 하는 것이 일상이 되어버렸다고 한탄했다.[1]
1890년대 개화파가 목욕의 필요성을 주장한 지
50여 년 만에, 한국 사회는 목욕탕이 부족해서
서럽다는 불만이 터져 나왔다. 한국인은
공중목욕탕에서 씻는 방식에 완전히 적응해 버렸다.

1

우리에게 필요한 건
테레비보다는 목욕탕

공중목욕탕의 보급

공중목욕탕 연구를 시작했다고 주변에 밝혔을 때, 한 지인이 이런 말을 해주었다. 자신이 연구하는 마을에서는 봄이 되면 노인들을 모시고 버스를 대절해 공중목욕탕으로 향한다고. 이야기를 듣고 꽃놀이가 행사의 주요 목적이고 목욕은 그저 부가적인 이벤트일 것이라며 그의 말을 믿지 않았다. 하지만 현장을 직접 다녀보니 가까이에 공중목욕탕이 없는 마을에서는 목욕탕 원정이 큰 행사임을 알게 되었다. 공중목욕탕의 접근성은 모든 이에게 보장된 것이 아니다. 광복 이후 목욕탕이 많이 생겼음에도 불구하고, 이 문제는 여전히 해결되지 않았다.

광복 직전에 서울의 인구는 120만 명에 달했지만 공중목욕탕은

86곳에 불과했다. 광복 후에는 그중 열 곳이 문을 닫았고, 남은 76곳도 땔감, 숯, 석탄 등의 부족으로 사실상 개점휴업 상태였다. 이용료는 비싼데 물은 더러웠다. 일제 강점기에도 끊임없이 제기되던 공중목욕탕 부족 문제는 광복으로 해결되지 않았다. 1947년 서울시는 예산난으로 새로운 목욕탕 신설은 어렵지만, 기존 목욕탕 중 70%가 일본인이 남긴 것이므로 이를 시영으로 전환해 운영하겠다고 발표했다. 그러나 이 계획은 3년 뒤 한국 전쟁이 발발하면서 흐지부지되고 말았다.

도시에서의 공중목욕탕 부족 현상은 보이지 않는 손, 시장의 수요와 공급이 자연스럽게 해결해 나갔다. 한국 전쟁 후 도시로 몰린 인구가 증가하면서 빈곤, 주택 부족, 저임금, 혼잡한 교통, 환경오염 등 각종 도시 문제가 불거졌고, 위생 시설의 부족도 심각한 문제로 떠올랐다.

이런 상황 속에서 공중목욕탕은 수익성 높은 사업으로 부상했다. 겉보기에 멋진 건물을 짓기만 해도 손님이 저절로 찾아왔다. 현금 거래가 주를 이루어 부도의 위험이 없었고, 적당한 시설과 서비스를 갖추고 성실히 운영하면 가족이 안정적으로 생계를 유지할 수 있었다. 이런 이유로 목욕탕 주인은 지역에서 알부자로 인식되곤 했다.

주택가, 시장, 대학교 근처, 공장 밀집 지역, 큰 역 주변 등 사람들이 많이 모이는 곳에 공중목욕탕이 세워졌다. 도심의 사무실 밀집 지역에도 호텔이나 피트니스 클럽 내에 사우나라는 형태로 목욕 시설이 들어섰다. 1960년 146곳이었던 서울의 공중목욕탕은 1966년 282곳, 1970년 596곳, 1974년 953곳으로 늘어났고, 1988년 서울올림픽을 앞두고 1985년에는 1,768곳으로 급증했다.[2] 반경 150~300m 안에 공중 목욕탕을 한 곳만 설치할 수 있는 '목욕탕 거리 제한제'가 1983년에 폐지되자 목욕탕 수는 더욱 빠르게 늘어났다.[3][4] 물론 이러한 목욕탕의 증가는 전국적으로 상하수도 시설이 갖추어진 것과도 맞물려 있다.

도시 바깥이나 인구가 드문 지역에서 공중목욕탕이 지어지는 과정은 조금 달랐다. 대부분의 국가적 자원과 기반 시설은 인구 밀집 지역인 도시에 우선 배치되었는데 공중목욕탕 역시 예외는 아니었다. 그 결과 농촌이나 어촌에서는 1970년대까지 공중목욕탕이 드물었고 여름에는 강이나 냇가에서, 겨울에는 물을 덥혀 몸을 닦는 것이 전부였다. 이는 조선 시대의 목욕 방식과 크게 다르지 않았다. 때로는 공중목욕탕이 있는 다른 지역으로 멀리 목욕 원정을 떠나야만 했다.

공중목욕탕은 현대화된 마을이 갖춰야 할 필수 시설로 여겨졌다. 한국 전쟁 이후 미국의 국제협력처International Cooperation Administration, ICA의 원조를 받은 1955~1961년이나, 1970년대에는 마을 단위로 공동 기금을 모아 목욕탕을 건설했다.[5] 또한 새마을 운동과 같은 사회운동을 통해 지역의 청년회나 부녀회 등 지역 공동체가 목욕탕을 건설할 수 있는 방법을 직접 습득했다.

건설부에서 제작한 새마을 기술 교본 『새마을 운동』에는 마을 환경 개선을 위한 각종 표준도가 수록되어 있다. "농어촌 마을에서 값싸게, 여러분의 힘으로 튼튼하고 쓰기에 간편한 것을 목표로" 제작된 공중목욕탕 건축법은 이후 한국정경연구소에서 출간한 잡지 《우리들》

건설부, 『새마을 기술교본 새마을 운동: 새마을용 각종 표준도』, 1972.

에도 게재되어 전국에 유포되었다.[6]

공중목욕탕 건축법은 목욕의 필요성을 강조하며 시작한다. 목욕은 피로를 해소하고, 땀과 때를 씻어내어 신진대사를 촉진하는 것은 물론, 병균이 붙을 자리를 없애 위생상 좋기 때문에, 개인적으로뿐만 아니라 공동체 전체에도 이롭다고 설명한다. "경제 사정을 비롯해 갖가지 사정으로 말미암아 지금까지 농어촌 등에서는 목욕탕을 시설하기 어려웠습니다마는 새마을운동의 하나로 마을 사람들이 합심하면 여러분의 마을에도 공동 목욕탕의 시설을 어렵지 않게 지을 수 잇을 것"이라며 농어촌 주민들이 스스로의 어려움을 극복할 것을 강조한다.[7][8]

농어촌에서 자체적으로 지은 공중목욕탕은 도시의 그것들과는 사뭇 달랐다. 이곳의 목욕탕은 가구마다 땔감을 가져와 직접 불을 지피고, 하나뿐인 탕을 남녀가 번갈아 가며 사용하도록 설계되었다. 이용 가능한 인원은 한 번에 세 명이며, 이용자가 많아질 경우에는 교본에 제시된 대로 여러 개의 목욕탕을 연립으로 건축하라고 권장했다.[9]

건물의 면적은 7.68평이며, 그 안에는 탈의실, 욕실, 그리고 펌프실이 포함되어 있다. 욕실은 2.3평 규모로, 물을 담아두는 드럼통과 욕조가 설치되었다. 욕조는 무쇠로 만들어진 큰 솥을 아궁이에 거는 방식으로 설치하고, 주변은 돌과 시멘트 회반죽으로 둘러쌓아 완성했다. 욕조 바닥에는 물을 빼낼 수 있는 구멍을 뚫고, 해당 구멍에 수도꼭지가 달린 파이프를 연결했다. 금속 욕조는 열기로 인해 매우 뜨거울 수 있으므로, 직접적인 피부 접촉을 피하도록 나무 발판을 추가했다. 이

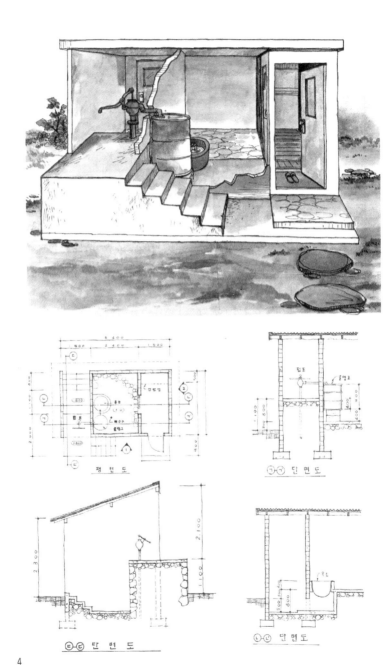

4

새마을 목욕탕 단면도 ◯ 1972년 건설부에서 발간한 새마을 기술교본과 1973년
한국정경연구소 발간 잡지《우리들》에 수록되었다.

욕조는 일본에서는 고에몬부로五右門風呂나 조슈부로長州風呂라고 불리는 형태였다.

새마을 운동으로 전국 농어촌에 세워진 목욕탕이 모두 교본대로 완성된 것은 아니었다. 1979년, 새마을 운동이 거의 마무리 되어가던 시점에, 강원도 삼척의 승공마을은 새마을 가꾸기 대회에서 1등을 차지하고 받은 상금 500만 원을 목욕탕 건설에 사용했다. 그동안 목욕탕이 없어 삼척읍까지 눈과 비를 맞으며 힘겹게 다녀야 했던 주민들이 직접 세운 이 목욕탕은 태양열을 이용한 혁신적인 시설이었다.[10]

새마을 운동으로 지어진 목욕탕들은 주로 '새마을 목욕탕'이나 '마을탕' 등의 이름으로 불렸다. 이 목욕탕들은 정부의 지원금과 마을 사람들의 공동 기금, 그리고 주민들의 노동력을 통해 건설되어, 정미소나 이발소 등 다른 필수 기반 시설과 함께 마을의 공동시설로 자리 잡았다. 이러한 공동 시설들은 마을의 삶의 질을 향상시키는 데 크게 기여했다.

1960년대부터 1990년대 사이에 걸쳐 공중목욕탕의 수는 전국적으로 증가했다. 이 증가세는 서울에서 두드러졌다. 농어촌과 도시의 격차가 좁혀졌다고는 하나, 도시 사람들이 누리는 편의시설이 그 외의 지역에도 완벽히 갖춰진 것은 아니었다.

1981년 2월 11일 자《동아일보》에는 텔레비전이나 냉장고보다 공중목욕탕이 더 시급하다는 내용의 기사가 실렸다.[12] 여름에는 냇가에서 머리를 감지만, 다른 계절에는 가마솥에서 물을 데우거나 큰 교통

전라남도 완도 덕동 공중목욕탕, 1998년 촬영

● 대중목욕탕 1개소당 인구수[11]

연도	전국		서울	
	목욕장 수	1개소당 인구	목욕장 수	1개소당 인구
1960	770	32,483	146	16,749
1966	1,028	28,634	282	13,451
1970	1,793	17,928	596	9,271
1975	2,777	12,705	953	7,219
1980	3,671	10,385	1,070	7,804
1985	6,410	6,366	1,768	5,444
1990	8,266	5,186	2,109	5,028

비를 들여서 타지의 대중탕을 찾아가야 한다. 최소 한 달에 한두 번은 목욕해야 하는데 읍내에는 다방은 있어도 공중목욕탕이 없는 현실이 안타깝다는 내용이었다. 도시 바깥에서도 공중목욕탕이 그만큼 간절했다. 불과 40여 년 전의 일이었다.

공중목욕탕은 도로 교통이 전국적으로 완비된 1980년대 후반부터 1990년대 중반까지 전국적으로 확산되었다. 2000년대 찜질방이 성행할 때까지, 읍면 소재지의 버스 터미널 옆이나 큰 재래시장 근처에서 공중목욕탕을 쉽게 찾아볼 수 있었다. 장이 서는 날에는 목욕탕이 북적거렸다. 월출산이나 마이산 같은 유명 관광지에는 관광호텔이 공중목욕탕을 겸영하기도 했다. 목욕하기 편한 시절이었다.

지금은 상황이 달라졌다. 공중목욕탕의 수가 점차 줄어들고 있다. 농어촌 인구가 감소하고, 남은 인구도 빠르게 고령화되면서 공중목욕탕의 이용객이 줄어들었다. 운영 비용은 계속해서 오르고, 수익성은 점점 떨어지고 있다. 농어촌 지역 경제의 어려움과 지역 소멸 위기는 공중목욕탕 문제와도 맞닿아 있다.

지역 사회의 오래된 공중목욕탕은 단순한 몸 씻는 곳을 넘어서 지역 커뮤니티의 중심 역할도 한다. 이곳의 이용객들은 서로 익숙한 사이로, 목욕탕에서 동네 소식을 나누고 정보를 교환한다. 공중목욕탕 하나가 문을 닫는다는 것은 마치 커뮤니티의 구심점 하나가 사라지는 것과 같다.

2012년 전라북도에서 공중목욕탕은 총 320개소가 운영되고 있었다. 읍 지역에는 38개, 면 지역에는 71개, 동 지역에는 211개의 공중목욕탕이 있었다. 전체 145개 면 중에서 단 45개 면에만 공중목욕탕이 설치되어 있어, 나머지 100개 면의 주민들은 집에서 샤워를 하거나, 버스나 자가용을 이용해 다른 지역의 공중목욕탕을 찾아가야만 했다.[13]

2022년 충북 영동군의 상황을 보면 더욱 열악하다. 약 4만 5,000명의 주민이 거주하고 있음에도 불구하고 공중목욕탕은 겨우 세 곳밖에 없다.[14] 이는 지역 주민들에게 큰 불편을 초래하며, 지역 내 소통과 교류의 장이 점점 줄어들고 있음을 시사한다.

2019년 말 코로나-19가 전 세계를 강타하며 목욕업계도 큰 타격을 입었다. 2019년에는 6,742곳의 공중목욕탕이 있었지만, 2024년 7월 기준으로는 5,347곳으로 감소했다. 10년 전인 2013년에는 7,633곳이 었으므로, 약 10%가 줄어들었다.[15] 특히 코로나-19로 인한 팬데믹 이전과 비교했을 때는 1,395곳, 약 20.7%나 급감했다.

공중목욕탕의 폐업은 도시에서도 자주 목격된다. 목욕탕의 수익성이 약화되어 문을 닫는 경우도 있지만, 목욕탕이 위치한 지역이 재개발되어 폐업하는 경우도 있다. 부산시 남구의 소막마을에 있던 공중목욕탕은 영업이익 감소와 재개발로 인해 문을 닫았다.[16] 서울에서도 뉴타운이라는 이름의 재개발이 진행되자 주택가에 있던 공중목욕탕이 폐업했다.[17]

도심 재개발은 오래되고 위험한 건축물을 헐고 크고 반듯한 주거단지를 짓는 것으로, 어느 정도 필요한 일로 보인다. 또한 요즘처럼 뜨거운 물을 쉽게 구할 수 있는 상황에서 공중목욕탕이 없어지는 것도 어쩔 수 없는 일처럼 보인다. 그렇지만 고시원, 쪽방촌, 옥탑방 등에 거주하는 주거 취약 계층은 가정 내에 편히 목욕할 수 있는 환경이 마련되지 않아 도시 안에서 공중목욕탕을 찾아 헤맨다. 공중목욕탕이 사라지면 주거 취약 계층의 위생이 가장 먼저 무너진다. 팬데믹 시기에 전염이 우려됨에도 불구하고 공중목욕탕의 문을 완전히 닫지 못했던 것도 이러한 이유 때문이었다.[18]

공중목욕탕의 탄생 배경을 잠시 되짚어 보자. 이는 본래 도시 위생을 개선하는 하나의 방책이었고, 오늘날에도 그 목적은 크게 달라지지 않았다. 팬데믹 이후 많은 공중목욕탕이 문을 닫아 도시 방역이 느슨해 진 틈을 타, 빈대가 출몰 사태가 발생했다는 것은 결코 우연이 아니다.

위생에 대한 한국인의 기준은 세계적으로도 손꼽힐 정도로 높아 졌고, 목욕은 더 이상 가르칠 필요가 없는 일상의 일부로 자리 잡았다. 그럼에도 불구하고 목욕 기반 시설은 사람들의 의식 수준을 따라잡지 못하고 있다. 서울 같은 대도시에 집중되어 있거나 그마저도 노후화되 어가고 있다. 1인 세신샵이나 고급 스파와 같은 시설은 여전히 번창하 는 반면, 저렴한 동네 목욕탕은 점점 사라지고 있다.[19] 결과적으로 공 중목욕탕에 대한 접근성이 점점 더 양극화되고 있다.

다행스럽게도 여러 지방자치단체에서는 목욕을 복지의 일환으로 접근해 공공목욕탕 건설에 힘쓰고 있다. 전라북도 무주군 안성면에 위치한 주민자치센터는 고故 정기용 건축가(1945~2011)에 의해 설계되 었는데, 이곳에는 공동 목욕 시설이 포함되어 있다. 정기용 건축가는 1996년부터 2006년까지 '무주 공공 건축 프로젝트'를 이끌면서 무주 군청, 공설운동장, 향토박물관, 보건의료원 등 총 32채의 공공 건축물 을 완성했다.[20] [21]

건축가는 주민자치센터(당시 면사무소)를 설계하기에 앞서 주민들의 의견을 듣기 위해 만남을 가졌다. 주민들은 처음에는 면사무소 건립을 돈 낭비라며 반대했다. 굳이 무언가 지어야 한다면 목욕탕이 낫겠다고 말했다. 가까운 공중목욕탕이 없어 1년에 버스를 대절해 대전까지 가 야 했던 불편함 때문이었다.

주민자치센터 안에 자리한 공중목욕탕은 2001년에 문을 열었다. 13~14평 규모에 냉탕, 온탕, 사우나, 샤워기와 등밀이 기계를 갖추고 있다. 하루 평균 70~80명, 겨울에는 150명이 찾는 인기 장소가 되었다. 짝수일은 여탕, 홀수일은 남탕으로 교차 운영하고, 안성면에서 20km 이상 떨어진 계남면, 동향면, 장계면에서도 찾아온다. 이 목욕탕이 본보기가 되어 부안군,[22] 의령군,[23] 당진시[24] 등 다른 지방자치단체에서도 유사한 목욕탕을 운영한다.

　　전라남도 신안군 압해도에 있는 종합복지관 내에도 건축가 유현준이 설계한 공동 목욕 시설이 있다. 이곳은 집에 현대식 욕실이 없고 혼자 사는 노년층을 위해 지어졌는데, 식당과 함께 운영되어 식사와 위생을 동시에 챙길 수 있는 공간으로 구성되었다.[25]

　　이처럼 유명 건축가가 설계한 곳뿐만 아니라 여러 지방자치단체에서도 소규모 공공 목욕탕을 운영 중이다. 인구 감소와 공공서비스 확대의 흐름이 이러한 변화에 영향을 미쳤다. 전라남도는 2006년부터 농어촌 지역 주민의 건강 증진을 위해 '농어촌 공중목욕장'이란 이름의 소규모 목욕 시설을 세웠다. 경로당, 면사무소, 체육관 등 주민공동 이용 시설에 목욕 시설을 증축하는 방식으로 2023년까지 141곳의 목욕 시설을 지었다.[26] 전라북도 역시 2021년부터 '작은 목욕탕' 51곳을 조성했고, 충북 영동군 추풍령면 같은 지역에서도 접근성이 떨어지는 문제를 해결하기 위해 지역 주민들이 쉽게 이용할 수 있는 목욕탕을 신설했다. 이들 목욕탕은 저렴한 이용료로 많은 이들에게 사랑받고 있다.[27]

농촌이나 어촌뿐만 아니라 도시에서도 공공 목욕탕의 필요성이 높아지고 있다. 서울 중구 신당동에 위치한 '어르신 헬스케어센터'는 만 65세 이상의 고령층에게 특화된 공간으로, 1층은 남탕, 2층은 여탕, 3층은 헬스장으로 운영된다. 목욕탕은 20평 남짓한 공간에 열탕과 온탕, 탈의실과 휴게실을 갖추고 있다. 신당동 일대는 구도심으로 공중목욕탕이 대부분 사라졌고 주택은 노후되어 샤워나 목욕 시설이 없는 곳이 많아 이같은 공공 목욕탕은 꼭 필요한 공간이다.[28]

종로구는 2015년 종로노인복지관을 증축하면서 어르신을 위한 공공 목욕탕을 설치했고, 성동구도 2017년 사근동 공공 복합 청사를 신축하며 지하 2층에 '사근동 작은 목욕탕'을 조성했다. 노원구는 2016년 폐업한 사설 목욕탕을 인수해 공공용으로 전환해서 운영 중이며, 금천구는 2022년 7월에 '동네방네 사우나'를 개장했다. 부산 중구와 사상구도 각각 '대청 행복탕'과 '학마을 목욕탕'을 구립으로 건립해서 운영 중이다.[29]

공공 목욕탕 운영에는 상당히 많은 자금이 필요한데, 주민들이 낼 이용료는 저렴해야 한다. 전기나 가스 같은 기초 요금이 지속해서 상승하는 가운데, 공공 목욕탕을 운영하는 지방자치단체는 예산 관리에 큰 도전을 마주하고 있다. 게다가 일부 주민만이 목욕탕을 이용하면서 복지 혜택이 고르게 배분되지 않는다는 지적이나, 너무 저렴한 가격이 민간 시설의 경쟁력을 저하시킨다는 원성도 들려올 수 있다.

그렇지만 깨끗함과 위생은 사회적인 노력에 의해 달성된다. 내 한

몸만 깨끗해서는 이룰 수 없다. 서울시가 여름 폭염 기간 동안 쪽방촌에 이동식 목욕탕을 설치하고 노숙인들에게 목욕 사용권을 지원한 것도 이러한 맥락에서 이해할 수 있다. 공공 목욕탕의 설립은 단순히 목욕에 대한 접근성을 높이는 것을 넘어서, 깨끗한 삶을 영위할 권리를 모두에게 보장하는 일이다.

2

너희 집에는
욕조 있어?

주거 형태와 욕실의 변화

1894년 갑오개혁이 시작되었다. 이 개혁은 세 차례에 걸쳐 이루어져 조선 사회 전반에 깊은 영향을 미쳤다. 단발령부터 시작해 종두법, 조혼 금지, 은본위제 도입, 그리고 태양력 사용까지 다양한 변화가 있었다. 그중에서 신분제 폐지는 가장 큰 변화로 꼽힌다.

조선 시대에는 신분이 모든 것을 결정했다. 양반은 과거 시험을 통해 관직에 올랐고, 중인은 의원이나 통역관으로 활동했다. 양인은 농사를 지었고 천민은 노비나 백정이 되었다. 갓을 쓸 수 있는지, 어떤 옷을 입어야 하는지와 같은 일상의 세세한 부분까지 신분이 정했다.

주거 공간도 예외는 아니었다. '가사제한家舍制限'이라는 주택 법규가 있어, 신분에 따라 집의 규모와 구조, 장식, 심지어 건물 채색까지 규제했다. 돈이 많다고 해도 이 규제를 넘어설 수는 없었다. 그러나 신분제도가 폐지되자 이러한 제약들이 크게 흔들렸다. 고래등 같은 99칸 기와집? 이제는 상놈이라 할지라도 돈만 있으면 999칸짜리 대궐도 지을 수 있는 시대가 도래했다.

위생에 대한 서구적 개념이 조선으로 스며든 것은 1894년 갑오개혁을 전후로 한 시기였다. 김기수, 유길준과 같은 개화파 지식인들이 일본과 서구의 주택을 참조해 조선의 주택 안에도 욕실과 수세식 설비가 필요하다고 목소리를 높였다. 《독립신문》도 가옥 내 위생 공간의 필요성을 계속해서 부각시켰다. 이러한 주장은 당시 집에 대한 규제가 완화된 상황이라 가능한 발언이었다.[30] 하지만 실제로 욕실과 수세식 변소를 갖춘 주택이 보편화되기까지는 상하수도 시설의 확충이 선행되어야 했다. 따라서 초기에는 이러한 주장이 단지 계몽적 담론으로 그쳤다.

담론이 현실이 된 것은 1920년대가 되어서였다. 1922년 평화기념 도쿄박람회에서는 서구식 외관과 공간 구조를 갖춘 가족 중심의 주택이 등장했고[31] 이러한 형태의 주택은 일본인 건축가와 서구식 교육을 받은 한국인 건축가들을 통해 한국에도 소개되었다. 박길룡, 김윤기, 박동진 등의 한국인 건축가들은 전통 주택의 여러 문제점을 서구식 구조 도입으로 해결하고자 했다. 불편하고 재가 날리는 부엌, 우물물을 길어 와야 하는 구조, 욕실과 화장실의 부재 등 비기능성, 비경제성,

비위생성을 전통 가옥의 문제로 여겼다. 이들은 서양 주택을 근간으로 삼아 부엌과 화장실을 중심으로 전통 가옥을 개선해 기능적이고 위생적이며 경제적인 주택 보급을 한국 주택이 나아가야 할 이정표로 보았다.[32 33 34]

1929년 3월 10일 《조선일보》학예부는 건양사建陽社 와●[35] 공동으로 '조선인 생활에 적응'한 주택 설계 도안을 현상 모집했다. 경성과 지방을 아울러 조선인의 전통적인 생활양식과 현대 문화생활을 조화롭게 반영한 6인 가족 주택을 설계하는 것이 목적으로, 총 건축비는 2,000원, 평당 건축비 72원, 대지 비용은 평당 30원으로 제한되었다.[36]

이 행사에는 600여 명이 응모했고, 결과는 같은 해 5월 30일에 발표되었다. 1등으로 당선된 박팔갑朴八甲은 38평 대지에 14평 규모의 목조주택을 설계했다.[37] 이 주택의 내부는 조선인의 기존 생활 습관과 난방의 편리성을 고려해 전통 주택 양식을 기반으로 개량했다. 대문간이 아니라 현관이 설치되고, 가족 단위는 부부와 아동, 그리고 손님으로 나뉘어 각각에게 방이 배정되었다. 물을 사용하는 공간과 아궁이, 욕실과 변소는 집 안쪽에 배치되었고 관리가 용이하도록 하녀방도 안쪽에 붙여 문화 생활의 면모를 갖추고자 했다.[38 39]

서구식 외관에 서구식 화장실과 욕실을 갖춘 이런 주택을 '문화 주택'이라고 칭했다. 묘한 이름이다. 단지 건축 양식이 바뀌었을 뿐인데, 그 앞에 문화라는 수식어를 붙임으로써 기존의 주거 양식을 마치 문화가 아닌 것처럼 여기게 만들었다. 서구식 위생 기준이 미개와 문명을

● 건양사는 당시 가회동, 인사동, 익선동 일대에 도시형 한옥을 공급해 주택촌을 조성한 건설회사였다.

나누는 기준이 되었던 것처럼 주거 문화도 마찬가지였다.

문화 주택을 곱지 않게 보는 시선도 존재했다. 삽화가 안석주는 1930년 《조선일보》 만평에서, 미국 대학의 방청석에서 졸다가 귀국한 남성과 알파벳만 겨우 아는 여성이 허영심에 고리대 빚을 내어 짓는 스위트홈이 문화 주택이라며 풍자했다.[40][41] 그런 까닭인지 이런 주택들은 '일식 주택'이라 불리기도 했다. 물을 편리하게 사용할 수 있는 상하수도가 일본인 거주지 중심으로 설치되어 있었고 또한 일본인들이 주로 거주했다는 점을 고려하면 일식 주택이라는 명칭이 더 적절했을 수도 있겠다.

비싸고 좋은 집에 대한 욕구는 언제나 같다. 문화 주택은 선풍적인 인기를 끌었다. 1930년에는 서울 동작구 흑석동 일대에 150호가 넘는 문화 주택을 짓는 도시 계획이 발표되었고, 한국인들도 자신들이 사는 지역을 주택 단지에 포함시켜 줄 것을 요구하며 경성부에 진정서를 제출했다.[42] 서대문 밖 홍난파 가옥, 후암동 학강 주택지의 조선은행 사택, 충정로의 금화장 문화 주택지 등이 서울에 있는 문화 주택이다.

서구식 문화 주택에 대한 선호는 해방 후에도 계속되었다. 한국 전쟁 이후 시행된 복구 사업의 일환으로 공급된 공공주택은 서구식 거실 중심의 주택이었고, 이들 역시 예외 없이 문화 주택으로 불렸다.

일본인 거주지를 중심으로 서구식 2층 벽돌집이 큰 인기를 끌고 있는 와중에, 새로운 건축 양식이 무대에 등장했다. 화장실과 목욕탕을 집 안으로 들이면서 내부는 한국의 전통 민가 스타일을 유지하고,

외부는 양반 상류층의 주택을 간소하게 모방한 개량 한옥이 1930년대를 장식했다.[43] 일본식으로 해석된 서구 건축에 익숙하지 않은 보통 사람들에게 서구와 일본, 그리고 한국의 스타일이 혼합된 개량 한옥은 매력적인 대안으로 다가왔다.

건축가 박길룡(1898~1943)은 간송 미술관과 화신 백화점을 설계했고, 식민지 시기 한국인 최초로 개인 건축 사무소를 개업한 인물이다. 그는 종로구 경운동에 위치한 민병옥 가옥을 설계했는데, 이 건물은 1930년대에 지어진 개량 한옥으로 서울특별시 민속문화재로 지정되었다. 박길룡은 서구 주택의 욕실과 변소 설비를 도입하고, 주택 설계 시 이와 같은 위생 공간을 반드시 포함시킬 것을 강조했다. 민병옥 가옥은 전통 한옥의 외관을 유지하면서도 서구식 생활방식을 즐길 수 있도록 설계되었다. 현관 마루와 연결된 사랑방은 손님을 맞이하는 응접실로 활용되고, 전통적인 사랑방의 기능은 건넌방으로 이동했다. 화장실과 목욕탕은 집 안쪽에 배치했으며, 목욕탕과 화장실을 연결하는 긴 복도에는 유리창을 설치해 자연광을 확보하는 세련된 디자인을 적용했다. 이는 이 시기 지어진 개량 한옥의 전형적인 특징이다.[44][45]

박길룡이 설계한 경운동 민병옥 가옥은 개량 한옥 중에서도 고급에 속한다. 이보다 저렴한 도시형 개량 한옥은 1930년대 경성의 확장과 함께 널리 퍼지며, 목욕탕과 화장실의 보급에 크게 기여했다.

1930년대 경성의 인구는 포화 상태였다. 가난을 피해, 더 나은 기회를 찾아 각지에서 사람이 모여들었다. 조선총독부는 경성의 영역을

서울특별시 종로구 경운동 민병옥 가옥

확장하는 것으로 인구 문제를 해결하려 했다. '대경성 계획', '조선시가지계획령', '토지구획정리사업' 등을 1933년부터 1934년까지 시행했다.

새롭게 정리된 빈 땅은 집 장사●들의 차지가 되었다. 혜화동이나 돈암동 같은 당시 경성 외곽 지역에는 ㄴ형, ㅁ형 한옥이 대거 들어서 중산층의 주거지로 주목받았다. 도시형 한옥 안으로 개량된 부엌과 함께 화장실과 욕실이 들어왔다. 문화 주택과 형태가 살짝 달랐다. 열악한 하수도 시설로 인한 악취 문제로 화장실은 중정 주변이나 대문 옆으로 밀려났다.

일제 말에는 중산층 이하 주택에도 목욕탕이 설치되기 시작했다. 1941년 조선총독부는 조선주택영단을 설립했고, 경성을 포함한 19개 도시에 매년 5,000호씩, 총 2만 호의 주택을 공급하겠다는 계획을 세웠다. 대상은 중류 이하 봉급 생활자들을 위한 것이었다. 태평양 전쟁으로 인한 물자난 때문에 계획이 완전히 실현되지는 못했지만, 광복 이전까지 약 61만 평의 용지를 매입해 12,184호를 건설했다.[46]

영단 주택은 일본식 목조 건축에 한국식 온돌을 결합해 5개 유형, 10종 표준 설계도에 따라 신설되었다. 갑형(20평)과 을형(15평)은 일본인 관리나 사업체 직원을 위한 주택이었으며, 병형(10평), 정형(8평), 무형(6평)은 한국인 노무자나 서민을 위한 주택으로 배정되었다. 각 유형에 따라 공급 방식도 달랐다. 갑형과 을형은 분양, 병형 이하는 임대로 운영되었다.

목욕탕은 갑형, 을형, 병형에 설치되었으며,[47] 현관 옆 별실로 욕

● 집을 지어 파는 사람. 건설업자를 의미하기도 한다. 1930년대 전후에 주택경영회사 또는 건축업자들이 도시한옥을 지어 공급했는데, 이런 주택들이 집장사집으로 불리며 분양되었다.

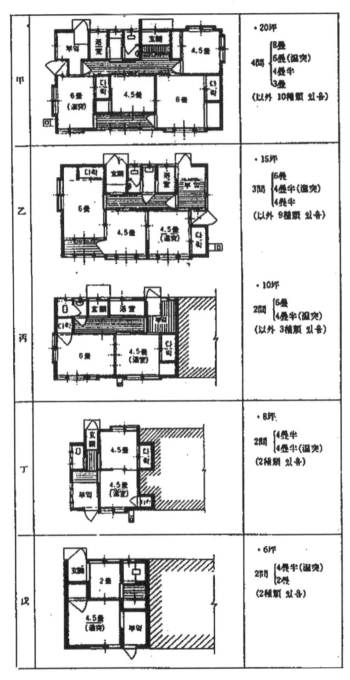

「조선 주택영단 표준 설계안」 ○ (위에서부터) 갑·을·병·정·무형. 이 중
욕실은 갑·을·병형에만 설치되었다.

목욕용 철제 가마솥

실과 화장실이 분리되어 배치되었다. 욕실에 설치된 욕조는 고에몬부로라 불리는 일본식 가마솥 욕조였다. 팽이처럼 생긴 철제 가마솥으로 솥 아래 직접 불을 피워 물을 데우고 안에 깔린 나무판을 밟고 목욕했다. 한편 서민과 근로자가 주로 거주하는 정형과 무형에는 현관 앞에 변소만 설치되었다. 대신 50호 단위로 공동 목욕탕이 마련되었는데[48] 이쯤 되면 집이 아니라 기숙사에 가까웠다.

　　문화 주택, 개량 한옥, 영단 주택 등 새로운 주거 양식에 목욕탕이 포섭되기는 했지만, 일상 속에서 원할 때마다 목욕할 수 있는 사람은 그리 많지 않았다. 특히 집 안에서 따뜻한 물에 몸을 담그고 개운하게 때를 밀 수 있는 사람은 극히 드물었을 것이다. 물을 확보하고 데우고 욕조에 옮기는 일련의 과정이 큰 도전이었다.

　　광복의 기쁨도 잠시, 한국 전쟁으로 많은 이들이 집을 잃었다. 폐허 속에서 새로운 주택 건설이 필요했고, 미국국제협조처 주택부터 영락 주택, 재건 주택, 희망 주택까지 다양한 주택 프로젝트가 진행되었다. 1955년에는 조선주택영단의 후신인 대한주택영단이 시영 주택 건설을 시작했다.[49]

전쟁 후 급조된 주택들은 채광과 위생을 크게 고려하지 않았다. 최소한의 생활 조건만을 갖춘 좁은 공간에 온돌과 마루, 거실과 부엌, 변소가 인접하게 배치되었다. 목욕 시설은 사치에 가까웠고, 집 안에서 목욕을 하려면 목욕통을 들여놓고 쓰거나 영단 주택처럼 가마솥에서 물을 데워 사용해야 했다.[50]

1961년에는 온수 보일러가 등장했다. 보일러 구입에 2~3만 환, 욕실 바닥 타일 공사가 5~6평 기준 15만 환, 공가비를 포함하면 부대비용 제외 최저 18만 원이 필요했다. 그 비용만 들이면 겨울에도 따뜻한 물에 집 안에서 목욕할 수 있었다.[51] 그런데 당시 서울의 노동자 가구 평균 월수입이 52,870환이었다. 이 사실을 고려하면 온수 보일러 설치는 석 달 반 동안 한푼도 쓰지 않고 돈을 모아야 가능한 일이었다. 그마저도 목욕탕을 설치할 공간이 있을 때 가능하다. 노동자 가구의 평균 주거비가 월 3,600환이었던 점을 봐도,[52] 온수 보일러 설치는 상류층의 이야기였다.

광복 이후에도 서민층의 목욕 문화는 크게 달라지지 않았다. 가정 내 목욕 공간이 생겼다고 해도, 여전히 부분적으로만 몸을 씻었다. 많은 사람들이 점차 증가하는 공중목욕탕을 이용했을 것이다.

경제가 성장하고 인구가 증가하자 한국의 주거 형태에도 큰 변화가 찾아왔다. 아파트라는 새로운 주거 양식이 도시 곳곳에 자리 잡기 시작했다. 1962년 제1차 경제 개발 5개년 계획의 일환으로 시작된 아파트 건설은 1970년대와 1980년대를 거치며 폭발적으로 증가했다. 결국 아파트는 한국 사회에서 가장 기본적인 주거 형태로 자리매김했다. 아파트에는 각 집마다 상수도 설비가 갖추어져 있었고, 화장실도 집 안에 마련되었다. 그러나 아파트 정착 초기부터 씻기 좋은 시설이 완비된 것은 아니었다.

1962년 마포아파트 건설을 시작으로 아파트 주택 형태가 대한민국의 주거 문화를 지배하기 시작했다. 서울로 몰려드는 인구와 무허가로 난립하는 판자촌, 심화되는 주택난을 해결하기 위해 한정된 토지 위에 고밀도로 쌓아 올리는 집합 주택은 훌륭한 대안이 되었다. 마포아파트는 박정희 정부의 제1차 경제 개발 5개년 계획의 일환으로 추진되었으며, 현대 문명의 혜택 제공을 목표로 삼았다. 거주지의 평면적 확장을 지양하고 고층화를 시도했으며 국민의 생활양식을 간소화하고 공동생활의 습성을 향상시키는 한편 수도 정비와 미화를 추구했다.

한국에서 배스 유닛bath unit이 처음으로 설치된 곳도 이 아파트이다. 배스 유닛은 목욕, 배설, 세면을 한 공간에서 해결할 수 있는 혁신적인 시도였다. 초기에는 마실 물도 귀한 판에 아파트에 무슨 수세식 화장실이냐며 반대하는 의견도 있었다. 그러나 1970년대 초 강남 개발과 함께 아파트가 도시 중산층의 주거지로 인정받게 되며 배스 유닛형

마포아파트

욕실은 점차 보편화되었다. 강남뿐만 아니라 용산구의 한강맨션아파트, 송파구의 잠실주공아파트, 강동구의 둔촌주공아파트 단지 등에서도 이러한 욕실 형태가 설치되며 일반화되었다.

주택공사는 아파트 건설에 박차를 가했다. 1972년에는 개봉동에 서민용 아파트 200세대를 건설했다. 이 13평형 아파트에는 방 두 개, 부엌, 마루, 그리고 화장실과 욕조가 갖추어져 있었다. 입주를 원하는 이들은 7만 8,000원의 보증금과 6,500원의 월세를 내고 살 수 있었다.[53]

양변기가 일반화되고 수세식 화장실이 발전하면서, 화장실과 욕실이 합쳐진 공간은 면적이 2평 이내로 줄었다. 1995년에는 서울에 지어진 아파트 중 무려 94.5%가 세면, 배설, 샤워를 한 공간에서 할 수 있는 배스 유닛형 욕실을 갖추고 있었다.[54][55] 단독주택이나 다른 주거 형태에도 수세식 설비가 보편화되어 아파트와 유사한 화장실이 내부에 설치되었다. 그러나 기존의 바깥 변소는 여전히 유지되어 세를 든 가구가 사용하고 있었다.

규격화된 평면도를 기반으로 지어진 아파트는 한국인의 생활 문화에 큰 영향을 미쳤으나, 이 변화는 주로 도시에서만 일어났다. 대도시에서는 주택이 문화 주택, 개량 한옥, 영단 주택, 재건 주택을 거쳐 아파트로 진화했지만, 도시를 벗어난 지역에서는 여전히 개인 주택 단위의 생활이 지속되었다. 이는 땅이 넓고 인구 밀도가 낮아 고층화를 시도할 필요가 없었기 때문이다.

결과적으로 농어촌의 욕실도 서서히 배스 유닛 형태를 갖추게 되었지만, 그 과정은 도시와는 사뭇 달랐다. 새마을 운동이 시작된 다음 해인 1972년, 농촌 주택 개량 사업이 본격적으로 실시되었다. 초가지 붕은 시멘트 기와나 슬레이트로 교체되었고, 1978년에는 표준 농촌 주택설계안을 마련해 농어촌 주택의 개량을 적극 권장했다.

이 설계안은 15평, 18평을 가~라형으로, 20평, 25평을 가형과 나형으로 구분해 설계도를 제안했다. 입식 부엌과 마루를 중심으로 구성된 설계안에서 각 평수의 가형과 나형에는 내부 부엌 옆에 욕실이 설치되어 있었지만, 다형과 라형에는 욕실이 없었다.[56] 마당 한편은 세수하고 몸을 씻는 위생 공간으로 기능했으며, 몸을 전체적으로 씻고자 할 때는 공중목욕탕을 이용했다.

오늘날과 같은 형태의 욕실이 일반 가정에 보급되기까지는 지속적인 주택 개량 사업, 상하수도 설비의 보급, 기름 보일러 도입 등이 큰 역할을 했다. 이러한 변화에 힘입어 점진적으로 집 안에 증축되거나 개축되면서, 배스 유닛 형태라 하더라도 가옥마다 조금씩 다른 형태를 갖추게 되었다.

목욕을 하려면 가장 먼저 물이 따뜻해야 한다. 유럽 계몽주의 철학자들은 냉수욕이 몸에 좋다고 말하지만, 날이 조금이라도 서늘해지면 엄두가 나지 않는다. 옷을 벗고 샤워 부스로 들어가 수도꼭지를 틀었을 때, 따뜻한 물이 즉시 나오지 않으면 기분이 상한다. 온수 보일러가 없다면, 화장실이 다섯 개나 달린 100평짜리 호화 아파트에 살아도 결국은 공중목욕탕으로 향해야 한다.

1961년에 온수 보일러가 처음 등장했다. 하지만 설치 비용이 비싸 서민들에게는 그리 친숙한 선택이 아니었다. 초기의 온수 보일러 연료는 장작이나 연탄이었다. 장작은 물을 뜨겁게 데우는 데 효과적이었지만, 정부의 산림 보호 정책으로 인해 연탄이 주요 연료로 자리 잡았다.

1962년 9월에는 서울 내에만 연탄 제조업체가 458곳에 달했고, 전국적으로는 1961년 말 기준으로 2,054곳에 이르렀다.[57] 서민 가정에서는 연탄을 취사와 난방용으로 널리 사용했으며, 연탄 아궁이 위에 주전자나 양동이를 올려 물을 끓이곤 했다. 연탄의 인기는 1980년대까지 지속되었다. 1970년대에는 바닥을 가열해 물을 공급하는 국산 연탄 보일러가 개발되었고, 이후 지어진 아파트에는 대부분 연탄 보일러가 설치되었다. 겨울이면 아파트 입구마다 연탄재가 하얗게 쌓이곤 했다.[58][59]

1985년생인 나는 서울시 강서구 내발산동의 주공 아파트 1단지에서 자랐다. 방 두 개, 부엌 겸 거실, 화장실이 포함된 10~13평 규모의 1550가구 서민 주택단지였다. 난방 방식은 연탄 보일러였다. 연탄 아궁이는 현관 밖과 부엌 옆, 두 곳에 설치되어 있었는데 쌀집 겸 슈퍼인 부산상회에서 배달받은 연탄을 계단참에 쌓아두고 여덟 시간마다 교체했다.

연탄 아궁이는 난방 전용이었다. 화장실에서는 온수가 나오지 않았다. 따뜻한 물로 머리를 감거나 목욕을 하려면 집 안의 연탄 아궁이에 양동이를 걸어두고 물을 데워야 했다. 그 때문이었을까? 어렸을 때는 손발에 크고 작은 화상을 입은 친구들이 제법 있었다.

화장실도 비좁았다. 입식 세면대 하나와 변기만 간신히 들어맞을 뿐, 제대로 된 샤워 시설이나 욕조는 꿈도 꾸지 못했다. 겨울이 되면 따뜻한 물을 세숫대야에 받아 겨우 고양이 세수를 하다가, 토요일 새벽마다 졸린 눈을 비비며 공중목욕탕으로 향했다.

1980년부터 1995년까지 서울시 가구 내 목욕 시설 통계를 보면, '온수'와 '비온수', '목욕 시설 없음'으로 항목이 나뉜다.[60] 1980년 기준 온수가 나오는 가구는 전체 약 30%에 불과했다. 우리 가족도 1993년에야 온수를 사용할 수 있게 되었다. 같은 단지 내 넓은 평수의 집으로 이사 가며 연탄 보일러를 뜯어내고 가스 보일러를 설치하면서였다. 그해부터 공중목욕탕 대신 집에서 샤워로 목욕을 대신했다.

난방 연료는 점차 기름, 가스, 전기로 바뀌었고 온도를 세밀하게 조절할 수 있는 기술도 발달했다. 아파트에서 온수는 수도꼭지만 돌리면 언제든 흘러나온다.

1990년대 초중반에는 도시 중산층 젊은이들의 꿈과 일상을 담은 드라마가 한창 유행이었다. 넓고 하얀 도자기 타일로 장식된 아파트 화장실에서 주인공은 머리에 흰 수건을 감고 욕조에서 거품목욕을 즐겼다. 1994년의 어느 날 내가 살던 아파트 단지 옆에 신축 빌라가 건설되었고 같은 반 친구가 그곳에 입주했다. 겉에서 보기에도 집의 평수가 아파트보다 배는 큰 빌라였다. 친구들은 그의 집에 욕조가 있는지 궁금해했다. 친구가 자랑스럽게 욕조가 있다고 말하자, 아이들이 일제히 감탄했다. 너희 집 부자야? 이렇게 말하는 친구도 있었고 욕조 구경

● 서울시 주택 목욕 시설[60]

년도	계(가구)	온수	비온수	없음
1980	968,133	309,402	207,533	451,198
1985	1,176,162	545,791	205,928	424,443
1990	2,814,845	1,319,354	317,841	1,177,650
1995	2,965,794	2,441,035	52,967	471,792

을 하겠다며 그 집에 놀러 가는 아이도 있었다. 나는 그 친구와 그렇게 친하지 않아 욕조 구경을 가지 못했다.

우리 집에 욕조는 그로부터 약 10년 뒤쯤 생겼다. 내가 살던 주공 아파트는 2002년 재개발로 철거되었고, 우리 가족은 2003년에 방 네 개와 화장실 두 개가 있는 신축 아파트에 입주했다. 거실 옆 큰 화장실 에는 욕조가 설치되어 있었다. 뒤늦게 머리에 흰 수건을 두르고 거품 목욕하는 꿈을 이루나 싶었다. 입욕제를 사서 돌아온 그날, 욕조 안에 는 김장용 배추가 가득 들어 있었다.

집 안으로 들어온 욕실은 서구와 일본의 생활 양식을 기반으로 하 고 있어 한국의 실정과 완벽히 맞지 않는 면이 있었다. 일본은 추운 밤 을 따뜻하게 보내기 위해 몸을 따뜻하게 덥히는 목욕을 필수적으로 여 겼지만, 한국은 온돌 난방 때문에 그럴 필요가 없었다. 매일 깨끗하게 몸을 씻기 때문에 굳이 뜨거운 물 안에 들어가 몸을 불려 때를 밀 필요도 없어졌다. 무엇보다도 욕조에 받아놓은 물은 금방 식어버리고 청소도 번거로웠다.

대신 한국 아파트 욕실 바닥에서는 많은 일들이 벌어졌다. 2평도 안 되는 좁은 공간에서 셔츠 깃과 속옷, 운동화 빨래부터 발 씻기, 세수하기까지 다양한 일이 일어났다. 욕조는 물을 보관하거나 이불 빨래, 김장 배추를 담가 놓는 커다란 통으로 사용되는 경우가 많았다.

2000년 MBC에서 방영된 〈러브 하우스〉는 열악한 주거 환경을 개선해서 주거자의 삶을 바꿔주는 TV 예능 프로그램이었다. 주거자의 생활과 어려운 점, 바라는 사항을 듣고, 이를 해결하기 위해 집을 개조하는 모습은 주어진 아파트에 맞추어 살아야 했던 나에게 신선한 충격이었다.

화장실 리모델링은 늘 인상적이었다. 음침한 분위기의 옥색 욕조와 곰팡이 핀 커튼을 제거하고, 그 자리에 투명한 유리창으로 공간을 나눈 샤워 부스를 설치했다. 사용 가능한 바닥 공간이 넓어지고, 욕실 사용 시간도 줄어들었다. 청소하기도 훨씬 수월해졌다. 〈러브 하우스〉에서 개조된 집들은 2000년대 초반 다양해진 삶의 방식을 반영하는 일종의 생활 지침서가 되었다.

2003년 우리 가족이 입주한 아파트에는 화장실이 두 개 있었다. 가장 큰 방에 붙어 있는 작은 화장실에는 샤워 부스가 설치되어 있었다. 거실에 붙은 큰 화장실의 욕조 대신 이곳을 몸을 씻는 공간으로 사용했다. 1990년대 후반부터는 소형 평수의 아파트에도 화장실이 두 개씩 설치되기 시작했다. 이는 직업을 가진 가족 구성원이 늘어나자 아침 시간에 화장실 사용이 겹치지 않도록 하기 위함이었다. 큰 방에 붙은 작은 화장실 주변에는 공중목욕탕 앞의 탈의실처럼 파우더룸이나 드레스룸이 추가되기도 했다.

급속한 도시화와 산업화로 인해 주택난이 심화되면서 아파트는 한국 주거 환경에 큰 변화를 가져왔다. 이제는 도시뿐 아니라 농촌에서도 높은 아파트를 쉽게 볼 수 있다. 아파트는 비교적 저렴한 관리비로 냉난방, 전기, 가스, 상하수도 등 생활의 기본적인 문제를 해결할 수 있는 주거지로 자리 잡았다.

욕실이 늘어나고 온수 시설이 갖춰지면서 가끔 목욕탕에 가는 대신 자주 샤워하게 되었다. 아파트에서 태어나고 자란 세대도 흔하게 볼 수 있다. 어릴 때부터 온수가 나오는 욕실에서 매일 샤워하며 자란 세대는 공중목욕탕에 갈 필요성을 느끼지 못한다. 주거 공간 내 목욕 공간의 변화가 공중목욕탕의 쇠퇴를 가속화하는 주된 원인이 되었다.

3

오르기만 하고
내려오진 않아

목욕탕 이용 요금 변천사

공중목욕탕은 어느덧 사람들의 일상에 깊숙이 자리 잡았다. 공중목욕탕이 드문 농어촌 지역에서도 최소 두 달에 한 번은 목욕탕을 찾아야 한다고 여겨졌으니, 도시인들의 목욕탕 방문 빈도는 이보다 훨씬 높았을 것이다. 가정에서는 이제 의식주만이 아니라 위생 관리에도 고정비용을 지출하게 되었다.

공중목욕탕 이용료가 비싸다는 불만은 일제 강점기에도 자주 제기되었다. 광복 이후 1953년까지 이어진 초고속 인플레이션은 목욕 비용이 보통 사람의 생계비에서 차지하는 비중을 더욱 늘렸다. 1949년 조선은행(현재 한국은행)의 물가 조사에 따르면, 1936년부터 1945년 말까지의 10년 동안 물가는 2~3배 상승했다. 1946년부터 1948년 말까지의 3년 동안에는 수도비가 116배, 버스비는 83배, 철도비는 96배, 숙박비는 360배, 이발비는 300배가 상승했다. 공중목욕탕 요금은 그 기간에 무려 1,000배나 치솟았다.[61] 이러한 상황은 공중목욕탕 이용에 대한 부담을 크게 증가시켰다.

공중목욕탕 요금은 목욕탕 주인과 업주 조합의 협업으로 결정되었다. 요금은 허가제로, 자율적으로 정해진 뒤 담당 관청과의 협의를 거쳐 발표되었다.●[62] 1948년에는 어른 기준 50원, 12세 이하 4세까지는 30원, 3세 이하는 무료, 부녀자의 세발 요금은 20원, 소방관 및 경비대원은 30원이었다.[63] 그러나 1949년 10월 12일 수도 요금이 3배 상승하면서 목욕 요금도 동반 상승해 대인은 90원, 소인은 70원, 부녀자 세발 요금은 30원으로 조정되었다.[64] 6개월 후인 1950년 4월에는 대인 요금이 110원으로, 한국 전쟁 발발 후인 11월에는 300원으로 급등했다.[65] 서울시는 목욕탕 업주 조합이 요금 인상 허가를 받지 않았다며 공중목욕탕을 예전 금액대로 이용하라고 권했지만, 실제 이용료는 감소하지 않았다. 1952년에는 대인 요금이 1,300원, 소인은 1,000원, 유아는 500원, 여인의 세발(머리 감기)은 700원으로 뛰었다.[66]

1952년 최저 생계비가 약 40만 원이었다. 다섯 식구 기준, 한 달 쌀값 9만 4,000원, 반찬값 6만 원, 나뭇값 6만 원, 집세가 5만 원이었는데 공중목욕탕 이용료가 9만 6,000원이었다. 최소한, 다섯 명이 한 달에 두 번만 목욕한다는 가정하에 계산된 금액이었다.[67] 만약 성인 여성

● 목욕탕 요금 허가제는 1990년 9월 1일부터 사라졌다.

이 한 명이라도 포함되어 있다면, 별도로 책정된 세발 비용이 추가되어 비용은 더욱 늘어났을 것이다. 실제로도 한 달에 두 번 이상 목욕하는 경우가 많았기에 지출은 예상보다 훨씬 많았다.

공중목욕탕 업주들은 요금 인상을 위해 휴업이라는 꼼수를 부리기도 했다. 1957년에 서울목욕탕조합은 치안국 보안과에 목욕 요금 인상을 요청하고 일제히 휴업에 들어갔다.[68] 이는 공급을 중단함으로써 가격 인상에 타당성을 부여하는 시위이자 전략이었다. 일부 업주는 몰래 요금을 올려 받기도 했다.[69] 나날이 요금이 상승하는 가운데 군인과 경찰에게는 일반 요금의 반값만 받았다.[70] 이는 한국 전쟁 직후 군인과 경찰의 사회적 위상을 엿볼 수 있는 대목이다.[71]

1960년대에도 목욕값은 여전히 자제를 몰랐고, 가계에 무거운 짐이 되었다. 서울목욕협회장이 요금 인상을 위해 공중목욕탕 업주들로부터 걷은 돈 35만 원을 서울시 보건사회국 관계자에게 뇌물로 전달하는 사건도 발생했다.[72] 부정한 인상 요금은 이제 일상다반사였다.

시에서는 강력한 행정 조치를 취하기로 결정했다. 일제 단속을 실시해 합의된 요금을 초과하는 업소에는 즉각 영업 정지 처분을 내렸다. 1966년 2월 서울 시내 목욕탕 254곳이 요금을 올려 받다가 적발되었고 이들은 영업 정지 처분을 받았다. 공중목욕탕 업주들은 처분을 풀기 위해 올려 받은 금액을 시에 반환해야만 했다. 또한 시는 "일반 대중목욕탕의 요금 횡포를 막기 위해" 시내 18곳에 각 구마다 2개소씩 시 직영 공중목욕탕을 세웠다. 이곳에서는 "현행 대중 요금의 절반가량"만 받기로 했다.[73][74] 김현옥 서울 시장은 그해 6월 "협정 요금의 횡포를 막기 위해 준 공익성 있는 목욕값, 대중음식값, 찻값 등 몇 개의 물가에 대해서는 관허 요금으로 할 생각"이 있다고 발표했다.[75] 공중목욕탕은 개인 사업이기는 하지만, 도시 위생과 직결된다는 점에서 시장 경제에만 맡길 수는 없는 노릇이었다.

이 문제의 해결책을 모색하기 위해 여성들도 나섰다. 서울 시내 각 동의 여성 대표가 모인 가정 경제 보호 위원회에서는 목욕 요금과 미용 요금 인상에 반대하며 목욕과 미용을 절제하자는 운동을 펼쳤다. 아이들은 공중목욕탕에 자주 가지 않도록 내의를 자주 갈아 입히고 집에서 깨끗이 목욕시키고, 주부들은 미장원 대신 집에서 간단한 방법으로 머리를 손질하자는 것이 주된 내용이었다.[76] 그러다 한 번 공중목욕탕을 찾으면 본전을 찾기 위해 그야말로 살이 익을 때까지 탕에 몸을 담그고 껍질이 벗겨질 만큼 때를 밀었을 것이다.

공적 제재와 사회 운동이 활발했음에도 불구하고, 목욕 요금은 꾸준히 오르는 추세를 보였다. 1963년에는 서울 시내 목욕탕 이용 요금이 20원 선이었으나, 1966년에는 두 배인 40원으로 상승했다. 비누와 수건을 제공하는 경우에는 50~60원까지 요금을 받기도 했다.[77] 1972년에는 성인 기준으로 이전의 80원에서 63%가 상승한 130원으로 요금을 책정하는 것으로도 모자라 1시간 이상 목욕할 경우 10분마다 30원씩 추가 요금을 부과하기로 했으나[78] 당국의 개입으로 인상율을 조정해 100원으로 책정되었다.[79] 하지만 이 역시 서민들에게는 큰 부담이 되었다. 1980년대에는 성인 기준으로 1,000원대, 1990년대 중반 이후에는 2,000원대로 상승했다.[80]

공중목욕탕 요금은 사회 변화의 한 단면을 반영하는 바로미터였다. 목욕탕은 물 공급과 보일러 가동 등 여러 기술이 결합된 시설로, 수도, 하수와 같은 사회 기반 시설과 석탄, 석유와 같은 기초 자원에 크게 의존했다. 따라서 공공요금이나 원자재 가격의 변동은 목욕탕 이용료에도 연쇄적으로 영향을 미쳤다.

1967년 9월 2일 신민당 운영위원 고흥문(1921~1998)이 《동아일보》에 실은 칼럼에서는 12원에서 15원으로 30% 인상된 연탄값을 근거로 목욕값을 30원에서 50원으로 올린 사례를 지적했다. 그는 수도, 철도, 전력 등 관영 요금의 인상이 결국 대중에게 부담으로 돌아간다고 비판했다.[81] 공중목욕탕 요금 상승이 단순히 업주의 욕심에서 비롯된 것만은 아니었다는 점이 당시에도 널리 인식되고 있었다.

집집마다 목욕 시설이 갖춰진 요즘도 공중목욕탕 이용료는 여전히 부담스러운 수준을 유지한다. 통계청 국가통계포털에 따르면 2023년 목욕료 물가 상승률은 12.7%로, 1998년 IMF 외환 위기 당시의 26.1% 이후 25년 만에 가장 높은 수치를 기록했다. 이는 같은 기간 전체 소비자 물가 상승률 3.6%와 비교했을 때 약 3.5배나 되는 수준이다.[82]

2022년 1월에 평균 7,864원이었던 서울시 목욕탕 이용료는 2024년 1월에는 29% 상승해 10,154원에 이르렀다.[83] 4인 가족이 한 달에 네 번 목욕을 한다고 가정할 경우, 2022년에는 125,824원을 지출했으나

鐵道運賃引上으로 各種物價高騰

適切한 對策을 時急要望

해방이후 경제계의 혼란은 모든물가는 엄천나게 뛰여올으고 있으며 이에따라 대중생활에 절대로필요한 목욕 리발등의 요금과 철노 전기등의 관업요금(官業料金)도 천정모르게 올으고 있어 민생은 도탄에 빠저가고 있다

즉 조선은행 조사에의하면 지난 十년동안에도 편귀를 보이어 이동안 서울시에 있어서의 여러 가지요금을 보면 一九三○로지않았었다 그런데 一九四六년부터 四八년말 까지의 三년동안에는 금은 해방전 一九四五년 남과같은 놀라울만한

六년을 기준으로한 관업요금과 기타여러가지 一九三六년현재와비해 八년 十二월현재 요금을 一九四요금은 다음과같다

마디오	電車	汽新道	水新道	電報	新聞	理髮	洗濯	宿泊	映畵	雜誌	沐浴
一	二	三	三	三	五	八					一
○	○	○	○	三	六	○					
○	○	一	三	二	○	○					
○	二	三	五	○							
倍	倍	倍	倍	倍	倍	倍	倍	倍	倍	倍	倍

물가 상승률을 다룬 기사 ○「철도 운임 인상으로 각종 물가 고등」,《경향신문》, 1949.3.12.●

● 기사의 왼쪽 하단 첫번째 항목이 목욕 요금이다. 인플레이션으로 요금이 1,000배 상승했음을 알 수 있다.

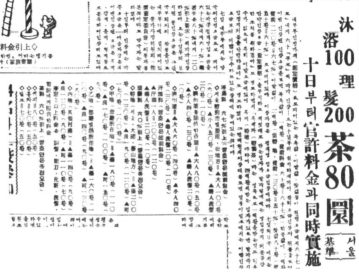

목욕·이발 등 서비스업 요금 인상을 다룬 기사　○「접객 요금도 인상」,《경향신문》, 1957.10.8.

2024년에는 162,464원, 즉 36,640원이 더 든다. 2023년 찜질방 이용료의 소비자 물가 지수는 119.81로, 2022년 대비 11.7% 상승했다. 이는 2022년 6.5% 상승률의 거의 두 배에 달하며, 전체 소비자 물가 상승률과 비교하면 3.3배나 높은 수치다.[84]

공중목욕탕과 찜질방은 전기와 가스 같은 연료비에 크게 의존하는 업종이다. 전기나 가스 요금이 오르면 자연스럽게 이용료도 상승한다. 목욕객의 수가 적어도 전기와 가스 사용량을 줄일 수는 없다. 방문객 수에 상관없이 탕과 샤워실을 계속 따뜻하게 유지해야 하기 때문이다. 따라서 연료비가 상승하면 공중목욕탕 운영은 더욱 어려워진다. 2022년에 발발한 러시아-우크라이나 전쟁으로 인해 전 세계적으로 에너지 비용이 급등했다. 2023년 6월의 전기, 가스, 수도 요금은 1년 전에 비해 25.9% 상승했다. 특히 목욕탕 운영에 큰 영향을 미치는 가스 요금은 2024년 8월 1일 기준으로 MJ당 6.7%, 즉 130원 인상된 20.8018원을 기록해서 큰 부담을 주고 있다.[85]

2020년대를 살아가는 사람들은 비싼 돈을 내고 일반적인 공중목욕탕에 갈 필요성을 느끼지 않는다. 집에서 쉽게 샤워를 즐기는 것이 일상이 되었기 때문이다. 공중목욕탕을 찾는 이의 수는 점점 줄어들고 있고 태어나서 한 번도 방문해 보지 못한 사람도 있다. 운영비는 오르는데 손님은 줄어든다. 점점 더 많은 공중목욕탕이 문을 닫는다. 공중목욕탕의 소멸은 필연적인 일일까?

사람들에게 목욕은 생활의 필수적인 부분이다. 그렇지만 상하수도와 도시가스의 보급률은 100%가 아니다. 고시원이나 쪽방 거주자, 하다못해 일시적인 단전·단수로 집에서 목욕할 수 없는 사람에게 공중목욕탕은 중요한 위생 유지 수단이다.

50년 전에 목욕료는 '준 공익성 있는 요금'으로 인식되었다. 찬 바람이 부는 계절에 따뜻한 물로 목욕을 할 수 있는 시스템은 사회적으로 모두에게 제공되어야 한다. 우리 사회에는 저렴한 비용으로 목욕할 수 있는 공중목욕탕이 여전히 필요하다.

4

이 수건은
훔친 수건입니다

공중목욕탕 이용 예절

어느 주말 아침, 공중목욕탕 문이 열리고 모락모락 피어오르는 수증기 사이로 같은 반 친구가 손을 흔든다. 반가운 마음에 탕 속으로 뛰어들려 하지만 곧 엄마에게 목덜미를 잡히고 만다.

"씻고 들어가야지." 엄마의 말에 따라 온몸에 비누를 바르고 머리까지 깨끗이 감은 후에야 탕으로 들어간다. 그러나 친구는 그새 때를 밀러 가고 없다. 혼자 탕에 앉아 시무룩해지는 순간, 또 다른 친구가 몸을 씻고 들어온다.

첨벙첨벙, 철썩. 짧은 다리로 물장구를 치며 물을 튀긴다. 수영장에서 헤엄치는 것 같지만 사실은 바닥을 짚고 있는 것이 전부다. 숨 참기 게임을 하다가 옆에 앉은 동네 아주머니에게 잔소리를 듣고 만다. 주의를 받아도 잠시뿐이다. 아이들은 금세 다시 시끄러워지고 결국 엄마에게 끌려나와 때 밀기 벌을 받으러 간다.

이런 장면이 어린 시절 공중목욕탕을 경험한 세대에게는 따뜻한 추억으로 남아 있을 수 있다. 그러나 그 당시 어른들에게는 그리 아름다운 장면만은 아니었을 것이다. 따뜻한 물속에서 여유롭게 피로를 풀고 싶었는데 옆에서 아이들이 소란을 피운다. 유쾌하지만은 않았을 것이다.

불특정 다수가 위생을 위해 모이는 곳이 바로 공중목욕탕이다. 몸에 걸친 것 없이 들어가는 탕 안에서는 사람의 민낯이 낱낱이 드러난다. 빈부와 신분, 배경, 가치관도 알 수 없다. 이렇게 서로 다른 사람들이 모이기 때문에 갈등을 방지하기 위한 암묵적인 규칙들이 중요해진다.

공중목욕탕은 문화적 마찰의 장소였다. 일본인이 운영하는 목욕탕에서는 조선 사람들이 목욕 예절에 익숙하지 않다는 이유로 입장을 거부하거나 쫓아내기 일쑤였다. 1926년에《중외일보》는 목욕탕 이용 시 주의해야 할 사항들을 소개했다. 옷을 벗고 바로 탕에 뛰어들지 말 것, 탕 속에서 때를 밀지 말 것, 아이를 데리고 갔다면 먼저 씻겨서 내보내고, 아이가 물을 마시거나 소란을 피우지 않도록 주의를 줄 것, 그렇다고 소리 지르거나 때려서 아이를 울리지 말 것 등이 그 내용이다. 그리고 이러한 것들을 '공중 생활'의 예의라고 소개한다.[86]《동아일보》역시 '목욕탕 내의 공덕심公德心', 공중도덕의 중요성을 강조하며 목욕

탕 이용 시 주의할 점에 대해 이틀 동안 기사를 게재했다.[87][88]

공중목욕탕에서 지켜야 하는 이용 예절은 무엇일까? 목욕 전 몸을 깨끗이 씻고 머리를 감는 것은 필수다. 탕 안에서는 때를 밀지 말아야 하며, 몸에 물을 끼얹을 때는 주변 사람에게 물이 튀지 않도록 주의해야 한다. 또한 긴 머리는 물에 닿지 않게 묶어야 한다. 이러한 이용 예절은 1920년대 신문에서도 언급된 바 있다.

공중목욕탕 연구를 진행하면서 주인들에게 공중목욕탕 이용 예절을 물어보았다. 예상보다 훨씬 많고 다양한 종류의 답변이 되돌아왔다. 목욕 문화가 일상에 자리 잡으면서 개인의 신체 관리를 위해 할 수 있는 일의 가짓수가 늘어났기 때문에 이와 관련한 예절도 증가했다.

목욕탕 곳곳에는 주의 사항이 표어처럼 붙어 있다. '남의 물건에 손대지 말 것', '옷을 펄럭이며 먼지 털지 말 것', '염색 금지' 등의 문구는 자주 볼 수 있다. '요구르트를 바르고 탈의실에 나오지 마시오' 같은 특색 있는 주의 사항도 보인다. 피부 관리에 좋다 해서 요구르트를 얼굴과 몸에 바르는 사람들 때문에 생긴 규칙이다.

피부 미용에 대한 관심이 높아지면서 공중목욕탕에서도 다양한 팩을 사용하는 것이 일반적인 일이 되었다. 목욕관리사의 메뉴판에는 '해초 마사지', '오이 마사지' 같은 항목도 등장했다. 요구르트를 바르고 탈의실에 나오지 말라는 해당 목욕탕의 요구는 관대한 편이었다. 얼굴에 팩을 올린 채 탕에 들어가는 것도 금기 사항이고, 규칙이 엄격한 공중목욕탕은 생달걀, 한약재 등 냄새가 나는 팩의 사용을 자제해 달라고 요청했다.

　이용 예절은 탕 안에서도 까다롭게 적용된다. 탕 안에서 양치하거나 거품을 내어 세수하고, 면도하는 것도 금지되어 있다. 고요히 앉아 몸만 불리는 것이 예의로 여겨진다. 사우나에서도 마찬가지다. 벌거벗은 채 누워 있거나 손발톱을 깎는 행위, 발의 각질을 제거하는 것은 타인에게 불쾌감을 줄 수 있다. 머리카락이 빠지지 않도록 수건으로 감싸거나 끈으로 묶은 후, 사우나에서 나와 몸에 물을 끼얹어 땀을 씻어야 한다.

　지켜야 할 것은 이 외에도 많다. 속옷을 빨지 말 것, 물이 넘치도록 수도를 틀어놓지 말 것, 자신이 쓴 바가지나 세숫대야는 제자리에 돌려놓을 것 등이다. 목욕이 끝난 후에는 몸을 잘 닦고 미끌거리는 바닥에서 아이들이 뛰어다니지 않도록 주의해야 한다. 드라이기로는 머리카락만 말리고, 드라마를 보느라 영업 시간이 끝나도 나가지 않는 일이 없어야 한다. 집에서 가져온 음식을 서로 나눠 먹는 것도 곤란하다. 고온 다습한 환경이라 자칫 바퀴벌레가 생길 수도 있다. 남탕에서는 술을 마시고 들어가지 말라는 경고도 자주 눈에 띈다. 스마트폰 사용, 특히 영상통화는 범죄로 간주될 수 있으므로 주의해야 한다.

　공중목욕탕 이용 예절을 나열해 보니 목록이 끝없이 늘어난다. 많은 주의 사항은 어쩌면 그 모든 일들이 한 번쯤은 벌어졌다는 증거일지도 모른다. 그렇지만 지금까지 언급한 규칙들은 그저 이용자와 주인의 눈살을 찌푸리게 하는 수준이지, 법적으로 문제가 되는 것은 아니다.

공중목욕탕 내 다양한 경고 문구

공중목욕탕에서는 범법 행위도 종종 발생한다. 특히 도난 사고가 그러하다. 대학교 입학 오리엔테이션 때, 타지에서 온 한 동기가 찜질방에서 잠든 사이 지갑과 핸드폰을 도둑맞았다고 하소연했다. 그 동기는 아직 자취방을 구하지 못해 찜질방에서 임시로 생활하고 있었는데, 따뜻하게 목욕을 하고 나서 편안하게 잠이 들었다가 불행한 사건을 겪은 것이다. 도둑은 잠든 동기의 손목에서 사물함 열쇠를 훔쳐 옷가지를 제외한 모든 소지품을 가져갔다.

이런 도난 사고는 오늘날에만 있는 일이 아니다. 1901년에도 공중목욕탕에 도둑이 들어 탕건을 훔쳐 간 사건이 보도되었다.[89] 탈의실 도둑은 공중목욕탕의 등장과 동시에 나타났다. 뜨거운 물속으로 들어가기 위해서는 부자든 가난한 사람이든, 예외 없이 자신의 소지품을 벗어 사물함에 보관해야 했다. 시계, 금목걸이, 현금, 예금 통장 등 귀중품도 들고 들어갈 수 없다.

1968년 서울 명동의 남양탕에서 한 도둑이 붙잡혔다. 당시 겨우 17세였던 이 도둑은 피해자의 속옷 한 벌만 남기고 옷, 시계, 금목걸이, 안경, 예금통장을 훔쳐 달아났다가 경찰에 붙잡혔다. 피해자의 항의에 목욕탕 주인은 "왜 귀중품을 따로 맡기지 않았느냐"며 오히려 화를 냈다. 공중목욕탕 종업원과 도둑이 한패가 되는 일도 있었다. 같은 해 명동탕의 한 종업원은 피해자에게 물품 보관함의 표를 빼돌렸고, 피해자는 옷과 보증수표, 예금 통장 등 70만 원 상당의 재산을 도난당했다.[90][91]

도난으로 인한 법적 분쟁도 발생했다. 1968년에는 서울 용산구의 용산탕에서 한 방문객이 3번 옷장에 넣어둔 파카 외투와 양복 등 3만 7,220원 상당의 의류를 도난당했다. 피해자는 목욕탕 주인에게 손해배상 청구 소송을 제기했고, 결과적으로 원고 승소로 결론 났다. 서울민사지법은 "목욕탕 내에서 발생한 도난 사건에 대해 목욕탕 주인은 피해를 손님에게 보상해 주어야 한다"면서 "목욕탕 주인은 옷장 속에 넣어 둔 손님의 의복 등에 관리자로서 의무를 다할 책임이 있으며 손님에게 열쇠를 내주는 것으로 보관 책임이 끝났다고는 볼 수 없다"라고 원고 승소 판결 이유를 밝혔다.[92]

고도로 기술이 발달한 시대에도 공중목욕탕에 결단코 적용할 수 없는 기술이 있다. 감시카메라다. 탈의실이나 욕실 내부처럼 사람들이 알몸으로 오가는 곳에 감시카메라를 설치하면 인권 침해 문제가 발생할 것이다. 목욕탕이나 찜질방, 피트니스 센터의 탈의실에서 발생하는 도난 사고의 범인을 찾기가 매우 어려운 이유다.

공중목욕탕의 입구와 카운터에는 '귀중품은 카운터에 맡겨주세요'라는 빨간색 문구가 붙어 있다. 도난 사건에 대한 보상 책임이 목욕탕 주인에게 있다는 판결이 내려진 만큼, 업주도 도난을 방지하기 위해 최선을 다한다는 상징이다.

공중목욕탕에서의 도난 사건은 그뿐만이 아니었다. 절도범이 목욕객의 금품을 훔치는 일이 있는가 하면, 목욕객이 목욕탕의 물품을 가져가는 경우도 있었다.

어린 시절에는 목욕탕에 들어갈 때마다 사람 한 사람당 수건을 세

장씩 챙기곤 했다. 하나는 깔고 앉을 것, 하나는 머리를 닦을 것, 그리고 마지막 하나는 몸을 닦을 것이다. 거의 20년 만에 목욕탕을 다시 찾았을 때도, 무의식중에 수건 세 장을 챙겨갔다. 카운터에서 돈을 지불하고 탈의실로 들어가려는데 주인이 말했다. "수건은 두 장씩 가져가세요." 이미 가져온 수건이지만 호기심에 챙겨서 들어갔다. 그 수건에는 "이것은 훔친 수건입니다"라는 문구가 적혀 있었다.

공중목욕탕 연구를 하며 여러 지역의 목욕탕을 방문했다. 다양한 도난 경고 문구를 목격했다. '훔친 수건', '훔쳐 가지 마시오', '도난과 정직은 수건 한 장 차이입니다' 등의 문구가 수건에 적혀 있었다. 혹시나 해서 남탕 문 앞에 쌓인 수건을 슬쩍 보았다. 그 수건에도 같은 문구가 적혀 있었다. 다만 잘 건조된 샤워 타월도 함께 놓여 있었다.

도시 괴담처럼 떠도는 이야기, '집에서 사용하려고 훔쳐 가는 여성들이 많아서 여탕에는 수건을 두지 않는다'는 말이 떠올랐다.[93] 정말로 여탕에서 수건 도난이 더 빈번하게 일어날까? 주인에게 물어보니 수건 도난이 일어나는 빈도는 남탕이나 여탕이나 비슷하다고 한다. 여탕에 들어갈 때 수건을 두 장만 가져가라고 하는 이유는 사용량을 조절하기 위함이었다. 여성들이 긴 머리카락 때문에 수건을 남성보다 더 많이 사용하는 경우가 많아 세탁해 둔 수건이 부족해질 수 있기 때문이었다. 2000년에는 대통령 직속 여성특별위원회에 남탕 이용객에게는 수건을 제공하면서 여탕 이용객에게는 제공하지 않는 것이 성차별이라며 차별 시정이 들어온 일도 있었다.[94]

그렇게 받은 수건을 만지작거리던 중, 끄트머리에서 작고 딱딱한 것이 손끝에 걸렸다. 자세히 살펴보니 성인 엄지보다 조금 작고 납작한 물체를 박음질해 놓았다. 궁금증을 참지 못하고 탈의실 안의 직원에게 무엇인지 물어보았다. 도난 방지용 RFID 태그였다. 탈의실 입구에는 도서관이나 의류 매장에서 볼 법한 보안 장치가 설치되어 있었다. 이 장치 덕분에 수건을 몰래 가져가려는 시도는 문 앞에서 '삐-'하는 경보음과 함께 즉시 들통나고 말 것이다. 도난 방지 효과는 명백해 보인다. 소매로 구입할 경우 개당 약 360원이며, 가운이나 수건에는 손바느질로 부착한다. 도난을 방지하기에는 가장 확실하겠지만 아무래도 번거롭다.

이러한 상황을 고려해볼 때, 수건을 들고 나가는 순간 자신이 도둑놈임을 증명하는 '훔친 수건' 문구도 좋은 전략 같다. 완벽한 해결책은 아니지만, 최소한 '훔친 수건'이라는 문구 하나가 이용객의 도덕적 각성을 일깨우는 경종이 되어줄 수는 있을 것이다.

5

유흥과 사치의
공간이 되다

강남 개발과 고급 사우나

한국 전쟁 후 도시화가 급속도로 진행되면서, 일제 강점기에 한번 확장된 서울은 1960년대 중반에 다시금 포화 상태에 이르렀다. 인구는 계속해서 유입되는데, 주택은 턱없이 부족했다. 주거지를 찾지 못한 이들은 무허가 판자촌을 세우며 도시 빈민으로 전락했다. 교통, 환경 등 도시 문제가 끊임없이 이어지자 강북에 밀집된 인구와 시설을 어딘가로 분산시켜야 했다. 서울시는 1963년 행정구역 개편을 통해 강남을 서울에 편입하고, 농지가 대부분이던 강남의 개발을 추진했다.

정부는 서울 강남 개발을 전폭적으로 지원했다. 강북과 강남을 잇는 교통을 확충하는 것은 기본이고, 중구와 종로구 일대는 재개발 지구로 지정해 일반 건축물의 신축, 개축, 증축을 금지했다.[95] 특히 양택식 서울시장은 1972년 사치 낭비 풍조를 막고 도심지 인구 과밀을 억제하기 위해 신규 업종 허가 제한을 실시했다. 도심뿐만 아니라 일반지역에서도 카바레, 나이트클럽, 바, 요정, 다방, 주점(50평 이상) 등 여섯개 식품 위생 업종과 호텔, 여관, 한증탕 등 세 개 환경 위생 업종의 신규 허가를 억제하고, 장소 이전도 호텔과 여관을 제외하고 모두 금지했다.[96]

유흥 시설을 세울 수 있는 곳은 인구의 외각 지역 분산을 위해 개발 중인 강남과 여의도 상업 지구였다. 서울시의 개발 억제 정책으로 인해 타격을 받은 유흥업소들은 규제도 없고 세금도 감면해 주는 강남으로 이전했다. 영등포 동쪽, 영동이라 불렸던 강남 일대는 유흥 산업이 발달하며 지금까지도 향락 산업의 중심지로 자리 잡았다.[97]

유흥업소뿐만 아니라 인구도 분산되었다. 1976년 「도시 계획법 시행령」의 개정으로 아파트 지구 제도가 도입되면서, 1970년부터 1980년 사이 강남, 서초, 송파, 강동에 건설된 아파트는 서울시 전체 아파트 건설 물량의 58%를 차지했다. 그 유명한 압구정 현대 아파트도 이 시기에 지어졌다.[98] [99]

사람들이 모인 곳에는 자연스럽게 공중목욕탕도 생겨났다. 1977년 강남 지역에 공중목욕탕 건립을 위한 거리 제한 규정이 완화되었다. 원칙적으로 공중목욕탕 사이의 거리는 500m 이상이어야 했으나, 서민 아파트가 밀집한 지역이나, 고속도로나 철길이 가로질러 사실상

별개의 주거 단위를 형성한 지역, 그리고 공장 직공이 많이 모여 있는 지역에서는 이러한 제한이 완화되어 신규 개업이 가능했다.[100]

이 완화된 규정 덕분에 서울 강남에서는 공중목욕탕 수가 급격히 증가했다. 1975년부터 1989년 사이에 종로구의 목욕탕은 19곳이 증가한 반면, 강남구에서는 무려 82곳이 증가했다.[101] 거기에 더해 강북에서 허가받지 못한 유흥업소들이 강남으로 몰리면서, 강남 지역은 특유의 고급 사우나탕 문화를 발전시켰다.

서울의 강남 개발은 공중목욕탕 지형도에도 변화를 불러왔다. 고급 사우나가 한강을 따라 번창하면서, 강남은 청담동, 압구정동, 신사동 등에, 강북은 마포대교와 양화대교 사이에 대형 목욕탕이 들어섰다. 한증막은 북가좌동의 모래내 쪽이나 외곽의 안양에서 유명했다.[102]

강북에 세워진 공중목욕탕은 대부분 개인이나 가족이 운영하는 사업의 성격이 강했으나, 강남에서는 대형화되고 기업화된 고급 사우나가 주목을 받았다. 이런 사우나들은 호텔의 부대사업으로도 큰 인기를 얻었다.[103][104] 고급 미용실은 1층에, 사우나와 목욕탕, 세신실, 물품 보관실, 파우더룸 등의 목욕 부대시설은 2층에, 레스토랑과 피부 관리, 스포츠 마사지, 찜질방은 3층에 위치했다. 피트니스 센터와 필라테스 강의실은 4층에, 휴게실과 명상실은 5층에 마련되어 있었다. 이렇게 다양한 편의시설이 추가되며 한 건물 안에서 거의 모든 형태의 여가 생활을 즐길 수 있게 되었고, 목욕탕의 기능은 단순한 목욕에서 미용, 유흥까지 확장되었다. 심지어 사업 모임을 개최하는 장소로도 활용되었다.

고급 사우나의 탕 종류도 점점 다양해졌다. 한증은 기본이고, 원적외선 사우나, 게르마늄 성분을 사용한 바닥재를 깔아 만든 게르마늄방, 쑥이나 한약재를 넣어 훈증좌욕하는 쑥탕, 그리고 라돈가스를 물에 녹인 라돈탕까지 고급 사우나에서는 다양한 옵션을 제공했다. 같은 건물 안에서도 A급 사우나실과 좀 더 저렴한 B급 사우나실로 구분해 운영하기도 했다.[105]

고급 사우나 입장료는 일반 공중목욕탕보다 월등히 높았다. 1979년에 공중목욕탕의 성인 목욕값이 400원일 때, 사우나는 1,000원을 받았다.[106] 하지만 이는 공식적으로 신고된 가격이며, 실제로는 그보다 더 높은 가격이 책정되었다.

고급 사우나는 고속 경제성장의 그늘, 사치, 과소비, 퇴폐 풍조와 결합해 비판의 대상이 되었다. 1984년《매일경제》는 대낮에 사우나를 즐기는 중년 여성들의 모습을 보도하며 비판했다. 이들은 서너 명이 짝을 지어 아침부터 사우나로 향했고, 하루 종일 목욕과 휴식을 번갈아 하며 점심과 간식을 먹었다. 팁을 포함해 하루에 15만 원을 소비했다. 기사는 월 10만 원 이하를 버는 저임금 근로자가 많은 우리 사회에서 위화감을 느끼는 서민들의 눈길 또한 있다는 것을 생각하라며 일침을 놓는다.[107]

밀크탕, 오렌지탕, 쑥탕과 같은 다양한 목욕 시설을 갖춘 이곳에서는 사치스러운 서비스가 행해졌다. 손님은 목욕부터 전신 마사지, 매니큐어, 머리 세팅까지 원스톱으로 제공받았다. 때로는 불법 고용된

삼풍 신사숙녀 사우나 홍보 성냥갑

남성 안마사에게 퇴폐적인 마사지 서비스를 받거나 도박판이 벌어지기도 했다.[108 109]

　남성 전용 공중목욕탕의 퇴폐 영업 문제는 더욱 심각했다. 1960년대 초 법적 제재가 없다는 맹점을 이용해 몇몇 한증탕에서는 여성 입욕 보조원을 두고 음란 행위나 성매매가 이루어졌다. 사우나 내에 이성 입욕 보조원이 출입하는 것은 불법임에도 불구하고, 1970년대부터 1980년대에 이르는 동안 공중목욕탕에서의 성매매는 암암리에 퍼져나갔다.[110 111 112]

　밀실을 설치해 도박이나 성매매 등 불법 행위를 자행하는 호텔 사우나도 있었다. 1991년에는 서울시가 서울 시내 관광호텔의 한증탕, 사우나탕 등 92개 업소를 대대적으로 단속했고 그중 29개 업소가 밀실 설치와 도박, 퇴폐 행위로 적발되었다. 적발된 한 호텔은 시각장애인 대신 일반 여성 종업원을 안마 보조원으로 고용하고, 밀실을 아홉 개나 설치해 35일간 영업정지 처분을 받았다.[113]

강남 지역의 모든 고급 사우나가 퇴폐 영업을 한 것은 아니다. 하지만 1988년 당시 도시 근로자의 평균 임금이 63만 1,450원이고 일반 공중목욕탕 이용료가 1,500원이었던 상황에서, 그 20배가 넘는 2만 9,000원을 주고 들어가는 강남의 고급 사우나는 서민들로부터 질시를 받을 수밖에 없었다.[114]

6

집 같지만
집 아닌 장소

한국인과 찜질방

드넓은 마루에 사람들이 삼삼오오 모여 앉았다. 밖은 추운 겨울인데도 이곳에서는 반소매에 반바지 차림이다. 머리에 수건을 두르고, 식혜를 마시며 계란을 까먹는다. 어떤 이는 한 팔을 머리에 괴고 누워 배를 긁적이기도 한다. 아이들은 신이 나서 주변을 뛰어다닌다.

집 안방에서나 볼 법한 편안함이다. 옆에 낯선 사람이 있어도 신경 쓰지 않는다. 찜질방에서 나눠준 찜질복을 입으면 자신은 익명 속에 사라진다. 집에 있을 때처럼 편안하게 굴어도 되며, 같은 공간에 있는 다른 사람이 무엇을 하든 신경 쓸 필요가 없다. 타인도 나를 신경 쓰지 않는다. 찜질방의 암묵적인 규칙이다.

찜질은 유구한 한국의 전통 문화이다. 아궁이에 불을 지펴 뜨거워진 바닥에 등을 대고 눕는 것부터, 한증막 안에 솔잎을 깔고 즐기는 한증, 바닷가에서 하는 모래찜질까지 모두 찜질의 일환이다. 추운 날씨에 몸살 기운이 돌 때 '좀 지져야겠다'는 말이 절로 나오는 것도, 그만큼 뜨거운 방바닥이 한국인의 유전자 속에 깊숙이 자리 잡고 있기 때문일지 모른다.

찜질방은 일종의 사우나 시설로, 뜨거운 바닥에서 땀을 흘리며 찜질을 즐길 수 있는 공간이다. 이곳은 탈의실과 샤워 시설을 갖추고 있으며, 온도에 따라 다양한 크기의 방들이 마련되어 여러 사람이 함께 이용할 수 있다.

출현한 그 순간부터 찜질방은 유행이 예정되어 있었다. 1993년 부산에서 등장한 이후 2년 만에 전국 700곳으로 늘어났다. 처음에는 '불가마 체험실'이라 해서 찜질을 할 수 있는 방만 있었다. 서울에는 1994년 10월 강남 압구정동에 첫 발을 디뎠다.[115]

찜질방의 초기에 주요 이용 고객은 가정주부들이었다. "아파트에 살다 보니 허리, 팔, 다리가 쑤셔도 집에서는 뜨끈하게 지질 곳이 없어 자주 오게 된다", "뜨끈한 아랫목에서 몇 시간 정도 누워 있다 보면 여기저기 쑤시던 곳이 말짱하게 낫는 기분"이라며 입소문을 탄 찜질방은 상륙 4개월 만에 150곳 이상이 개업했다.[116] 법규를 제정하는 속도보다 찜질방 확산 속도가 더 빨랐다. 1995년 7월이 되어서야 찜질방은 목욕업으로 규정되었다.[117]

1997년 외환위기 이후 찜질방은 급격히 증가했고, 2000년대 초반에 이르면 목욕 시설을 흡수하며 더욱 대형화되었다. 전통적인 한증을 포함해 피트니스 센터, 만화방, 노래방, 미용실, 네일샵 등 다양한 시설을 흡수해 복합 레저 시설로 거듭났다. 고대 로마의 황제가 세운 목욕탕, 테르마이와 다를 게 없었다. 우리에게 익숙한 찜질방의 형태는 이때 완성되었다.

찜질방이 한국 사회에서 큰 인기를 얻은 비결은 무엇일까? 1995년 신문 기사에서 한 여성은 "여성들의 경우 마땅한 쉼터가 없었으나 찜질방은 5,000원만 내면 내 집 안방처럼 편안히 누워 쉴 수 있어서 좋다"라고 말했다.[118] 찜질방은 사우나보다 온도가 낮고, 목욕탕처럼 옷을 완전히 벗을 필요도 없다. 화장을 하거나 머리를 만질 필요 없이, 옛날 온돌방의 아랫목처럼 따뜻하게 몸을 녹이며 도란도란 이야기를 나누면 된다. 게다가 집처럼 밤새도록 휴식을 취할 수 있다. 누구든 어떤 자세로 누워 있어도 주위 사람들은 그저 못 본 척 지나간다. 내 집 안방의 아랫목 같은 편안함을 제공하는 곳, 그곳이 바로 찜질방이다.

찜질방은 노래방이나 피시방과 같은 '방' 문화와 공중목욕탕이 결합해 탄생한 한국만의 독특한 공간이다. '방' 문화는 전화방, 비디오방, 노래방 등 1990년대를 전후로 해 일본에서 부산을 거쳐 전국으로 퍼진 '방' 산업과 함께 등장했다. 한국 사람들은 새롭게 생겨난 방에 친구, 회사, 동료 가족과 함께 방문했다. 혼자가 아니라 끼리끼리 방에 방문해 함께 즐기는 방문화를 발달시켰다. '방'은 소집단주의적 공간

으로 자리잡았다.[119 120]

쪔질하고 목욕하는 사적인 공간이 '방'이 되었다. 평소 밖에서는 드러내놓고 할 수 없었던 행동도 방 안에서는 할 수 있다. 방 안에 함께 있는 사람들은 이미 다 아는 사이이기 때문에 격식에 얽매일 필요도 부담도 없다. 쪔질방은 자신들의 집 안에 있는 방을 옮겨 온 또 다른 '방', 타인을 부담 없이 초대할 수 있는 '방'이기 때문에 인기를 얻었다.

그렇지만 쪔질방에 아는 사람만 있는 것은 아니다. 낯선 사람들과도 함께 시간을 보내야 한다. 공동으로 땀을 흘리고 방바닥에서 뒹굴어야 하지만, 쪔질방에서 제공하는 쪔질복을 입으면 그 어색함이 사라진다. 방 안에서 마주친 낯선 이들도 같은 목적으로 쪔질방을 찾았기에 서로 신경 쓰지 않는다. 쪔질을 하며 시간을 보내는 동안에 방에서 벌어진 일은 방에 있었던 사람들만의 비밀이 된다.[121]

역으로 생각하면, 쪔질방에서 같이 시간을 보내면 서로 친밀함을 느끼는 사이가 된다고도 볼 수 있다. 그 때문에 쪔질방은 단순한 휴식 공간을 넘어서 연인들의 데이트 장소나 회사의 회식 후 뒤풀이 장소, 심지어는 직원들의 단합을 다지는 연수 장소로도 활용되었다. 한국 드라마에 쪔질방에서의 진솔한 대화 장면이 자주 등장하는 것은 괜한 클리셰가 아니다.

쪔질방을 가장 자주 찾는 집단은 가족이다. 설, 추석처럼 온 가족이 모이는 명절을 치른 뒤에는 음식을 장만하고 운전으로 지친 몸의 피로를 풀러 다 같이 쪔질방에 가기도 한다. 쪔질방이 갓난아기부터

서울시 강서구 내 어느 찜질방의 푸드코트

노인까지 모든 연령대의 욕구를 충족시키는 만능 공간이기 때문에 가능했던 일이다. 찜질방 안에서는 몸을 깨끗이 씻은 후 영화를 보거나 노래를 부를 수 있다. 컴퓨터 게임이나 탁구를 할 수도 있고 만화책을 읽을 수도 있다. 피곤하다면 안마의자에서 휴식을 취해도 된다. 아이들을 위한 놀이터는 물론, 배가 고프면 맥반석 계란, 식혜, 수정과 같은 음식을 사 먹으면 된다. 대형 찜질방에서는 떡볶이나 순대 같은 분식부터 피자나 치킨, 미역국, 삼계탕 등을 팔기도 한다.

찜질방은 입장료만 내면 한 공간 안에서 여러 가지를 다 해결할 수 있다. 식사 따로, 커피 따로, 영화 따로. 목적에 따라 징검다리를 건너듯 공간을 옮겨 다닐 필요가 없다. 원래의 목적대로 청결과 건강을 챙기는 것은 물론이고 레스토랑이나 영화관에서는 상상도 못 할 편안함으로 방바닥에 드러눕는 것도 가능하다.

편안함으로만 따지면 집이 가장 편할지도 모른다. 그러나 집이 아니라 굳이 돈을 주고 찜질방을 찾는 데에는 이유가 있다. 집에서 이처럼 목욕하고 찜질하고 먹고 마셨을 때 필연적으로 발생하는 가사 노동이 찜질방에서는 종업원의 몫으로 넘어간다. 욕실 청소, 빨래, 요리하기, 음식물 쓰레기 치우기 등의 가사 노동은 찜질방 입장료에 포함되어 있어 모두가 가사 노동에서 자유로운 시간을 보낼 수 있다. 초기 인기 고객이 가정주부였던 것은 이러한 이유에서다. 찜질방은 말 그대로 가사 노동이 없는 또 다른 '집'이다.

그러나 아무리 찜질방이 편하다 해도, 그곳이 진짜 집이 될 수는 없다. 모두가 같은 찜질복을 입고 있어도, 주변에 늘 낯선 사람들이 존재한다는 사실을 완전히 무시하기는 어렵다. 사람들은 찜질방에서 생활하지 않는다. 휴식을 마친 후에는 미련 없이 자신의 진짜 집으로 돌아가야 한다.

한때 호황을 누렸던 찜질방 산업이 이제는 점차 사양길을 걷고 있다. 요즘은 끼리끼리 모이는 문화도 많이 사라졌다. 2인 가족이나 1인 가족이 증가했고 혼자 있는 것을 선호하는 사람들도 늘어났다. 회사 동호회 활동이나 회식도 줄어들었고, 회식 후에 찜질방에 가자고 제안한다면 부담감을 느끼는 사람도 많을 것이다.

이런 상황에서 코로나-19가 찜질방 산업에 큰 타격을 주었다. 러시아-우크라이나 전쟁으로 인한 난방비 상승이 여기에 가세했다. 이로 인해 많은 찜질방이 문을 닫았고, 서울의 대표적인 관광명소였던 용산의 드래곤힐 스파도 사실상 폐업했다.

찜질방은 점점 사라지고 있고, 찜질방 방문은 부담스러워졌다. 그렇지만 사람들은 여전히 위생을 유지하면서 가사 노동도 해결할 수 있는 편안한 휴식 공간을 원한다. 집은 아니지만 집과 같은 안락함을 제공하는 곳, 찜질방보다 사적인 공간, 호텔을 찾기 시작했다.

'호캉스'라는 용어는 2005년 도심 속 호텔hotel에서 호강하며 편안하게 휴가vacance를 즐기겠다는 신조어로 처음 등장했다.[122] 서울 시내의 특급 호텔에서 여름 휴가철을 겨냥해 선보인 상품명이었다. 호캉스 서비스의 주요 고객층은 어린 자녀를 동반한 젊은 부부와 연인들이었다. 호텔 내에서 스파, 수영장, 바, 레스토랑 등을 이용할 수 있는 편리함 때문에, 비싼 숙박료를 감당할 수 있는 부유한 계층에게 큰 인기를 얻었다.

여름휴가에 국한되었던 호캉스의 의미는 2015년에 들어서 점차 확장되었다. 이제 호캉스는 계절을 막론하고 명절이나 짧은 주말까지 포함해 호텔에서 여가를 보내는 일을 일컫는다. 단순히 젊은 부부나 연인뿐만 아니라, 혼자이거나 동성 친구, 부모님을 모시고 호텔을 찾는 이들도 있다. 고령자나 거동이 불편한 고객이 편하게 목욕할 수 있도록 객실 내에 가족탕을 설치한 호텔도 있다. 가격도 특급 호텔부터 방만 빌려주는 모텔까지 천차만별이다. 물론 찜질방보다는 비싸다.

사람들이 호캉스에서 추구하는 것은 찜질방에서의 경험과 크게 다르지 않다. 호텔은 사우나, 공중목욕탕, 스파, 룸서비스를 제공한다. 고객들은 몸을 깨끗하게 하고 남의 눈치를 보지 않고 혼자서 또는 친밀한 사람들과 편안하게 쉬기만 하면 된다. 찜질방에서 암묵적으로 '방'이라 불렸던 공간이 호텔에서는 객실이라는 실제의 '방'으로 변모했다.

호캉스는 가사 노동으로 인한 감정적, 물리적 부담과 타인의 시선을 모두 피할 수 있는 최적의 피난처이자, 스스로 선택한, 내 사람과만 함께하는 새로운 방 문화로 자리 잡았다. 앞으로 10년 후 한국의 목욕 문화에 대해 다시 글을 쓴다면, 그때는 호캉스의 변화를 한 챕터로 덧붙여야 할지도 모른다.

한국에서는 찜질방이 점점 문을 닫고 있는 반면, 해외에서는 오히려 새로운 찜질방이 문을 열고 있다. 이는 주로 해외로 이주한 한국인들의 손에 의해서이다.

특정 민족이 자의나 타의에 의해 기존에 살던 땅을 떠나 다른 곳으로 이주해 정착하는 경우가 있다. 이것을 디아스포라라고 부른다. 한국에서도 이러한 사례가 있다. 일제시기에는 일본으로 건너간 재일교포와 중국에 정착한 조선족, 러시아 연해주로 떠났다가 스탈린의 강제이주로 중앙아시아에 정착한 고려인, 그리고 미국 하와이로 떠난 재미교포들이 있다. 광복 후 1960년대에는 브라질과 파라과이로 농업 이민을 떠난 사람들이 있었고, 1970년대에는 '파견'이라는 이름으로 광부와 간호사들이 독일로 이주했다.

이렇게 고향을 떠난 한국인들은 새로운 곳에서 삶을 이어가면서도 고향의 문화를 유지했다. 한글을 읽고 쓰는 이민자 2세, 3세가 드물지 않고, 결혼식과 같은 특별한 날에는 한복을 입기도 한다. 한국 음식도 현지 사회에 맞게 변형되어 전파되는데, 러시아의 당근 김치로 변형된 마르코프차Морковча가 대표적인 예이다. 사람이 이동하면 그들의 문화도 따라간다.

전통 음식, 옷, 언어뿐만 아니라 목욕 문화도 한국인들과 함께 해외로 퍼져 나갔다. 특히 미국에는 '한국식 사우나Korean Sauna'라 불리는 찜질방이 세워졌으며, 이제는 한국계 미국인뿐만 아니라 다양한 문화권의 사람들도 즐겨 찾는다.

미국에서 찜질방이 인기를 끌게 된 이유는 무엇일까? 이에 대한 해답을 찾기 위해선 한국인의 미국 이민 역사와 그들이 정착한 환경을 살펴봐야 한다. 조선인들이 중국과 러시아로 이주하기 시작한 것은 구한말과 20세기 초였고, 당시 한반도에는 아직 공중목욕탕 중심의 목욕 문화가 자리 잡기 전이었다. 일본에서는 센토가 보편화되어 있었다.

미국 이민은 시기에 관계없이 꾸준히 이루어졌다. 특히 1970년대 이후 이주한 한국인들은 공중목욕탕을 이용한 경험이 있었고, 기술 이민과 고학력 취업 이민이 절정에 달했던 1990년부터 2010년 사이에 이민 간 한인들은 찜질방 문화에도 익숙했다. 이러한 배경에서 2000년대 초반, 미국에 비교적 늦게 도착한 한국인 이민자들을 대상으로 한 찜질방과 공중목욕탕 사업이 시작되었다.

뉴욕, LA, 댈러스, 애틀랜타 등 한인들이 대거 모여 사는 코리아타운에 찜질방이 등장했다. 2006년 12월 28일 《뉴욕 타임스》가 뉴저지 팰리세이즈 파크에 위치한 '킹스파 사우나'를 소개했다.[123] 2023년에도 문을 열고 있는 킹스파의 간판에는 빨간색 목욕탕 마크와 함께 '불한증막'이라는 한글이 새겨져 있다. 온수탕, 때밀이, 마사지, 수면방, 한증막, 소금실 등 다양한 시설이 갖춰져 있고, 식당에서는 계란, 미역국, 육개장 등의 음식을 판매한다. 안내판과 메뉴판에도 한국어가 크게 적혀 있어 한국의 찜질방을 옮겨 놓은 듯한 느낌을 준다. 여기서 지불하는 것은 원화가 아닌 달러다. 이와 같은 현상은 미국만의 이야기가 아니다. 2000년 이후 한국인의 이주가 시작된 베트남과 중국 베

이징에서도 찜질방과 공중목욕탕이 성업 중이다.[124][125]

맨살로 뜨거운 물에 몸을 담그고 때를 밀며, 같은 옷을 입고 뜨거운 바닥에서 굴러다니는 곳, 우리에게는 익숙한 이 공간이 처음 보는 이들에게도 점점 사랑받고 있다. 2023년 《워싱턴 포스트》가 무더위를 이기는 방법 중 하나로 한국식 찜질방의 '얼음 방'을 소개했다. 40달러를 내면 하루종일 한국식 목욕탕에서 시간을 보낼 수 있으며, 옷을 벗으면 더욱 쉽게 친해질 수 있는 무언가가 있다고 전했다. 특히 한국의 찜질방은 미국 내 문화적 다양성이 증가하고 있다는 사실을 보여주는 증거라고 강조되었다.[126]

2017년 LA 코리아타운의 찜질방은 한국인뿐만 아니라 다양한 국적의 사람들로 북적였다. 《코리아타운 데일리》에 따르면, 주말에는 이용객의 절반 이상이 백인과 히스패닉 등이고, 이들 중 상당수가 때밀이 서비스까지 체험한다고 한다. 오렌지카운티나 더밸리 같은 외곽 지역에서는 타문화의 고객 비율이 70~80%에 달한다.[127] 결혼으로 이민 온 한국인들이 배우자의 손을 잡고 방문하기도 하고, 센토에 익숙한 일본인, 사우나를 즐기는 북유럽 및 러시아 이민자들도 자국의 문화와 유사한 찜질방을 찾는다. 찜질방은 단순한 공중목욕탕을 넘어서 가족 단위의 여가 공간으로 발전하고 있다.

언론과 방송을 통한 소개, 그리고 한류 열풍 역시 외국에서의 찜질방 성업에 크게 기여했다. TBS의 유명 토크쇼 진행자 코난 오브라이언이 LA 코리아타운의 찜질방에서 한국식 목욕 문화를 체험하는 모습이 방송되었다.[128] 베트남과 중국에서는 한국 드라마나 예능 프로그램에서 본 찜질방을 호기심에 찾아오는 현지인들도 많다.[129] 미래에는 러시아에서 당근 김치처럼, 한국 찜질방의 특정 요소를 자기만의 방식으로 변형한 새로운 목욕 문화가 등장할 수도 있다.

전혀 다른 문화적 배경에서 타문화 기반의 사업을 운영하는 것은 결코 간단한 일이 아니다. 2023년 미국 애틀랜타 도라빌에서는 한국식 공중목욕탕 설치를 두고 시 당국과 한국 교민 사이에서 약간의 마찰이 생겼다.[130] [131] [132] [133] 도라빌의 코리아타운은 1980년대 말에 제너럴 모터스의 자동차 공장이 축소되면서 미국인들이 떠난 자리를 도매상을 운영하는 한인 이민자들이 메우면서 형성되었다. '인터내셔널 사우나International Sauna'라는 한국식 공중목욕탕이 있었는데 늘어나는 수요로 인해 '로만 홀리데이Roman Holiday'라는 이름으로 확장하려 했다.

여기서 문제가 발생했다. 사업 허가를 받기 위해선 비상전화, 구명튜브, 다이빙 금지 표지를 설치하고 인명구조 요원을 배치하라는 지시가 내려왔다. 어른들이 주로 이용하는 곳이라 그러한 사고가 거의 벌어질 위험이 거의 없음에도 불구하고 말이다. 이는 관할 카운티에 공중목욕탕에 관한 특별한 허가 코드가 없어서 발생한 문제였다. 담당 공무원들은 안전과 배수 문제에 중점을 둔 수영장 허가 기준을 적용했고, 이로 인해 다른 찜질방들도 수영장으로 허가받아 운영되고 있었다.

코리아타운의 한인들은 한국식 공중목욕탕의 영업을 지지하는 서명 운동을 벌였고 약 300여명의 서명을 받아 시의원에게 의견을 전달했다. 우여곡절 끝에 2023년 9월 로만 홀리데이가 문을 열었다. 특이한 점은 오픈과 함께 한국어로 적힌 '사우나' 간판은 사라졌고 'Roman Holiday', 'Sauna&Wellbeing'이라는 영어 표기만 남았다는 것이다. 목욕탕이 한국식이라는 것을 알 수 있는 유일한 단서는 작은 목욕탕 마크뿐이지만 한국식 목욕탕이 미국 현지 사회에 더욱 깊이 뿌리 내리고 있다는 신호로 볼 수도 있다.

사람이 이주하면 그들의 문화도 함께 따라간다. 때로는 이질적인 문화 요소가 서로 부딪혀 갈등을 일으키기도 하지만, 동시에 정착한 지역의 성장과 발전에 필요한 새로운 동력을 창조하기도 한다. 한국의 공중목욕탕과 찜질방이 미국과 다른 나라로 파고들면서, 이제는 한국인뿐만 아니라 다양한 국적의 사람들이 어울리는 공간으로 자리 잡았다. 실내 경관만 두고 보면 한국의 유명 찜질방과 해외의 찜질방을 구분하기 어려울 정도다.

마찬가지로 한국에도 해외에서 이주해 온 사람들이 존재한다. 이들은 과연 어떤 목욕 문화를 가지고 왔을까? 이들이 자신의 고국에서 가져온 문화 요소는 한국의 목욕 문화와 만나 더욱 독특한 문화를 만들어 낼 것이다.

7

누구나
때가 있다

때밀이와 이태리타월

한국인의 목욕에서 빼놓을 수 없는 특별한 행위가 있다면, 그것은 바로 '때밀이'다. 샤워를 하고 따뜻한 물에 몸을 담그더라도 때를 밀지 않는다면 왠지 목욕을 제대로 한 것 같지 않은 기분이 든다. 아침저녁으로 샤워를 해도, 때때로 때수건으로 몸을 박박 문질러야 직성이 풀리니 때를 미는 것은 한국 목욕 문화의 핵심이라고 할 수 있겠다.

그렇다면 우리는 언제부터 몸에 낀 때를 밀기 시작했을까? 이에 대한 명확한 기원은 알려져 있지 않다. 12세기 서긍이 저술한 『선화봉사고려도경』에 따르면, 고려인들은 중국인들을 때가 많다고 비웃었다. 이는 당시에도 때를 더럽게 여겨 제거하려는 시선과 행위가 존재했음을 시사한다.

　조선 시대에도 사람들이 어느 정도로 때를 밀었는지는 확실하지 않다. 부분적으로 몸을 씻는 문화가 발달했다 보니, 전신을 뜨거운 물에 담가 때를 불리는 행위는 일반적이지 않았을 것이다. 이덕무의『청장관전서靑莊館全書』(1795)에는 "목욕할 때 시중을 드는 이가 아무리 비천하더라도 그로 하여금 때를 밀거나 발을 문지르게 하지 말라"라는 구절이 있다.[134] 이 구절로 조선 시대에도 때를 밀었다고 추정할 수 있지만, 이 책이 주로 양반 계층을 위해 작성된 것을 감안하면 대부분의 백성들에게 때를 미는 행위가 보편적이었다고 보기는 어렵다.

　때밀이는 공중목욕탕이 등장하면서 본격적으로 이루어지기 시작했다. 몸에 낀 때를 제거하기 위해서는 충분한 양의 따뜻한 물과 그 물을 담을 넉넉한 공간이 필요하다. 이 모든 조건을 갖춘 곳이 바로 공중목욕탕이다.

　때밀이는 한국 목욕 문화의 독특한 특징으로 여겨지지만, 사실 다른 문화권에서도 비슷한 방식으로 피부를 깨끗이 하는 목욕법이 존재한다. 이슬람의 하맘에서는 증기로 때를 불리고 양털이나 염소털로 만든 때수건을 사용해 몸을 문지른다. 서양에서는 1830년대에 피부 호흡 이론이 등장하면서 모공을 정기적으로 청소해야 한다는 인식이 퍼지기 시작했다. 이 이론에 따라, 따뜻한 물에 3~10분 정도 몸을 담근 후에는 피부를 문질러 더러움을 제거하는 목욕법이 널리 알려졌다.

　식민지 시대에 지어진 공중목욕탕을 이용했던 한국인들도 이러한 방식을 접하고 받아들였다. 그러나 한국의 경우 극단적이었다. 피부를 씻는 것이 아니라 때를 벅벅 '밀었다'.[135]

　때를 세게 밀어내는 목욕 관행에는 여러 가지 이유가 있을 수 있다. 공중목욕탕이 문명과 미개, 깨끗함과 더러움, 지배와 피지배의 상징적 공간으로 등장했기 때문에, 몸에 낀 때는 제거해야 할 모든 부정적인 것들의 상징으로 여겨졌다. 이광수는 목욕을 두고 "육신의 때뿐만 아니라 정신의 때도 씻어내는 것 같다"라고 말했다.[136]

　이러한 상징적 의미는 지식인들의 사정일 뿐, 서민들에게는 비싼 목욕료 때문에 한 번 목욕탕을 이용할 때 최대한 오랫동안 깨끗함을 유지하고자 하는 실용적인 이유가 더 컸을 것이다. 광복 후에도 목욕료는 여전히 비쌌고 한 번 목욕탕을 방문하면 최소 2주는 다시 방문하지 않는 것이 일반적이었다. 이러한 상황에서는 가능한 한 깨끗하게, 그리고 철저하게 몸을 씻어야만 했다. 그 과정에 비누와 이태리타월이 가세했다.

　비누는 순우리말이다. 조선시대 콩, 팥, 녹두를 맷돌에 갈아 몸을 씻거나 빨래에 비벼서 때를 빼는 데 사용했는데 이것을 '비노'라고 불렀다. 『박통사언해朴通事諺解』(1677)에 실린 예문, "비노 잇나 날을 주어 머리 게라.(비누 있느냐? 나에게 주어 머리 감게 해라.)"이 비누에 대한 최초의 기록으로 알려져 있다. 우리가 현재 사용하는 형태의 비누는 서양에서 들어온 것이라 해서 '양비누', 잿물을 돌처럼 굳혀 만든 것이라 잿물 '감鹼' 자를 써서 '석감'이라 불렀다. 일본에서는 비누를 셋켄せっけん 또는 비누

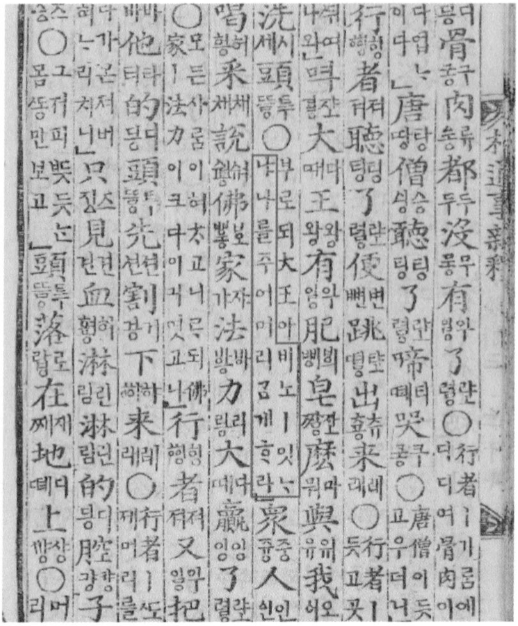

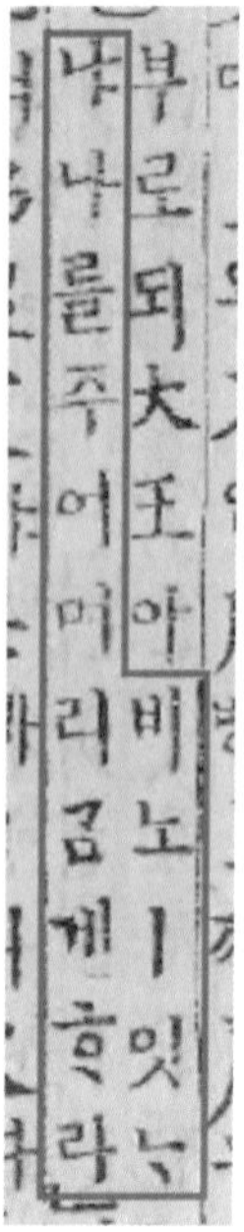

비누에 대한 최초의 기록 ◌ 『박통사언해』, 1677.

의 포르투갈어 '사바우Sabã'의 음차인 '사봉シャボン'으로 불렀다. 한국에서는 사봉을 한국식으로 음차해 '사분'이라고도 불렀다.

조선에 비누를 처음 소개한 이는 프랑스 출신의 선교사, 펠릭스 클레르 리델Féix Clair Ridel(1830~1884)이었다. 그는 1878년에 투옥되었는데, 이때 그의 집을 뒤진 포졸들이 그의 소유물들을 압류해서 사용해 보았다. 그중에는 비누도 포함되어 있었다. 어느 포졸의 열 살 난 아들이 비누의 향내를 맡고는 그것이 떡인 줄 알고 먹었다가 않는 일도 벌어졌다.[137] 비누는 조선 땅에 그다지 친숙하지 않은 신기한 물건으로 처음 인식되었다.

일제 강점기에 들어서자 비누가 시장으로 쏟아져 나왔다. 대부분 일본에서 수입된 제품이었다. 비누라는 물건이 생소했기 때문에 1927년《매일신보》는 비누를 어떻게 골라야 하는지에 대한 기사를 실었다. 기사에 따르면 비누는 지방산과 '아루가리(알칼리)'가 물과 만나 화학 작용을 일으켜 깨끗하게 만드는 물건이며, 혀에 닿았을 때 톡톡 찌르는 맛이 나는 비누는 화장비누(세숫비누)로 적합하지 못하고, 작은 거품을 많이 내고 물에 빠르게 풀리며 얼른 씻기는 비누가 좋은 비누라고 설명했다.[138] 공중목욕탕, 집, 학교에서 비누 사용량이 점차 늘어나면서 1927년에는 세탁비누 제조업이 유망 사업으로 주목받았다.[139] 이후 계림비누,[140] 월성화학,[141] 삼흥상사주식회사,[142] 대륙화학연구소[143] 등 다양한 비누 제조업체가 등장했고, 신문 광고를 통해 자신들의 제품을 알렸다.

3부. 공중목욕탕과 현대 한국 사회

광복 이후에는 미국산 비누와 한국산 비누의 경쟁이 시작되었다. 한국 전쟁으로 인해 비누 공장 대부분이 파괴되었지만, 1954년까지 190여 개의 공장이 재건되었고,[144] 국내 생산만으로도 물량을 공급하기 충분한 수준에 이르렀다. 그럼에도 불구하고 미국 원조 물자로 비누를 계속 공급받아 국내 비누 산업이 위기에 처했다는 보도도 있었다.[145] 이 시기에는 애경유지공업이 미향비누를 출시한 지 한 달 만에 백만 개를 판매하며 큰 인기를 끌었다.[146][147]

비누의 주원료인 우지牛脂, 쇠기름은 한국 전쟁이 끝난 후 미국에서 원조로 들어왔다. 이 우지로 만든 비누에서는 부산물로 글리세린이 나왔고, 이 글리세린으로 치약도 제조할 수 있었다. 1959년에는 락희화학이 이러한 원료를 활용해서 락희유지공업을 설립했다.[148]

1960년을 기점으로 미용 비누 시장에 활기가 돌기 시작했다. 원료는 미국에서 싼값에 들어왔고 제조 공장은 많았다. 잡지, 신문, 라디오, TV 등 다양한 매체를 통해 국산 비누를 광고했고,[149] 당시 유행했던 광고 중에는 반은 흑인, 반은 백인인 캐릭터를 그려 피부가 하얘진다고 홍보하는 것도 있었다.[150] 지금이라면 인종차별적 내용으로 비판받을 내용이다.

1967년에는 《매일경제》는 "하도 종류가 많아서 어떤 것이 좋을지 고르기 어려운 것이 화장비누"라며 뽀뽀, 밍크, 코티 1000번, 실크, 크림 비누와 함께 미군 P.X에서 흘러나온 미국제 화장비누인 다이알, 카메이, 럭스, 도브 등을 소개했다. 국산 비누는 A급이 60~70원, B급이

30~50원, C급이 15~25원이었고, 미국산은 가장 싼 것이 70원, 도브가 120원, 고급인 타브가 400원이었다.[151]

비누 열풍이 불자 한국에 독특한 목욕 도구가 등장했다. 바로 1960년대 말에 발명된 때수건, '이태리타월'이 그 주인공이다. 이태리타월의 발명자에 대한 여러 가지 설이 나돈다.

일각에서는 1962년 고동화라는 인물이 처음으로 만들었다고 주장한다. 다른 한편에서는 1964년 김필곤이 일본 관광객이 온천장에 버린 일본식 때 미는 헝겊, 아카수리垢擦ⁱ)에서 영감을 받아 이태리타월을 발명했다고 이야기한다. 한일직물의 김원조 대표가 실제 개발자라는 말도 있다.[152][153]

이들 세 사람 모두 고인이 되어 이제는 정확한 진실을 가리기 어렵다. 그러나 김필곤이 '목욕용 접찰 장갑', '목욕용 접찰포의 제조 방법', '목욕용 세척포대' 등 여러 목욕 물품 관련 특허를 낸 것은 신문 기록으로 확인할 수 있다.[154][155]

한국 사람이 만든 한국의 발명품에 이탈리아를 붙인 이유는 무엇일까? 이 명칭은 바로 원단 제작 기계에서 유래했다. 이태리타월의 주요 원료인 비스코스 레이온은 나무 섬유소를 가공해서 만들어지는데, 이 원단을 생산하는 기계가 '이태리식 연사기'였다. 이태리타월은 특허 등록과 동시에 상표명이자 고유명사로 자리 잡았다. 특허가 만료된 후에도 다른 회사도 때밀이용 수건을 제작하기 시작했지만, 우리는 여전히 그것을 이태리타월이라 부른다.[156]

제 12회 발명의 날 실용특허상 수상
대한 여론조사 위원회 여론조사결과 우수상 획득

이태리타올
(VISCOSE 100%)

본 제품은 실용신안등록 제 3785호의 등록
제품이니 본 제품을 모방하거나 유사품을 제
작사용, 판매하면 법에의거 처벌을 받게 됩
니다.

(때 베끼는 주머니) 등록상표제17844호

본 타올은 비스코스 섬유로서 특수가공 제품되어 있
어서 힘안들이고 몸의 때를 완전히 베끼고 거칠고 검
은 피부는 사용즉시 부드럽고 윤택이 나며 희게됩니다.

※ 특 징

1. 단 10분이면 몸전체의 때를 깨끗이 베낀다.
2. 기름이 묻은 몸도 이 주머니에 비누칠을 하여 문
   지르면 깨끗이 씻어진다.
3. 어린이들에게도 아프지 않고 쉽게 때를 베낄 수
   있어 특히 좋다.
4. 한장으로서 20회 이상 목욕할 수 있고 또 보통 타
   올 5장과 비누를 절약하므로 매우 경제적이면서
   값이 싸다.
5. 목욕후는 세포노쇠을 방지하고 혈액순환을 증제
   함으로 수일간 상쾌한 기분을 가진다.

※ 사 용 법

1. 비누로서 먼저 몸을 씻은후에 본 주머니속에 보
   통 타올을 짜서 넣어 공과같이 만들어 몸을 문지
   르면 때가 매우 잘 씻어진다.
2. 오래동안 사용키 위하여 쓰신 후 씻어 말려 둔다.
3. 바깥 면이 낡을 때는 뒤집어서 사용하면 새 것과
   같이 오래 쓸 수 있다.

総販
売元

이태리타올 공사
한이직물교역공사

本　　　社：국제사서함 2370호
　　　　　TEL. (23) 6661 (23) 6662
부산事務所：釜山市東區水晶洞 844番地
　　　　　TEL. (42) 9325 (42) 3336
서울販売所：용산 (42) 1231
大邱　〃　：(4) 4086　　光州 (2) 9508
全北　〃　：이리 3204　대전 (2) 5879
(전국 각 목욕탕에서 대 인기리에 판매중) 751125

이태리타올 홍보 전단 ○ 대한민국 역사박물관

이태리타월은 출시되자마자 불티나게 팔려나갔다. 어찌나 인기가 많았는지 모조품까지 나왔다. 1969년 한 장당 30원에 판매하던 이태리타월을 모방해서 장당 28원씩 1,200장을 팔아치운 위조범이 있었다. 그것도 모자라 특허 소유자인 김필곤에게 "까불면 죽인다"며 협박도 했다.[157] 1974년에는 또 다른 사건이 터졌다. 모조품 5만 4,000장을 한 장에 33원씩 전국의 공중목욕탕에 판매한 사람이 특허법 위반으로 구속되었다. 이렇듯 이태리타월은 단순한 목욕 도구를 넘어서 문화 아이콘이 되었다.[158]

1974년 말 이태리타월의 특허권이 만료되자 마치 기다렸다는 듯 수백 개의 업체에서 때밀이 수건을 생산하기 시작했다. 초기에 등장했던 빨간색만 있는 것이 아니라, 녹색, 노란색 등 다양한 색상의 때수건과 손잡이가 달린 등밀이용 이태리타월도 시장에 모습을 드러냈다.[159]

1988년 서울 올림픽을 계기로 이태리타월과 때밀이도 국제 무대에 데뷔전을 치뤘다. 특히 많은 일본인 관광객들이 한국을 방문해서 때밀이를 체험하고 이태리타월을 기념품으로 챙겨 가기도 했다. 1997년에는 롯데호텔, 조선호텔, 캐피탈호텔, 풍전호텔 등의 호텔 부속 공중목욕탕이 외국인 관광객을 위한 때밀이 체험장으로 널리 알려졌다. 때밀이와 마사지를 포함한 풀코스의 가격은 4~5만 원선이었으며, 하루에만도 100명의 외국인이 방문했다.

불결함의 상징이자 제거 대상이었던 때가 관광 상품으로 변모했다. '때밀이 관광'이라는 새로운 상품도 등장했다. 이 코스는 한 시간

관광 상품이 된 이태리타월 ⬤ 서울특별시 중구 회현동, 2023.

반 동안 목욕을 하고, 남대문시장에서 때밀이 타월을 한 묶음씩 구매하는 일정으로 구성되었다. 때를 처음 밀어 보고 놀라는 외국인의 모습이나 자신의 때를 비닐봉지에 담아 기념품으로 가져가는 일화가 신문에 자주 오르내렸다. 지금도 관광객이 많은 남대문시장이나 명동에서는 다양한 때밀이 수건을 판매하는 상인들을 쉽게 볼 수 있다.

위생 담론을 통해 문명과 미개를 가늠하던 서구에서도 이태리타월에 관심을 보였다. 현재 아마존닷컴에서는 '한국 바디 스크럽 각질 제거 천Korean Body Scrub Exfoliating Cloth' 또는 '이태리타월Italy Towel'으로 판매하고 있다. 《타운 앤드 컨트리Town & Country》 같은 미국 잡지에서도 이태리타월과 때밀이 체험기를 소개했다.[160] 유명 방송인이 한국계 배우와 함께 때밀이를 체험하는 영상도 유튜브에서 자주 볼 수 있다.

비누로 몸을 씻고 이태리타월로 피부를 박박 문지르는 목욕법이 한국인에게 일상으로 자리 잡기 시작했다. 그런데 목욕에 관한 또 다른 이야기가 하나둘 등장했다. 목욕이 오히려 건강에 해로울 수도 있다는 이야기다. 특히 비누를 과도하게 사용하거나 때를 너무 세게 밀어 피부 질환을 유발할 수 있다는 내용이 신문에 실렸다. 이는 과학, 기술, 의학의 발전으로 목욕에 대한 다양한 접근이 가능해진 덕분이다.

내용을 들여다 보자. 비누를 지나치게 자주 사용하거나, 조악한 비누를 사용 하거나, 물을 묻히지 않고 피부에 비누를 바로 문지르거나, 세안 시 대야물을 갈지 않고 충분히 행구지 않거나, 세탁비누로 머리를 감으면 피부가 상한다고 지적되었다. 이태리타월의 위험성이 더욱 부각되었고, 피부과 의사들은 뜨거운 목욕이나 때밀이를 즐기는 사람들에게 습진이 많이 생긴다며 때밀이의 위험성을 경고했다. 이태리타월이 피부병을 유발한다는 직접적인 보도도 있었다.[161] [162] [163] 그럼에도 불구하고 사람들은 때 밀기를 멈추지 않았다. 몸에 배어버린 습관을 갑자기 없앨 수는 없었다. 때를 밀어서 얻는 건강상, 정신적 이점이 밀지 않아 얻는 것보다 더 컸다.

사실 한국식으로 때를 밀기는 여간 힘든 일이 아니다. 뜨거운 물에 몸을 담그고 노곤해지면 그저 누워서 휴식을 취하고 싶지만, 때를 밀기 위해서는 정신을 차리고 근육에 힘을 주어야 한다. 이런 고된 노력을 조금이나마 덜어주기 위해 목욕관리사라는 직업이 생겨났다.

공중목욕탕에서 때를 밀어주는 직업이 언제부터 있었는지는 확실하지 않다. 1970년 신문 기사에 서울의 새로운 풍속으로 남성 사우나탕에서의 때밀이가 소개되었다.[164] 뒤이어 여탕에도 때를 밀어주는 전문 직업인이 등장했다. 1977년에는 한 번 때를 밀 때마다 300~500원이 들었는데, 이 금액이면 20번만 밀어도 한 가족의 한 달 식비에 버금가는 액수였다. 이에 목욕을 사치라고 한탄하는 시민들도 있었다.[165]

때를 밀어주는 직업을 초창기에는 '때밀이'라고 불렸으며 경상도와 제주도에서는 '나라시'라는 이름으로도 알려졌다. 그러나 1993년 '욕실 종사원', '목욕관리사'라는 정식 명칭으로 통계상 직업 분류에 포함되었다.[166] 목욕관리사 하면 검고 빨간 망사 속옷이나 헐렁한 트렁크 팬티를 입은 모습이 떠오른다. 이들이 이런 속옷을 선택하는 이유는 간단하다. 벗은 상태의 이용객과 쉽게 구분되기 위해서이다. 안경이나 렌즈를 착용할 수 없는 공중목욕탕에서 저시력자도 쉽게 알아볼 수 있도록 채도 높은 색상을 착용한다. 속옷이 민망하니 수영복을 입어 달라는 요구도 있으나 높은 습기와 열 때문에 피부가 짓물러 달라붙는 옷은 좋지 않다. 통기성이 좋은 망사 속옷은 이들의 유니폼이다.

남성 목욕관리사와 여성 목욕관리사가 때를 밀어내는 방식도 조금씩 다르다. 남성은 주로 수건처럼 길고 좁은 이태리타월을 손에 감아 사용하는데, 이때 손의 크기나 개인의 선호에 따라 짧은 타월이나 긴 타월 중 하나를 선택한다. 서울과 경기 지역에서는 보통 짧은 타월을, 강원도, 전라남도, 경상남도 같은 지역에서는 긴 타월을 선호하는 경향이 있다. 하지만 중요한 것은 타월의 길이가 아니라, 때를 밀어주는 사람의 손이 덜 아프고 작업 효율이 높아지는 타월을 선택하는 것이다.

여성 목욕관리사는 주로 장갑 형태의 이태리타월을 사용해 때를 민다. 이런 장갑 타월은 물에 젖을수록 수축이 심해져 때를 미는 기술이 더욱 섬세하고 정교해진다. 남성 목욕관리사는 주로 허리와 팔의 힘을 이용하지만 여성 목욕관리사는 힘을 크게 쓰지 않도록 몸의 움직임을 자제하고 손가락의 세밀한 움직임을 주로 사용한다.

한 번 때를 미는데 남성 이용객의 경우 대략 20분, 여성 이용객은 30분 정도 소요된다. 이용객은 물품보관함 열쇠를 맡기면서 예약하고, 그 후 약 15분에서 20분가량 뜨거운 물에서 몸을 불리며 대기한다. 차례가 되면 관리사는 물품 보관함 번호를 부른다. 따뜻한 물을 듬뿍 끼얹은 세신대 위에 몸을 가지런히 누이고 긴장을 푼다. 발치에 따뜻한 물이 끼얹어진다. 발의 아래에서부터 무릎으로, 심장에서 먼 쪽부터 가까운 곳으로 때수건이 움직인다. 다리를 다 밀고 나면 이번에는 팔을 밀기 시작한다.

근육의 결을 따라 밀면서 마사지를 받는 듯한 느낌에 절로 긴장이 풀리고 몸이 나른해진다. 하지만 마음을 놓아서는 안 된다. 앞쪽을 다 밀고 나면, 이제 엎드리라는 신호로 테이블을 두드리는 소리가 들려온다. 만약 이 소리를 듣지 못하면, 관리사에게 한소리를 듣는다. 엎드린 후에는 몸통 바깥쪽부터 중심으로 때를 밀고, 등을 다 닦은 후 다시 돌아눕게 되면 마무리로 머리를 감기 시작한다.

목욕관리사에게서는 때밀이 외에도 얼굴 마사지도 받을 수 있다. 마사지 종류에 따라 가격은 천차만별이다. 일반적인 때 밀기 서비스는 보통 2만 원에서 2만 5,000원 사이지만, 마사지를 추가하면 3~4만 원은 우습게 넘어간다. 목욕탕에서 본 가장 고가의 마사지는 금박을 사용한 얼굴 마사지로, 그 가격은 20만 원을 훌쩍 넘겼다.

주머니 사정이 여의치 않다면, 때는 제 손으로 밀어야 한다. 동행한 친구가 있다면 등을 맡길 수 있지만 혼자라면 낯선 이에게 부탁해야 한다. 낯선 사람끼리도 서로의 등을 밀어주는 것은 공중목욕탕의 정다운 풍경이지만, 소심한 이들에게는 문턱이 높은 일이다.

적당한 상대방을 물색하는 것부터 난관이다. 내 등이 상대방보다 넓어 힘들어하지 않을까 걱정이 앞선다. 혼자 온 사람 중에서 나와 비슷한 너비의 등을 찾게 된다. 내 등의 때가 더 많지 않을까 걱정되고, 상대가 너무 세게 혹은 너무 건성으로 밀지 않을까 하는 걱정도 이어진다. 이런저런 고민을 하다 보면, 내 팔은 왜 이다지도 짧아서 사람을 고생시키느냐며 한숨이 절로 나온다. 길쭉한 손잡이가 달린 등 전용 이태리타월도 마음에 들지 않는다.

1981년 《경향신문》에 흥미로운 기사 하나가 실렸다. 부산 서구에 사는 손기정 씨가 개발한 자동 등밀이 기계에 관한 소식이었다. 이 기계는 동전을 넣기만 하면 사용자의 등을 깨끗이 닦아주는 첨단 장치로, 손기정 씨는 이를 고안하고 특허 출원까지 마쳤다고 한다.[167] 최초 개발자도 부산 사람, 2023년에 등밀이 기계를 제작하는 삼성기계공업사도 모두 부산에 있다. 등밀이 기계는 부산과 경남 지역의 목욕탕에서 드물지 않다고 한다.

서울시 성북구 정릉의 서림탕을 연구 차 방문했을 때 등밀이 기계를 발견했다. 말로만 들어왔던 것을 실제로 보게 되니 놀라웠다. 영업하지 않는 날이라 다행히 사진을 찍을 수 있었다. 기계에 적힌 제조처를 확인한 후 부산으로 향했다.

부산광역시 사상구에 위치한 삼성기계공업사는 1980년대 후반부터 자동 등밀이 기계의 생산을 시작했다. 초기 모델은 나무로 제작되었지만, 목욕탕의 다습한 환경에서는 나무가 습기를 머금어 누전의 위험을 안고 있었다. 개발과 개선을 거듭해서 현재는 특수 플라스틱과

자동 등밀이 기계

절연체로 제작해서 전기 사고로부터 안전하다.

부산 출장 중에 등밀이 기계를 직접 사용해 봤다. 높이가 겨우 1m 남짓한 상아색 상자에 문어 빨판처럼 돌기가 달린 헤드가 달려 있었다. 이태리타월을 헤어캡처럼 씌우자마자 어디선가 고수의 조언이 날아왔다. "두 장 씌워야 시원하데이!" 즉각 실행했다. 장당 1,200원짜리 타월을 한 장 더 사서 두 장을 겹쳐 씌웠다. 나중에 보니 그 공중목욕탕 이용객들은 손에 끼는 때수건처럼 등밀이용 때수건도 각자 지참하고 다녔다. 당연한 일이다. 위생을 중시하는 곳에서 각질을 미는 물건을 여러 사람이 공유하는 건 옳지 않다.

동전을 넣으니 헤드가 빙글빙글 돌기 시작했다. 의자에 앉자 헤드가 비스듬히 기울며 등 정중앙에 딱 맞았다. 낯선 감각에 어떤 표정을 지어야 할지 모르겠다. 하지만 어느새 오뚜기처럼 상체를 좌우로 느리게 흔들며 날개 뼈 사이까지 싹싹 닦았다. 1981년에 개발된 이후로도 그 원리는 거의 변하지 않았다. 모터가 돌아가며 반구형의 등밀이 구를 회전시켜 깨끗하게 때를 밀어낸다.

등짝의 넓이나 때의 양을 신경 쓸 필요 없이, 기계는 불평 없이 제일을 한다. 비싼 세신 비용을 들이지 않고도 혼자서 등을 깔끔하게 밀 수 있었다. 모든 것을 마치고 자리에서 일어나며 나도 모르게 중얼거렸다. "편하네."

이론상으로는 등이 아닌 부위도 밀 수 있다. 배를 힘껏 내밀면 배도 밀 수 있고, 팔을 대면 팔도 말끔히 밀어낼 수 있다. 민망함을 견디면 겨드랑이, 옆구리, 엉덩이도 밀 수 있다. 하지만 그렇게 하면 공중목욕탕의 에티켓에는 맞지 않는다.

등밀이 기계의 편리함이야말로 확실히 대단하다. 신체가 불편해 혼자 목욕하기 어려운 사람도 이 기계 앞에 앉혀 놓으면, 손쉽게 몸의 때를 밀 수 있다. 공중목욕탕에 올 수 있을 만큼 거동이 가능하나 목욕관리사에게 몸을 맡길 만큼 경제적 사정이 좋지 않은 경우, 혼자서 때를 미는 것이 어려운 노약자에게 이 기계는 훌륭한 대안이 된다. 등밀이 기계가 없었다면, 인심 좋은 이웃을 찾아 등을 밀어달라 부탁해야 했을 것이다. 요즘 같은 세상에 그렇게 하기란 쉽지 않다.

코로나-19의 영향으로 목욕탕의 수가 줄어들면서 등밀이 기계도 점차 사라져 가는 듯 보인다. 그럼에도 불구하고 이 기계가 필요한 곳은 여전히 많다. 2018년에는 순창군에서 아홉 곳의 작은 목욕탕에 등밀이 기계를 설치했다. 농촌의 고령화로 인해 이용객 대부분이 노년층이라 등을 밀기가 곤란할 것으로 판단했기 때문이다.[168] 진안에서는 2017년에 여섯 곳의 작은 목욕탕에도 기계를 설치해 무료로 운영했다.[169] 이로 인해 거동이 불편하거나 기력이 적은 노인들도 쉽게 등을 밀 수 있게 되었다. 등밀이 기계가 그야말로 동네의 효자가 되었다.

집에서 샤워로 목욕을 대신하는 사람이 늘어나고 있고, 코로나-19가 유행하자 공중목욕탕의 수는 급격히 줄었다. 이에 따라 때를 밀어내는 횟수와 때수건 사용량도 줄어드는 추세다. 그런데 최근 공중 목욕장의 인허가 정보를 살펴보다가 흥미로운 사실을 발견했다. 목욕탕 폐업이 이어지는 가운데, 신규로 문을 여는 업소들이 있었으니, 1인 세신샵이었다.

코로나-19는 공중목욕탕에 크나큰 타격을 주었다. 공중목욕탕을 방문한 코로나-19 의심 환자로 인해 다른 이용객들까지 격리되는 사건이 발생했다. 결과적으로 공중목욕탕은 코로나-19 전파의 주요 원인으로 지목받았다. 영업 중단을 자처하거나, 거리두기 의무를 준수해서 벌거벗은 채 마스크를 착용하고 목욕하는 등의 불편한 날들이 이어졌다.

팬데믹 이후에도 공중목욕탕에 대한 불안은 쉽게 가시지 않았다. 공용 탕, 세숫대야, 물 등에서 전파될 수 있는 질병에 대한 우려가 새삼스럽게 다가왔다. 때는 밀어야 하는데 공중목욕탕에 가자니 걱정스럽고. 목욕관리사가 아닌 다른 사람에게 벗은 몸을 노출하는 것이나, 아는 사람을 마주칠 가능성도 부담스러워졌다.

1인 세신샵은 탈의실과 목욕탕이 갖추어진 독립된 방이다. 아무도 사용하지 않은 깨끗한 욕조가 갖춰져 있고, 전문 목욕관리사와 함께 물 온도, 때 타올, 마사지 강도를 맞춤으로 설정할 수 있다. 커다란 문신이 있어도 남의 시선을 신경 쓸 필요가 없다. 혼자 사용하기 때문에 시끄러움도 없고, 목욕탕 이용 예절에 구애받지 않아도 된다.

가격은 공중목욕탕의 세 배 수준인 5만 원에서 10만 원 사이지만, 맞춤형 고급 서비스를 원하는 최근의 추세와 잘 어울려 포스트 코로나 시대의 대안적 목욕 문화로 자리 잡았다. 코로나-19 이후 네 곳 중 한 곳이 문을 닫은 공중목욕탕과는 대조적으로, 수도권과 대도시를 중심으로 이러한 세신샵의 수가 증가하고 있다.[170] 공중목욕탕은 포기해도, 때를 미는 것은 포기할 수 없기 때문일 것이다.

공중목욕탕이 줄어들고 있지만 그곳에서 시작된 때를 미는 풍습은 여전히 살아남았다. 이태리타월을 매개로 때밀이는 국경을 넘어 전 세계로 퍼져나가고 있으며, 미국의 찜질방에서조차 외국인들이 한국식으로 때를 밀고 있다. 때밀이의 때는 인류에게 때가 남아 있는 한 계속 이어질 것이다.

8

서울은 네모,
경상도는 둥글

환경오염과 목욕탕 굴뚝

통영에 방문했을 때의 일이다. 사량도에 남아 있다는 새마을 공동 목욕탕에 방문하기 위해 삼천포항에서 여객선에 올랐다. 인터뷰가 잘 진행되기를 기원하며 사량도를 바라보다가 문득 뒤를 돌아보았다. 우와. 바닷가에서 보는 삼천포항의 전경이란. 하얗고 파란 줄무늬가 교대로 쌓인 높다란 목욕탕 굴뚝 서너 개가 새파란 가을 하늘 아래 빛나고 있었다.

사량도에서 돌아와 마지막으로 삼천포를 둘러보았을 때 길이가 30m는 가뿐하게 넘을 것 같은 굴뚝이 큰길을 따라 삼천포 터미널까지 빼곡히 들어서 있었다. 목욕탕 내부는 별반 다를 바 없었지만 희고 푸른 둥근 굴뚝이 서울 촌놈에게는 무척 인상적이었다. 서울에서는 다소 낮고 빨간 사각 벽돌 굴뚝만 보아왔던 탓이다.

그런데 이게 웬걸. 부산에 방문해 보니 목욕탕 굴뚝이 전부 둥글고 높았다. 희고 푸른 줄무늬만 있는 것이 아니라 흰색, 노란색, 파란색, 검은색 등 색 테이프를 감은 것처럼 알록달록한 굴뚝도 있었다. 굴뚝에 적힌 글자는 어찌나 큰지 방향이 헷갈리면 굳이 핸드폰을 꺼내지 않고 목욕탕 굴뚝을 이정표 삼아 길을 찾아도 될 정도였다. 부산이 아니라 울산에 갔을 때도 마찬가지였다. 궁금해졌다. 경상남도 남해안에 위치한 목욕탕의 굴뚝은 왜 둥글고 높을까?

1876년 개항 후 인천과 부산 등 일본인들이 거주하기 시작한 곳에 목욕탕이 지어졌다. 일본에서는 17세기부터 도시마다 공중목욕탕에 해당하는 센토가 성행했기 때문에 1879년경에 목욕탕 건축에 대한 규칙이 설립되었다. 1886년 일본은 인천에 위치한 일본인 조계지에도 이 규칙을 적용해 목욕탕의 굴뚝은 지붕 위에서 3척(약 90cm) 이상의 높이로 설치해야 하며 불에 잘 타지 않는 재료를 사용하도록 규정했다. 인천뿐만이 아니라 이듬해인 1887년에는 서울이, 1888년에는 부산, 1891년에는 원산의 목욕탕이 「목욕탕영업단속규칙」을 따르게 되었다.[71] 1914년에 시행된 「목욕탕영업단속규칙」[72]은 "집의 용마루로부터 6척(약 180cm) 이상 돌출되게 할 것"이라며 굴뚝 높이를 더욱 높였다.

목욕탕의 굴뚝 높이를 왜 제한했을까? 많은 사람이 이용하는 공중목욕탕에서 중요한 것은 두 가지였다. 첫째는 깨끗하고 물의 공급, 둘째는 안전이었다. 옷을 벗고 무방비 상태로 목욕하는 사람들이 목욕탕 안에서 해를 입지 않도록 목욕탕 주인은 주의를 기울여야 했다. 그들이 가장 조심했던 것은 불이다. 온수를 지속적으로 공급하려면 아궁이의 불을 한시도 꺼드릴 수 없었는데, 초창기 연료는 석탄이었다.

고체 연료인 석탄은 연소 속도도 느리고 완전 연소도 어렵다. 태우고 나면 석탄 가루가 섞인 검은 그을음이 연기에 다량 포함되어 있어 건강은 물론이고 미관에도 좋지 않았다. 게다가 공중목욕탕은 접근성이 좋은 주택가나 도심 한가운데 자리 잡고 있어 굴뚝이 뿜어낸 시커먼 연기가 사람들의 눈살을 찌푸리게 하기에 충분했다. 또한 아궁이에서 석탄을 태울 때 발생한 불꽃이 굴뚝에 옮겨붙으면 대규모 화재로 이어졌다. 최근 몇 년 사이에도 목욕탕에서 발생한 화재로 안타까운 사고가 발생한 걸 보면 지속적으로 보일러를 가동하면서 안전을 도모하기란 참 쉬운 일이 아니다.

이를 해결하는 방안은 연기가 땅으로 내려앉지 않고 대기에 섞여 날아가 버리도록 높은 굴뚝을 만드는 것이었다. 그런 탓에 지붕과 비슷한 높이가 아니라 3척, 나중에는 6척 이상의 높이로 굴뚝을 만들게끔 규칙을 시행했다. 굴뚝을 만들 때는 불에 잘 타지 않는 재료를 이용해야 하는데, 「목욕탕영업단속규칙」은 돌과 벽돌, 또는 금속, 시멘트와 모래를 반죽한 모르타르 등 기타 불연물질을 사용해 2~3척의 두께로 지을 것을 명시했다. 이 중 저렴하면서도 쉽게 이용할 수 있는 자재가 붉은 벽돌이었고, 직육면체의 벽돌을 안정적이면서도 높게 쌓기에

부산 은하탕의 둥근 시멘트 굴뚝, 1993.

서울 강서구 대호탕의 네모 벽돌 굴뚝

는 사각형이 유리했다.

굴뚝을 일정 높이 이상 쌓으라는 규정은 전국에 동일하게 시행되었을 터인데, 유독 경상도 해안가 지역 목욕탕 굴뚝이 높은 이유는 무엇일까? 추측하건대 이는 부산이나 삼천포, 진주, 울산 등 해안에 면한 도시의 지형과 대기 때문이다. 이들은 바다로 이어지는 산기슭에 도심과 주거지가 형성된 산복山腹 도시로, 바다에서 밀고 올라오는 대기가 산에 부딪혀 도시에 그대로 고이는 현상이 빈번하게 발생한다. 따라서 주거지와 도심에 위치한 목욕탕의 굴뚝을 낮게 만들면 여기에서 배출되는 오염된 공기는 대기를 타고 도심지는 물론, 산을 따라 고지대에 사는 주민들에게도 확산한다. 피해를 보는 주민의 수가 늘어나는 것은 당연하다.

굴뚝의 높이는 목욕탕에서 사용하는 연료가 석탄에서 기름으로 바뀌며 더욱 높아졌다. 1950년대에 기름 보일러용으로 사용한 연료는 벙커C유로, 해상 기름 유출 사고에 자주 등장하는 까맣고 끈적끈적한 기름이다. 경유에 비해 가격도 싸고, 열효율도 높아 매일 물을 데워야 하는 목욕탕에서 사용하기에 적격이었다. 그러나 석탄과 마찬가지로 불완전 연소로 인해 매연과 분진을 발생시켰고, 산성비 등 생태계에 악영향을 미치는 이산화황 등 대기오염 물질이 포함되었다. 파란 하늘을 시커멓게 뒤덮은 매연은 사회적 골칫거리가 되었다.

1977년 12월 22일 《동아일보》는 "울산 공단의 굴뚝이 낮아 대기오염 가중"이라며 해당 업체에는 굴뚝을 개조 또는 수리하라는 '개수령’을 내렸다는 기사를 실었다.[173] 기사에 따르면, 울산 공단 안에는 모두 136개의 공해 배출 업체가 있고, 그에 목욕탕 41곳도 포함되었다. 보건사회부는 굴뚝 높이와 대기오염의 상관관계를 조사했다. 대부분의 굴뚝이 20~40m 정도로 낮아 하루 3만 1,200여 드럼씩 사용하는 벙커C유의 영향으로 농도 짙은 유독성 가스 매연 등이 지상에도 큰 영향을 미치며 방출되고 있었다. 특히 날씨가 흐리거나 저기압일 때에는 바람을 따라 공단 지역은 물론이고 시내와 인근 연해상까지 오염이 확산해 주민들과 출어 중인 어민들까지 눈이 따갑고 목이 쓰리는 등 두통, 호흡곤란, 구토증을 일으켰다.

이에 대해 보건사회부가 내놓은 대책은 굴뚝의 높이를 150m 이상으로 짓는 것이었다. 굴뚝을 높이면 가스나 매연이 땅에 닿지 않고 역전층 위로 확산하기 때문에 피해를 크게 줄일 수 있기 때문이다. 여기에 탈황 시설까지 갖추어야 한다는 의견도 덧붙였다. 울산이 이러했으니 인근의 다른 해안 지역의 사정도 별반 다르지 않았을 것이다.

2009년 부산시의 보도자료에 따르면, 6m 이상의 굴뚝이 604개 존재했다.[174] 50m가 넘는 목욕탕 굴뚝이 사진으로 기록될 만큼 인상적이었다는 사실을 고려해볼 때,[175] 150m에 달하는 굴뚝은 실제로 건설되었다 하더라도 극히 예외적인 사례였을 것이다. 물론 이 정도 높이도 서울 목욕탕의 네모난 벽돌 굴뚝보다 확연히 높다.

붉은 벽돌은 일정 높이까지는 안정적으로 쌓을 수 있지만 바람에 쓰러지는 사고도 자주 일어났다. 해안 도시들이 굴뚝을 높게 짓기 위해 사용한 재료는 1930년대에 이미 들어와 있던 철근 콘크리트였다. 둥글게 만든 거푸집 안에 콘크리트를 붓고 쌓아 올려 만든 것이 둥글고 높은 목욕탕 굴뚝의 시작이었다.

콘크리트로 만든 굴뚝은 고층 아파트가 드물었던 시절 어디에서도 한눈에 들어왔다. 하얀색과 하늘색을 번갈아 칠하고 눈에 확 들어오도록 붉은 목욕탕 마크와 함께 목욕탕의 이름을 적어 넣었다. 때로는 앞에는 목욕탕 이름, 뒤에는 '라돈탕'이나 '해수탕' 같은 목욕탕의 특징을 적기도 했다. 하지만 1990년대 후반에 전기와 LNG 가스가 벙커C유를 대체하면서 목욕탕 굴뚝의 역할은 사라졌다. 비교적 최근에 지어진 찜질방이나 대형 스파에도 굴뚝이 없다.

연료가 바뀐 현재 목욕탕 굴뚝은 본래의 용도로써 쓰임을 다하고 목욕탕임을 알리는 기능만을 수행한다. 대개 1970년대에 세워진 굴뚝들은 사람으로 치면 환갑을 바라보는 나이가 되었다. 목욕탕 굴뚝은 노후화와 붕괴 위험으로 새로운 도시 문제로 떠올랐다.

2021년 여름 창원에서는 25m 높이의 목욕탕 굴뚝 상단에서 콘크리트 일부가 떨어지면서 형태가 무너지는 사고가 발생했다. 굴뚝의 상층부에서 외벽이 탈락해 철근 구조물이 드러나기도 해서 마치 곧 붕괴될 것처럼 보였다. 창원시에 위치한 총 263개의 목욕탕 중 굴뚝이 있는 곳은 81곳, 이 중 보수 및 보강이 필요한 곳은 18곳, 주의를 요하는 관찰 대상은 35곳이었다. 보수·보강 그리고 주의 관찰이 필요한 총 53개소 중에서는 이미 33곳이 문을 닫았다. 아직 영업 중인 곳이라면 업

주가 관리할 수 있겠지만, 폐업한 곳의 경우에는 이마저도 어려운 상황이다.[176]

창원뿐만 아니라 부산에서도 유사한 문제가 발생했다. 2009년까지 부산시에는 604개의 목욕탕 굴뚝이 남아 있었으며, 2015년 자료에 따르면 1960년대에 세워진 굴뚝이 23개, 1970년대에 만들어진 굴뚝이 78개에 이른다.[177] 이 정도면 경상도 해안가 도시의 중요한 사회적 문제로 봐야 한다.

철거 작업 자체는 간단하다. 하지만 문제는 고가의 철거 비용이다. 높고 둥근 굴뚝을 한 조각씩 잘라내어 지면으로 옮기려면 크레인, 고소 작업 차량, 그리고 전문 인력이 필요하다. 목욕탕 굴뚝 철거에 드는 비용은 2020년 초 기준으로 약 2000만 원에서 3000만 원이며, 안전진단만 해도 1000만 원이 소요된다. 코로나-19로 인해 더욱 어려워진 경영 상황에서 이런 비용을 목욕탕 주인이나 건물주에게 전가하기는 쉽지 않다.

목욕탕 굴뚝을 둘러싼 갈등은 목욕탕 주인, 지자체, 지역 주민 사이에서 이어졌다. 코로나-19로 인해 많은 공중목욕탕과 찜질방이 문을 닫으면서 비싼 철거 비용을 누구에게 부담시킬지가 큰 문제로 떠올랐다. 방치된 굴뚝은 시민의 안전을 위협하는 흉물로 전락했다.[178] 2024년 기준으로 부산에는 442개의 목욕탕 굴뚝이 있는데, 그중 228개는 사용하지 않고 폐쇄된 상태이다.[179]

지역 주민의 안전을 위해 지자체가 나섰다. 부산광역시 서구에서는 2023년 8월 건축물관리 조례 제1485호 제5조 4항 ③을 제정해서, "구청장은 사용승인 30년 이상된 노후 목욕탕 굴뚝 철거비용 50퍼센트 이내 범위에서 지원할 수 있다"라고 명시했다. 2024년 8월에는 이미 신고제로 진행 중인 영도구와 해운대구를 제외한 나머지 14개 구에서 굴뚝 철거 절차를 간소화하는 회의를 진행했다. 이는 시민의 안전을 위한 긍정적인 변화로 평가된다. 동시에 일부 목욕탕 굴뚝은 안전보강을 거쳐 경상도 해안가 지역의 독특한 랜드마크로 보존되기를 기대한다.

9

목욕탕은
추억으로 남아

동네 목욕탕과 느슨한 공동체

목욕탕이 문을 여는 시간은 새벽 5시다. 이제 겨우 4시 30분인데 한 명, 두 명 벌써 줄을 선다. 욕조에 갓 채운 깨끗한 물을 누리기 위한 오픈런 대열이다. 보행 보조기를 끌고 나타난 노인, 중년을 벗어난 사람들 사이에 끼어 나도 줄을 섰다.

입김이 폴폴 나올 만큼 추운 새벽, 정적은 쉽게 깨지지 않았다. 아는 얼굴이 보이면 눈으로 인사를 주고받을 뿐 소리 내는 이는 없었다. 남녀를 불문하고 하나같이 손이 가벼웠다. 샴푸, 린스, 바디워시에 세면도구, 수건 석 장, 갈아입을 속옷까지 바리바리 챙긴 짐보따리를 든 사람은 나밖에 없었다.

4시 50분. 건물 바깥과 마주한 카운터에 불이 켜지고 주인장이 서둘러 자리로 들어왔다. 짤막한 인사와 함께 주인장은 손님들에게 월 목욕권을 받기 시작한다. 그 새벽, 돈을 내고 들어가는 사람 또한 나밖에 없다.

신발을 벗고 탈의실에 들어가자 닫혀 있던 입이 일제히 열린다. 안부 인사를 주고받으며 물품 보관함 위로, 평상 아래로 빼곡히 자리한 목욕 바구니를 찾아 꺼낸다. 탈의실 안에 있는 바구니의 개수도 족히 수백은 넘을 듯하다. 바구니에는 주인의 이름이 적혀 있다. 수정, 대림 언니, 영단, 서 천사 님, 아르떼, 대림넛츠, 정은자 씨. 목욕탕 안에서 서로를 부르는 호칭이다.

샤워하고 탕에 몸을 담그자 대화가 조용히 시작된다.

"요 며칠 새 약국 이층집 할머니가 안 보이네."

"그 할머니? 그 할머니 요양원 들어갔어."

따끈한 탕에 들어와 있기 때문인지 사람들의 대화는 길게 늘어졌다. 탕 안에서는 말하는 것 외에 할 일도 없다. 오지 않는 이의 안부부터 일상의 시시콜콜한 내용이 공중목욕탕 안에서 오고 간다. 대화에 참여하지 않는 것처럼 보이는 사람도 어느 순간부터 자연스럽게 장단을 주고받는다. 어색한 사람은 오늘 처음 이곳에 방문한 나뿐이다. 어느 순간 대화의 방향이 나에게로 향했다.

"처음 보는 얼굴인데 어떻게 왔어요?"

"다니던 목욕탕이 오늘 문을 닫아서 이쪽으로 한번 와 봤어요."

대충 둘러대니 이번에는 샤워기가 나열된 한쪽을 가리키며 말한다.

"그럼, 때 밀 때는 저쪽에 앉아요. 이쪽은 다 자리가 있으니까."

이것이 바로 목욕탕 텃세로군. 나는 이런 생각을 하며 탕을 나와 그 사람이 가리킨 자리로 향했다.

도시 공간은 익명성을 기반으로 한다. 공중목욕탕도 그러하다. 길을 걷다가 갑자기 몸을 씻고 싶어질 때 돈만 지불하면 언제든지 들어갈 수 있는 그곳. 하지만 막상 발을 들이면, 이용객들은 서로 다 아는 사이다. 단순히 알고 지내는 사이를 넘어서, 빈자리에 앉으려 하면 "이 자리는 곧주인이 올 예정이니 다른 자리를 찾아보세요"라는 말이 들려온다.

이 동네로 새로 이사 왔는데 텃세 없는 목욕탕 어디 없나요? 인터넷 지역 커뮤니티에서 자주 볼 수 있는 질문 중 하나이다. 공중목욕탕을 이용하는 사람들은 원칙적으로 모두 익명이지만 얼굴만 아는 사이를 넘어 자기들끼리 끈끈하고 친밀한 관계를 형성해서 새로운 이용객을 소외시키기도 한다. 익명성을 보장하는 듯하면서도 익명이지 않은 이 공간의 아이러니는 '텃세'라는 단어로 압축된다.

온탕, 열탕, 냉탕, 사우나, 팩, 때밀이를 고루 거치면 최소 한 시간에서 최대 세 시간까지 시간이 걸린다. 긴 시간 동안 몸을 씻으며 입을 꾹 다물고 있는 사람은 잘 없다. 수많은 대화가 오간다. 서로 약속을 정해 만나는 사이도 아니고 비슷한 요일, 비슷한 시간에 만나 친교 활동을 할 뿐이다.[180] 그러한 세월이 짧게는 수년, 길게는 공중목욕탕의 역사만큼이나 이어진다.

목욕탕에서 만나 서로의 집에서 싸 온 밥과 반찬을 나누고, 부동산이나 물가 정보도 공유한다. 멀리 이사 갔다 하더라도 그 목욕탕을 정기적으로 찾아와 같은 공간에서 몸을 씻으며 소속감을 느낀다. 이런 일들은 해당 지역에 오래 거주한 주민들을 중심으로 진행된다. 같은 목욕탕에서 몸을 씻는다는 소속감, 지속적으로 발생하는 상호작용이 있는 목욕탕 이용객 집단은 일종의 느슨한 지역 공동체이다. 낯선 이가 쉽게 끼어들 수 없다.

공동체에는 모두가 따라야 할 규칙이 존재한다. 온탕, 열탕, 냉탕을 오가는 순서부터 사우나 이용 순서, 수건과 방석 사용법, 음료와 음식을 나누어 먹는 방법, 세숫대야와 바가지, 의자 정리법, 물품 보관함 선택, 욕탕 내에서의 자리 잡기에 이르기까지. 규칙은 매우 세밀하며 각 공중목욕탕마다 조금씩 다르다. 그중 욕탕 내에서의 자리 선정은 가장 엄격해서 가끔은 작은 싸움으로 이어지기도 한다.[181]

공중목욕탕의 탈의실에 목욕 바구니를 두고 다니는 것과 음료수 외상은 대체로 공동체 구성원의 특권으로 여겨진다. 언제 또 올지 모르는 뜨내기는 목욕 바구니를 두고 가기도 외상을 청구하기도 어렵다. 공중목욕탕의 일원이 되기 위해서는 그곳의 오랜 구성원들만큼의 시간을 투자해 공동체의 규칙을 스스로 터득하거나, 이미 잘 알려진 구성원의 소개를 받아 들어가야 한다. 들어간 후에는 그들만의 언어적인 표현까지 듣자마자 바로 이해할 수 있어야 한다.

3부. 공중목욕탕과 현대 한국 사회

공동체 내에서는 정해진 규칙과 서열을 따라야만 구성원으로 인정받을 수 있다. 이 규칙을 무시하는 이들은 외부인으로 취급되어 배제되기 일쑤다. 즉 텃세를 당할 수밖에 없다. 때로는 공동체 구성원들과 확연히 구분되는 겉모습만으로도 첫인상에서 제외되는 경우도 발생한다.

어쩌면 화기애애한 우리 동네 공중목욕탕의 모습은 그곳의 공동체에 속한 사람들만 누릴 수 있는 특권일지도 모른다. 대부분 사람들이 공중목욕탕을 찾는 이유는 몸을 씻기 위해서이기 때문에, 그들에게 공동체의 일원이 되는 것은 크게 중요하지 않다. 만약 내가 동네 목욕탕에서 텃세를 당한다면, 익명성을 완전히 보장받을 수 있는 곳, 새로 지어서 역사가 짧은 공중목욕탕이나 도심지의 대형 찜질방으로 발길을 돌리면 그만이다.

남탕에도 공동체적 특성이 존재하지만, 여탕과는 조금 다른 양상을 보인다. 목욕탕 자체가 공동체를 형성하는 장소라기보다 이미 형성된 집단이 공동체성을 강화하기 위해 목욕탕을 찾는다. 1970년대에서 1990년대에 이르는 동안 회사원들은 직장 문화의 일환으로 공중목욕탕, 특히 사우나를 자주 이용했다. 야근이나 회식을 마친 후에는 직장 상사나 거래처와 함께 목욕탕에 가는 것이 드물지 않았다. 이는 회사를 통해 맺어진 인간관계를 목욕을 매개로 더욱 친밀하고 친근한 관계로 발전시키려는 의도에서 비롯된 것이다.[182]

공중목욕탕의 남탕에서는 공식적인 자리에서는 나눌 수 없는 이야기들이 오고갔다. 1983년 신문기사에서는 목욕탕에서 회사의 중견 간부들이 비공식적인 회의를 가지기도 하고, 학자들이 소규모 학회를 열기도 한다는 내용이 실렸다.[183] 2009년《한겨레》는 국회의원회관 지하 2층에 설치된 전용 목욕탕에 대해 보도했다. 이곳의 남탕은 여러 당적을 가진 사람들이 함께 목욕을 하며 진솔한 대화를 나누는 장소로 묘사된다. 여당이 반대하는 법안에 대한 이해를 구하거나, 부당한 의혹에 대해 억울함을 호소하기도 하고, 쟁점 사안에 대해 서로 '양보 좀 하라'고 뼈 있는 대화가 오간다. 공식 석상에서는 보기 힘든 모습이다.[184]

　　인구의 이동이 잦고, 직업과 목적에 따라 인간관계가 형성되는 도시에서는 지역 기반의 공동체가 약화되는 경향을 보인다. 하지만 오래된 공중목욕탕에서는 여전히 사적이고 지역에 기반을 둔 집단이 형성되고, 시간이 흐르며 공동체로 고착되었다. 만날 시간을 정하지 않아도 사람들은 자연스럽게 공중목욕탕에 모였다. 마치 농촌의 마을회관이나 정자와 같았다. 이곳의 구성원들은 지역사회와 이웃에 대한 대화를 나누며 친목을 도모했다. 공중목욕탕은 도시 거주자들을 하나로 묶어주는 매개체 역할을 했다.

　　공중목욕탕이 하나둘 문을 닫고 있다. 2004년 전국 9,970곳으로 최정점을 찍은 이후 그 수가 꾸준히 감소했다. 이용객 감소, 재개발, 난방비 상승 그리고 코로나-19의 영향으로 2020년부터 2022년 사이에는 전국에서 730여 곳의 목욕탕이 사라졌다.[185] 〈무한도전〉에 나온 곳으로도 유명한 서울 용산의 원삼탕은 2022년에 문을 닫았고,[186] 한국에서 가장 큰 찜질방이었던 드래곤힐스파도 영업을 중단했다.[187] 1954년에 허가를 받아 현존하는 목욕탕 중 가장 오래된 대전의 유성 호텔 대온탕도 2024년 3월에 문을 닫았다.[188]

공중목욕탕이 사라지면서 이를 중심으로 한 공동체도 점점 와해되고 있다. 나이 든 구성원들은 점차 줄어들고, 새로운 이용객들은 기업화된 목욕탕을 찾아간다. 물이 빠진 탕, 텅 빈 탈의실, 차가운 굴뚝만 남은 공중목욕탕은 과연 어떻게 될 것인가? 건축물이 제 역할을 다하면 사라지고 다른 건물에 자리를 내어주는 것이 자연의 순리일지도 모른다. 그러나 그곳을 사랑했던 사람들의 추억은 어디로 가야 할까?

한편 일부 목욕탕 건물은 변신을 꾀해서 살아남기도 한다. 오래되고 버려진 건물을 새로운 공간으로 재탄생시키는 재생 건축이 그것이다. 가장 유명한 예는 서울 종로구 북촌의 계동길 중앙탕이다. 1968년까지 중앙고등학교 운동부의 샤워실로 사용되던 이곳은 1969년에 공중목욕탕으로서 문을 열었으나, 북촌의 상업지구화로 주민 수가 감소하며 2014년에 문을 닫았다. 그러다가 2015년에 한 패션 회사가 '배쓰하우스BATHHOUSE'라는 이름으로 쇼룸을 만들었다.[189]

리모델링이라 하면 흔히 과거의 흔적을 지우고 새 주인의 취향대로 공간을 재창조하는 것을 떠올린다. 하지만 서울 종로구 북촌의 중앙탕이 변신한 쇼룸은 예외다. 이곳은 과거에 공중목욕탕이었다는 사실을 숨기지 않았다. 옛 간판과 외관을 그대로 유지했고, 욕실의 타일도 보존했다. 건물의 과거 모습을 흑백 슬라이드로 보여주며, 과거와 현재 사이에 상품을 전시했다. 과거가 된 목욕탕은 패션 회사의 상품과 함께 낯설고 새로운 것으로 받아들여졌다.

이후로 버려진 목욕탕 건물을 기반으로 한 상업 시설이 전국에 등장했다. 서울 마포구의 행화탕,[190] 대구 중구의 문화장,[191] 청주 상당구의 학천탕[192] 등은 공중목욕탕을 콘셉트로 한 카페로 변신했다. 강원도 춘천에는 목욕탕이 폐업한 자리에 문을 연 정육식당이 있어, 탕 안에 테이블을 두고 벽에 설치된 턱에 앉아 고기를 구워 먹는다. 부산진구의 미성탕은 파스타집으로 재탄생해 성업 중이다.[193] 이렇게 다양한 변신을 거친 공간들은 사람들이 모여 먹고 마시며 이야기를 나누는 새로운 장소로, 오래된 건물에 새로운 활기를 불어넣는다.

목욕탕 건물이 미술관이나 갤러리 등 복합 문화시설로 재탄생하는 사례도 증가한다. 전라북도 군산의 영화빌딩은 1969년에 지어진 건물로, 1층은 90평 규모의 공중목욕탕이었고, 2층부터 4층까지는 국제 선원들을 맞이하는 20여 개의 객실이 있는 숙박 시설이었다. 2008년에 문을 닫고 오랫동안 방치되었던 이 건물에는 미술관이 들어섰다. 이당미술관은 하늘색과 흰색 타일, 천장을 지나가는 배관 등 목욕탕 흔적을 그대로 유지했다.[194] 심지어 처음 전시가 시작될 때는 목욕탕이 다시 영업하는 줄 알고 목욕 가방을 챙겨온 동네 주민도 있었다고 한다.

전라북도 최초의 남성 사우나였던 시티사우나도 이제는 미술관으로 변모했다.[195] 경북 의성군의 안성목욕탕도 같은 변신을 거쳐 전시

3부. 공중목욕탕과 현대 한국 사회

뿐만 아니라 공연도 겸하고 있다.[196] 서울 양천구 목동의 영진목욕탕은 공중목욕탕 영업을 진행하면서 2015년에는 전시회도 개최했다.[197]

기억 속으로 사라질 뻔한 공중목욕탕 건물은 용도를 바꾸어 새로운 공간이 되었다. 수요가 늘어난 외식과 문화 공간으로 업종을 변경했으니 공중목욕탕이 시대에 맞추어 적응했다고 보아야 할지도 모르겠다. 이러한 변화는 공중목욕탕뿐만 아니라 다양한 공간에서도 일어나고 있었다. 서울 마포구의 문화비축기지는 본래 석유 비축 기지였고, 영등포구의 선유도 공원은 정수장이었다. 성수동의 구두 공장은 카페로 변신하여 사람들을 불러 모으고 있다. 국제적으로도 유명한 영국 런던의 테이트모던 미술관은 발전소였고, 뉴욕의 리파이너리 호텔도 공장이었다. 이처럼 목욕탕의 재활용은 필연적인 선택이었을지도 모른다.

최근 MZ세대라 불리는 밀레니얼 세대(1980년대~1990년대 초중반생)와 Z세대(1990년대 중후반~2010년대 초반생) 사이에서 1990년대와 2000년대 초반의 문화가 다시 유행하고 있다. 이들은 그 시절 유명했던 걸그룹의 스타일을 모방하거나 당시의 말투를 흉내 내기도 한다. 레트로 열풍이라 부를 만하다.

그 시절은 공중목욕탕의 황금기였다. 이런 레트로 감성 때문일까? 젊은 세대는 이제 공중목욕탕을 재해석한 카페나 미술관으로 발걸음을 옮겨 신기해한다. 이런 공간들은 공중목욕탕에 익숙한 사람들에게는 향수와 추억을, 경험이 적은 이들에게는 독특하고 빈티지한 감성을 선사한다. 그러나 흥미롭게도 사람들은 목욕탕 테마의 카페에는 가지만 실제 공중목욕탕에는 잘 가지 않는다. 과거의 향수를 느끼고 싶지만, 그 시절로 돌아가고 싶지 않다. 추억이 아름다운 이유는, 그 시절의 불편함을 소거한 과거이기 때문이다.

　이제 공중목욕탕의 미래는 어떻게 될까? 기능의 소멸과 용도 변경이 불가피한 걸까? 레트로 열풍이 사라지면 변형된 공중목욕탕 건물도 부숴버리고 결국에는 모두 사라져 버리는 것일까? 옛 방식이 새로움을 불러일으키는 공간, 아마도 어딘가에는 옛 방식을 그대로 간직한 공중목욕탕을 남겨두어도 괜찮지 않을까.

목욕은
지속될 수 있을까

황제가 지은 테르마이에서 왁자지껄하게 운동하고 토론하는 로마인들을 상상해 보자. 하맘에서 희부연 증기를 쐬며 신붓감을 물색하는 예비 시어머니들도 눈에 선하다. 피로에 지친 공장 노동자들을 위한 공중목욕탕에서 잠복 중인 셜록 홈스의 모습과 갠지스강에 뛰어드는 수많은 사람들의 모습도 그려진다. 김이 펄펄 끓는 일본의 온천과 때를 빡빡 미는 한국의 공중목욕탕까지. 지금까지 목욕의 다양한 형태를 살펴보았다. 형태는 다르지만 공중목욕탕은 다양한 문화권에서 그 시대의 문화와 역사를 담아 여러 가지 방식으로 발달했다.

목욕과 공중목욕탕은 인간의 본능과 감응해 영원히 유지될 것처럼 보인다. 비록 소규모 공중목욕탕의 수는 줄어들고 있지만, 목욕 문화 자체는 대형 찜질방, 고급 호텔의 서비스, 1인 세신샵으로 변신을 거듭하고 있다. 더 나아가 북미와 동남아시아에서도 문을 열었다.

다른 나라의 목욕 문화도 한국 안으로 들어왔다. 핀란드의 사우나는 이미 일상 깊숙이 파고들었으며, 한국에서도 일본식으로 내부를 장식한 온천 여관을 찾기 어렵지 않다. 한국의 목욕 문화뿐만 아니라 전 세계의 목욕 문화가 서로 다른 나라의 요소를 받아들이며 혼합된 형태로 발달하고 있다. 그러나 다가오는 시대에도 이와 같은 문화적 풍요로움이 유지될 수 있을까?

몸을 주기적으로 깨끗이 하는 행위는 인간의 본능이자 문화의 산물이다. 제한된 공간에서 집단으로 생활하는 인간은 신체 관리를 소홀히 할 경우 질병과 병충해에 시달리고 만다. 밀집된 인구는 언제나 문제를 야기한다.

1700년에 10억 명이었던 세계 인구는 1800년에 12억 명, 1900년에 20억 명으로 증가했다. 1950년에는 25억 명으로 늘어났고, 50년 후에는 61억 명을 넘어섰으며, 2022년 말에는 80억 명을 돌파했다. 불과 100년 만에 지구 인구가 네 배 증가했다. 이 모든 사람들이 목욕을 해야 할 텐데, 깨끗한 물의 양은 100년 전이나 지금이나 변함이 없다.

유엔은 2003년을 '세계 물의 해International Year of Freshwarer'로 선포하고, '기후 변화에 따른 영향을 가장 많이 받는 매체'로 물을 지목했다. 세계경제포럼World Economic Forum, WEF은 2021년 지구의 위기 5위로 물을 선정했다.

전 세계적으로 물 부족 문제가 심화되고 있는 가운데 「2024년 유엔 물 개발 보고서WWDR」는 "2022년 기준으로 인구 22억 명이 안전하게 관리되는 식수에 접근하지 못하고 있다"라고 발표했다. 앞으로 10년에서 20년 사이에 이 비율은 세계 인구의 3분의 2까지 증가할 전망도 있다. 특히 인구가 밀집된 도시에서 공동의 상수원을 이용하는 경우, 물 부족은 심각한 재앙이다.

2018년 남아프리카공화국 케이프타운에서는 3년 동안의 가뭄으로 인해 댐 수위가 급감하자, 경찰이 일반 시민의 물 사용을 단속하기 시작했다. 400만 명이 거주하는 이 도시에서 상수도 공급이 전면 차단될 위기에 처했다. 공급이 끊어지면 도시 내 거주자는 1인당 하루 25L만을 공급받을 수 있었다. 이 물도 필수 시설만 받을 수 있었다.[198] [199]

당장 일상생활이 바뀌었다. 욕조에 몸을 담그는 여유로운 목욕과 배변 때마다 물을 내리는 변기, 화장실, 세차, 그리고 파릇파릇한 잔디가 있는 정원은 과거의 일이 되었다. 욕조를 이용한 목욕은 최대 264L의 물을 사용한다. 경찰은 물을 함부로 사용하는 사람들에게 벌금을 부과했고, 사람들은 분당 8L를 사용하는 샤워로 최대한 짧게 몸을 씻었다. 물은 귀한 자원이 되고 있다.

기후 변화와 기상 이변으로 인한 물 부족 현상은 머지않은 시일 내에 우리에게도 찾아올 일이다. 로마의 송수관이 파괴되자 테르마이가 역사 속으로 사라진 것처럼, 공중목욕탕과 목욕 문화도 물이 사라지면 없어질 수 있다. 100년 후에는 가정에서 샤워가 사라지고, 수십 명의 사람들이 한 장소에 모여 물 한 바가지씩을 나누어 쓰는 모습을 상상해 본다. 그때가 되면 수도꼭지를 펑펑 틀었던 공중목욕탕은 고대 로마의 테르마이처럼 사치스러운 문명의 산물로 여겨질 것이다.

이 미래상은 극단적이고 부정적인 예시에 불과하다. 가정에서 물을 아끼려는 개인들의 노력도 이어지고 있다. 케이프타운에서도 시민들의 노력이 이어져 상수도 전면 차단일을 늦출 수 있었다.[200] 인구가 증가함에 따라 물을 다루는 기술도 점진적으로 발달하고 있다.

씻는 것이 인류의 본능이라 목욕을 문화적으로 발달시켜 왔듯이, 미래에는 새로운 물 관리 기술을 적용한 목욕 방식이 생겨날 수도 있다. 먼 미래에는 인류가 뻗어나간 어느 행성에서 우리가 생각하지 못한 방식의 공간이 공중목욕탕이라는 이름으로 등장할지도 모른다.

목욕과 공중목욕탕의 과거와 현재를 돌아본 이 책이 앞으로 목욕의 미래를 그려나가는 데 도움이 되기를 희망한다. 마지막으로 어렸을 적, 작은 손을 붙잡고 함께 공중목욕탕에 다녔던 부모님께 감사의 마음을 전한다.

주

1부. 세계 목욕의 역사

1   유네스코 세계 유산 협약 웹사이트. https://whc.unesco.org/en/list/138/

2   이주형 · 이석우, 『천상의 도시 천하의 도시』, 보성각, 2016, pp.86~88.

3   캐서린 애쉔버그, 『목욕, 역사의 속살을 품다』. 박수철 역, 예지, 2010, pp.19~30.

4   캐서린 애쉔버그, 『시시콜콜 목욕의 역사: 왜 우리는 씻기 시작했을까?』, 이달오 역, 씨네스트, 2019, p.27.

5   캐서린 애쉔버그, 『시시콜콜 목욕의 역사: 왜 우리는 씻기 시작했을까?』. 이달오 역, 씨네스트, 2019, p.30.

6   Garrett G. Fagan, *Bathing in Public in the Roman World*, Ann Arbor, University of Michigan Press, 2002.

7   Lucius Annaeus Seneca, "number 56" in *Letters from a Stoic*, translated by Richard Mott Gummere, Lulu Press, 2015, p.117.

8   Gaius Suetonius Tranquillus, "D. OCTAVIUS CAESAR AUGUSTUS." in *The Lives of The Twelve Caesars*, translated by Alexander Thomson, M.D., 2006.

9   Aulus Gellius, *The Attic Nights of Aulus Gellius*, translated by ohn C. Rolfe, Cambridge, Cambridge, Mass., Harvard University Press; London, William Heinemann, Ltd., 1927, p.229, Tufts Univeristy, Perseus Digital Library, https://www.perseus.tufts.edu/hopper/text?doc=Perseus:abo:phi,1254,001:10:3

10 Garreti G. Fagan, "THREE STUDIES IN ROMAN PUBLIC BATHING: ORIGINS, GROWTH, AND SOCIAL ASPECTS", Doctor of Philosophy, History / Roman Studies Programme, McMaster University, 1993, p.20.

11 Cristina Garbagna ed., *The Baths of Caracalla guide*, Mondadori Electa, 2016.

12 Janet DeLain, *The Baths of Caracalla: A study in the design, construction, and economics of large-scale building projects in Imperial Rome*, 1st ed. London: JRA. 1997, p.169.

13 Fikret K. Yegül, *Baths and Bathing in Classical Antiquity*, Architectural History Foundation, Pennsylvania State University, 1992, pp.163~168.

14 Ministero dei Beni e delle Attività Culturali e del Turismo ed, Baths of Diocletian, Mondadori Electa, 2017.

15 EBS 다큐프라임 〈은밀한 문명사 목욕: 함께 씻는 사회, 공중목욕탕〉, EBS1, 2013.9.16. 방영.

16 Marcus Tullius Cicero, *On Moral Duties*, translated by Andrew P. Peabody, Boston: Little, Brown, and Co., 1887(44), 35절.

17 Aulus Cornelius Celsus, *On Medicine(De Medicina)*, Book V, chapter 26, translated by W. G. Spencer, 1971(bc 1세기). Perseus Digital Library. Tufts University.

18 마르쿠스 아우렐리우스, 『명상록』, 이덕형 역, (주)문예출판사, 2008.

19 캐서린 애쉔버그, 『시시콜콜 목욕의 역사: 왜 우리는 씻기 시작했을까?』, 이달오 역, 씨네스트, 2019, pp.49~50.

20 캐서린 애쉔버그, 『목욕, 역사의 속살을 품다』, 박수철 역, 예지, 2010, pp.52~74.

21 캐서린 애쉔버그, 『목욕, 역사의 속살을 품다』, 박수철 역, 예지, 2010, pp.52~74.

22 Elizabeth Archibald. 2012. "Bathing, Beauty and Christianity Bathing, Beauty and Christianity in the Middle Ages in the Middle Ages", *Insights* 5(1): 1~17. Institute of Advanced Study. Durham University.

23 Jo Ann McNamara, John E. Halborg, E. Gordon Whatley, "St. Radegund" *Sainted Women of the Dark Ages*, Durham and London: Duke University Press, 1992, pp.70~86.

24 Elizabeth Archibald, "Bathing, Beauty and Christianity Bathing, Beauty and Christianity in the Middle Ages in the Middle Ages", *Insights* 5(1): 1~17, Institute of Advanced Study, Durham University, 2012.

25 「아헨대성당」, 《두산백과》 https://terms.naver.com/entry.naver?docId=1217154&cid=40942&categoryId=33736

26 Anna Urszula Kordas, "The baths at Kom el-Dikka in Alexandria as a foundation of Constantine the Great? Reconsidering the inscribed mark ΦΛ ΑΝ Τ", *Journal of Roman Archaeology* 34 (1): 238~240, Cambridge University Press, 2021.

27 S. Bagnall, Roger, *Egypt from Alexander to the Copts : an Archaeological and Historical Guide*, Revised Electronic Edition, American University of Cairo Press, 2017, pp.64~69.

28 Tülay Karadayı Yenice, Meltem Ararat, "Turkish bath tradition: The example of Gaziantep, Turkey", *International Journal of Intangible Heritage* 17(1): 198~210, National Folk Museum of Korea, 2022.

29 EBS 다큐프라임 〈은밀한 문명사 목욕: 함께 씻는 사회, 공중목욕탕〉, EBS1, 2013.9.16. 방영.

30 「'수몰 위기' 800년 전 '터키탕' 유적 통째 뜯어 이전」, 《연합뉴스》, 2018.8.6.

31 Godfrey Goodwin, *A History of Ottoman Architecture*, Thames and Hudson: London, 1997, pp.248~249.

32 Tülay Karadayı Yenice, Meltem Ararat, "Turkish bath tradition: The example of Gaziantep, Turkey", *International Journal of Intangible Heritage* 17(1): 198~210, National Folk Museum of Korea, 2022.

33 Tülay Karadayı Yenice, Meltem Ararat, "Turkish bath tradition: The example of Gaziantep, Turkey", *International Journal of Intangible Heritage* 17(1): 198~210, National Folk Museum of Korea, 2022.

34 Tülay Karadayı Yenice, Meltem Ararat, "Turkish bath tradition: The example of Gaziantep, Turkey", *International Journal of Intangible Heritage* 17(1): 198~210, National Folk Museum of Korea, 2022.

35 Tülay Karadayı Yenice, Meltem Ararat, "Turkish bath tradition: The example of Gaziantep, Turkey", *International Journal of Intangible Heritage* 17(1): 198~210, National Folk Museum of Korea, 2022.

36 「"여자는 헬스장·목욕탕 출입금지" 탈레반, 여성 억압 노골화」,《JTBC》, 2022. 11.14.

37 캐서린 애쉔버그,『시시콜콜 목욕의 역사: 왜 우리는 씻기 시작했을까?』. 이달오 역, 씨네스트, 2019, p.55.

38 캐서린 애쉔버그,『목욕, 역사의 속살을 품다』, 박수철 역, 예지, 2010, pp.75~95.

39 Victoria Sweet, "Hildegard of Bingen and the Greening of Medieval Medicine", *Bulletin of the History of Medicine* 73(3): 381~403, The Johns Hopkins University Press, 1999.

40 Giovanni Boccaccio, "Eightth Day", *Decameron*, in Brown University, Italian Studies. Virtual Humanities Lab. Decameron Web. https://www.brown.edu/Departments/Italian_Studies/dweb/texts/DecShowText.php?myID=nov0810&lang=eng

41 Jelle Haemers, "Women and Stews: the Social and Material History of Prostitution in the late medieval Southern Low Countries", *History Workshop Journal*. Vol 92(Autumn), Oxford University Press, 2021.

42 John Aberth, *The Black Death: The Great Mortality of 1348-1350: A Brief History with Documents*, (Boston, MA : Bedford/St. Martin's, 2005), pp.41~45.

43 캐서린 애쉔버그,『목욕, 역사의 속살을 품다』, 박수철 역, 예지, 2010, pp.75~95.

44 캐서린 애쉔버그,『목욕, 역사의 속살을 품다』, 박수철 역, 예지, 2010, pp.96~122.

45 John Locke, *Some Thoughts Concerning Education*, Createspace Independent Publishing Platform, 2017(1693).

46 Jean-Jacques Rousseau, *Emile: Or On Education*, translated by Allan Bloom, Basic Books, 1979(1759).

47 캐서린 애쉔버그,『목욕, 역사의 속살을 품다』, 박수철 역, 예지, 2010, pp.124~154.

48 https://www.greatspatownsofeurope.eu/discover-experience/city-of-bath/spa-history

49 John Floyer, Edward Baynard, *Psychrolousia. Or, the History of Cold Bathing*, London: Printed for W. Innys and R. Manby, 1732. https://archive.org/details/psychrolousiaorh00floy/page/n7/mode/2up

50 Arthur Conan Doyle, "The Adventure of the Illustrious Client", *Collier's*, 1924.

51 Arthur Conan Doyle, "His Last Bow: Some Reminiscences of Sherlock Holmes", *Collier's*, 1917.

52 (원문) Because for the last few days I have been feeling rheumatic and old. A Turkish bath is what we call an alternative in medicine-a fresh starting-point, a cleanser of the system.

53 Sampson Low, *The Charities of London*, 1850, p.90. https://archive.org/details/charitieslondon00lowgoog/page/n18/mode/2up

54 "Baths and Wash-Houses", The Times, 1846.7.22.

55 "Bath and Washhouses Act", UK Parliament. https://www.parliament.uk/about/living-heritage/transformingsociety/towncountry/towns/tyne-and-wear-case-study/about-the-group/baths-and-washhouses/baths-and-wash-houses-act/#:~:text=In%201846%20an%20Act%20was,local%20authorities%20to%20build%20them

56 "Fascinating history of Liverpool Pier Head's lost saltwater bath", Liverpool Echo, 2023.10.

57 "Public Baths, Collier Street, Greengate, Salford", Architects Of Greater Manchester, https://manchestervictorianarchitects.org.uk/buildings/public-baths-collier-street-greengate-salford

58 David Urquhart, *The Pillars Of Hercules; Or, A Narrative Of Travels In Spain And Morocco In 1848: In Two Volumes*, London: Bentley, 1850.

59 Robert Owen Allsop, *The Turkish Bath: Its Design and Construction*, London: Spon, 1890, p.18. https://archive.org/details/turkishbathitsde00allsiala/page/18/mode/2up?ref=ol&view=theater

60 Robert Owen Allsop, *The Turkish Bath: Its Design and Construction*, London : Spon, 1890, pp.18~20.

61 캐서린 애쉔버그, 『시시콜콜 목욕의 역사: 왜 우리는 씻기 시작했을까?』, 이달오 역, 씨네스트, 2019, pp.113~118.

62 캐서린 애쉔버그, 『시시콜콜 목욕의 역사: 왜 우리는 씻기 시작했을까?』, 이달오

역, 씨네스트, 2019, pp.121~123.

63 캐서린 애쉔버그, 『시시콜콜 목욕의 역사: 왜 우리는 씻기 시작했을까?』, 이달오 역, 씨네스트, 2019, pp.113~118.

64 "Throwback Thursday: When the First Modern Hotel in America Opened in Boston", Boston Magazine, 2015.10.15.

65 "First dinner in Tremont House, Boston, Mass", Historic New England, 1829.10.16.

66 Molly W. Berger, The Old High-tech Hotel, Invention & Technology Magazine 11(2), *American Heritage Publishing*, 1995. https://www.inventionandtech.com/content/old-high-tech-hotel-1

67 "The Astor House came tumbling down one century ago", The Bowery Boys, 2013.6.11.

68 "Where Lincoln Tossed and Turned", The New York Times, 2009.9.24.

69 "Advertisement", New York Freeman's Journal and Catholic Register, 1852.6.12.

70 Peter Gulino & Marion R. Casey, "The People's Washing and Bathing Establishment", Resurrecting the Ethnic Village, A Digital History Resource from New York University's Glucksman Ireland House, 2017. https://ethnic-village.org/2017/06/02/the-peoples-washing-and-bathing-house/

71 Amanda B. Davis, "Free Public Baths Of The City Of New York, East 11th Street Bath, 538 East 11th Street (aka 538-540 East 11th Street), Manhattan. Built 1904-05. Arnold W. Brunner, architect.", Landmarks Preservation Commission Designation List 402LP-2252, Research Department, New York City Governmnet, 2008.3.18.

72 Melanie Marich, "Abandoned for 49 Years, Baruch Bathhouse to Remain Deserted as Developer Nixes Ice Rink Plan" The City, 2024.7.15.

73 "After 124 Years, the Russian and Turkish Baths Are Still a Hot Spot", The New York Times, 2016.1.31.

74 「핀란드의 사우나 문화」, 유네스코와 유산, https://heritage.unesco.or.kr/핀란드의-사우나-문화/?ckattempt=1

75 헤로도토스, 『헤로도토스 역사』, 박현태 역, 동서문화사, 2016, pp.336~347.

76 "Sauna culture in Finland", UNESCO Intangible Cultural Heritage, https://
ich.unesco.org/en/RL/sauna-culture-in-finland-01596

77 「핀란드의 사우나 문화」, 유네스코와 유산, https://heritage.unesco.or.kr/핀란드
의-사우나-문화/?ckattempt=1

78 「핀란드의 사우나 문화」, 유네스코와 유산, https://heritage.unesco.or.kr/핀란드
의-사우나-문화/?ckattempt=1

79 "Exploring the mythical dimensions of the Finnish sauna", My Helsinki.
https://www.myhelsinki.fi/en/see-and-do/activities/exploring-the-mythi-
cal-dimensions-of-the-finnish-sauna

80 EBS 다큐프라임 〈은밀한 문명사 목욕: 치유의 목욕〉, EBS1, 2013.9.17. 방영.

81 Kumbh Mela, UNESCO Intangible Cultural Heritage, https://ich.unesco.org/
en/RL/kumbh-mela-01258

82 「갠지스강 유역 세계 최대 종교 축제」, 《매일신문》, 2001.3.29.

83 「지상 최대 목욕 축제 '마하 쿰브 멜라'」, 《조선일보》, 2013.2.22.

84 「세계최대 종교축제 인도 '쿰브멜라' 내일 개막… 1천 200만 운집」, 《연합뉴스》,
2019.1.14.

85 「인도 코로나: 힌두교 축제 '쿰브멜라', 바이러스 확산의 악몽이 되다」, 《BBC
NEWS 코리아》, 2021.5.10.

86 「인도 최대 종교축제 '쿰브멜라' … 1억 2천만 명 강물에 '풍덩'」, 《The AsiaN》,
2019.2.11.

87 Mark Twain, "Chapter XLIX", *Following the Equator: A Journey around the
World*, American Publishing Company, 1897, p.469.

88 「奈良期のサウナ 民癒やす: 法華寺の「からふろ」奈良市」, 《日本経済新聞》,
2016.1.22.

89 「일본국립한센병요양원 이름 '광명원'의 보고서」, 《뉴스인》, 2014.9.18.

90 박동성, 「일본의 공중목욕탕」, 『지역사회학』4(2): 181~198, 지역사회학회, 2003.

91 金久煥, 「沐浴場と錢場に關する─考察」, 『比較文化研究』16(1): 129~148, 釜
山外國語大學校 比較文化研究所, 2004.

92 황보은, 『450엔의 행복, 도쿄 목욕탕 탐방기』, 달, 2012.

93 박동성, 「일본의 공중목욕탕」, 『지역사회학』4(2): 181~198, 지역사회학회, 2003.

94 「奈良期のサウナ 民癒やす :法華寺の「からふろ」奈良市」, 《日本経済新聞》, 2016.1.22.

95 EBS 다큐프라임 〈은밀한 문명사 목욕: 치유의 목욕〉, EBS1, 2013.9.17. 방영.

96 「마마무 문별 "'이것' 있어서 日 목욕탕 출입 거부" …이유 뭐길래」, 《머니투데이》, 2023.1.10.

97 「문신 있어도 괜찮아요… 日 온천 문턱 낮춰: 관광객 늘리기 위해 규제 완화… 작은 문신 가리는 스티커 활용」, 《조선일보》, 2016.9.3.

98 「[특파원24시] 문신자 공중목욕탕 입장 허용 놓고 혼란」, 《한국일보》, 2017.4.30.

2부. 한국의 목욕 문화

1   부산광역시 동래구청 문화관광, https://www.dongnae.go.kr/index.dong-nae?menuCd=DOM_000000401001003000

2   『삼국유사』권3. 탑상4. 영축사(靈鷲寺).

3   경상도(慶尙道) 동래현(東萊縣), 『신증동국여지승람』제23권, 1530.

4   곽철환, 「빈파사라왕(頻婆娑羅王)」, 『시공 불교사전』, 시공사. 2003.

5   박부영, 「릴레이 연재 - 키워드로 보는 불교 문화 '수행자의 삭발 그리고 면도'」, 『법회와 설법』, 157(1): 70~73, 대한불교조계종포교원, 2008.

6   박부영, 「삭발」, 《불교신문》, 2004.4.6.

7   박부영, 「목욕」, 《불교신문》, 2004.4.16.

8   조효순, 「우리나라 沐浴의 풍속사적 硏究」, 『복식』16(1): 65~74, 한국복식학회, 1991.

9   EBS 다큐프라임 〈은밀한 문명사 목욕: 치유의 목욕〉, EBS1, 2013.9.17. 방영.

10 서긍, 「풍속(雜俗)2 목욕과 세탁(澣濯)」, 『선화봉사고려도경』권23, 1124.

11 『고려사절요』권20, 충렬왕 11년(1285) 1월 12일.

12 『고려사』권84, 지(志), 권제38, 형법1, 선종5년(1088).

13 『고려사절요』 권25, 충숙왕 후 7년(1338) 8월 미상.

14 『고려사』 권46, 세가(世家), 권제46, 공양왕 3년(1391년) 3월 17일.

15 『고려사』, 충숙왕 후 8년(1339) 음력 3월 24일.

16 「포백척」,《한국민족문화대백과사전》, 한국학중앙연구원

17 『고려사』 권5, 세가(世家), 권제5, 현종 15년(1024) 5월 7일.

18 『고려사절요』 권13, 명종 17년(1187년) 9월 미상.

19 『조선왕조실록』 성종실록 214권, 성종19년(1488) 3월 5일.

20 『예기(禮記)』, 「내측(內則)」.

21 『조선왕조실록』 숙종실록 25권, 숙종19년(1693) 2월 4일.

22 『조선왕조실록』 성종실록 287권, 성종25년(1494) 2월 12일.

23 『조선왕조실록』 연산군일기 42권, 연산8년(1502) 1월 11일.

24 김용숙, 『朝鮮朝 宮中風俗研究』, 일지사, 1987, pp.169~181.

25 『조선왕조실록』 연산군일기 53권, 연산10년(1504) 5월 26일.

26 『조선왕조실록』 연산군일기 59권, 연산11년(1505) 8월 21일.

27 김용숙, 『朝鮮朝 宮中風俗研究』, 일지사, 1987, pp19~24; pp.169~181.

28 조시내, 「근대 창덕궁 주요 전각의 공간과 장식 특성」, 『미술사학연구』 315(1): 213~244, 한국미술사학회, 2022.

29 『조선왕조실록』 순종실록부록 4권. 순종 6년(1913), 12월 31일.

30 「桃李丹青 詩歌의 園, 창덕궁의 新造展(2), 불에 태워 다시 짓는 전각은 내부를 제한 외엔 거의 준공, 전부 준공은 올 일 년 들어」,《매일신보》, 1920.1.17.

31 이규숙, 『이 '계동 마님'이 먹은 여든 살』, 뿌리깊은나무, 1991, pp.90~92.

32 『임원경제지』 7권 섬용지(贍用志)

33 이규숙, 『이 '계동 마님'이 먹은 여든 살』, 뿌리깊은나무, 1991, pp.90~92.

34 『조선왕조실록』 세종실록 121권, 세종 30년(1448) 8월 25일.

35 성현, 『용재총화』 권9, 1525.

36 『조선왕조실록』 세종실록 3권, 세종 1년(1419) 2월 7일

37 『조선왕조실록』 태조실록 7권, 태조 4년(1395) 3월 18일

38 『조선왕조실록』 세종실록 81권, 세종 20년(1438) 4월 18일

39 『조선왕조실록』 세종실록 81권, 세종 20년(1438) 4월 18일

40 『조선왕조실록』세종실록 81권, 세종 20년(1438) 4월 18일

41 『조선왕조실록』세종실록 66권, 세종 16년(1434년) 11월 29일.

42 『조선왕조실록』세종실록 67권, 세종 17년(1435) 2월 8일.

43 『조선왕조실록』세종실록 81권, 세종 20년(1438) 4월 18일.

44 『조선왕조실록』세종실록 90권, 세종 22년(1440) 8월 27일.

45 『조선왕조실록』세종실록 90권, 세종 22년(1440) 8월 27일.

46 『조선왕조실록』세종실록 92권, 세종 23년(1441) 1월 7일.

47 『조선왕조실록』세종실록 92권, 세종 23년(1441) 2월 2일.

48 『조선왕조실록』세종실록 101권, 세종 25년(1443) 7월 11일.

49 『조선왕조실록』현종실록 10권, 현종 6년(1665) 4월 17일.

50 『조선왕조실록』현종실록 10권, 현종 6년(1665년) 4월 17일.

51 『조선왕조실록』현종실록 10권, 현종 6년(1665) 4월 17일.

52 『조선왕조실록』현종실록 10권, 현종 6년(1665) 4월 25일.

53 『조선왕조실록』현종개수실록 13권, 현종 6년(1665) 4월 25일.

54 『조선왕조실록』현종개수실록 17권, 현종 8년(1667) 3월 17일.

55 『조선왕조실록』현종실록 10권, 현종 6년(1665) 4월 15일.

56 『조선왕조실록』현종실록 10권, 현종 6년(1665) 4월 26일.

57 『조선왕조실록』현종실록 10권, 현종 6년(1665) 5월 11일.

58 『조선왕조실록』선조실록 104권, 선조 31년(1598) 9월 22일.

59 『조선왕조실록』선조실록 104권, 선조 31년(1598) 9월 24일.

60 『조선왕조실록』세종실록 92권, 세종 23년(1441) 4월 17일.

61 조수삼, 「온정기」, 『추재집(秋齋集)』권8, 1939.

62 『조선왕조실록』세조실록 33권, 세조 10년(1464) 4월 16일.

63 『조선왕조실록』세조실록 33권, 세조 10년(1464) 4월 16일.

64 『조선왕조실록』숙종실록 33권, 숙종 43년(1717) 3월 16일~3월 21일.

65 『조선왕조실록』문종실록 1권, 문종 즉위년(1450) 4월 19일.

66 『조선왕조실록』문종실록 6권, 문종 1년(1451) 3월 24일.

67 『조선왕조실록』성종실록 4권, 성종 1년(1470) 4월 17일.

68 『조선왕조실록』세조실록 13권, 세조 4년(1458) 7월 14일.

69 『조선왕조실록』단종실록 6권, 단종 1년(1453) 4월 24일.

70 『조선왕조실록』숙종실록 33권, 숙종 43년(1717) 3월 11일.

71 조수삼,「온정기」,『추재집(秋齋集)』권8, 1939.

72 『경국대전』, 예전(禮典), 혜휼(惠恤).

73 『대전통편』, 예전(禮典), 혜휼(惠恤).

74 『조선왕조실록』세종실록 18권, 세종4년(1422) 10월 2일.

75 『조선왕조실록』세종실록 44권, 세종11년(1429) 6월 27일.

76 『조선왕조실록』세종실록 29권, 세종7년(1425) 7월 19일.

77 『조선왕조실록』세종실록 119권, 세종30년(1448) 2월 12일.

78 전라도(全羅道) 무장현(茂長縣),『신증동국여지승람』권36, 1611(1481).

79 『조선왕조실록』세종실록 110권, 세종27년(1445) 11월 8일.

80 『조선왕조실록』문종실록 8권, 문종1년(1451) 7월 20일.

81 『조선왕조실록』세종실록 18권, 세종4년(1422) 10월 2일.

82 『조선왕조실록』세종실록 18권, 세종 4년(1422) 10월 2일 병술 4번째 기사

83 『조선왕조실록』세종실록 44권, 세종11년(1429) 6월 27일.

84 『조선왕조실록』세종실록 110권, 세종27년(1445) 11월 8일.

85 『조선왕조실록』세종실록 36권, 세종9년(1427) 4월 24일.

86 『조선왕조실록』세종실록 49권, 세종12년(1430) 9월 1일.

87 『조선왕조실록』세종실록 51권, 세종13년(1431) 2월 10일.

88 『조선왕조실록』세종실록 36권, 세종9년(1427) 4월 24일.

89 이승만,『풍류세시기』,《중앙일보》·동양방송, 1977.

90 홍석모,「단오(端午)」,『동국세시기(東國歲時記)』, 1849.

91 「창포탕」,《한국민속대백과사전》, 국립민속박물관.

92 「창포탕」,《한국민속대백과사전》, 국립민속박물관.

93 「상추이슬분바르기」,《한국민속대백과사전》, 국립민속박물관.

94 「깻잎 물에 머리 감기」,《한국향토문화전자대전》, 한국학중앙연구원.

95 「6월」,《한국민속대백과사전》, 국립민속박물관.

96 「유두」,《한국민속대백과사전》, 국립민속박물관.

97 「유월」,《한국민속대백과사전》, 국립민속박물관.

98 「물맞이」,《한국민속대백과사전》, 국립민속박물관.

99 「더운 여름 물맞이, 유두 풍속」,《민속 소식》, 국립민속박물관 웹진, https://web-zine.nfm.go.kr/2020/07/30/더운-여름-물맞이-유두流頭-풍속/

100 「물맞이」,《한국민속대백과사전》, 국립민속박물관.

101 「약물맞이」,《한국민속대백과사전》, 국립민속박물관.

102 「백중에 바다 미역 하면 물귀신 된다」,《한국민속대백과사전》, 국립민속박물관.

103 「칠월 백중사리에 오리 다리 부러진다」,《한국민속대백과사전》, 국립민속박물관.

104 「동백꽃 목욕」,《한국민속대백과사전》, 국립민속박물관.

105 『조선왕조실록』 24권, 순조21년(1821) 8월 13일.

106 『조선왕조실록』 24권, 순조21년(1821) 8월 17일.

107 「집록 동수관고백」,《한성주보》, 1886.7.5.

108 신동원, 「조선말의 콜레라 유행, 1821~1910」, 『한국과학사학회지』 11(1): 53~86, 한국과학사학회, 1989.

109 올리버 R. 에비슨, 『올리버 R. 에비슨이 지켜본 근대 한국 42년: 1893~1935』 상, 박형우 편역, 청년의사, 2010, pp.224~230; pp.242~243.

110 신동원, 「조선말의 콜레라 유행, 1821~1910」, 『한국과학사학회지』 11(1): 53~86, 한국과학사학회, 1989.

111 박영효, 「박영효의 건백서」, 김갑천 역, 『韓國政治研究2』 (1), 1990, pp.245~295.

112 김옥균, 「치도약론」,《한성순보》, 1884.7.3.

113 「논설」,《독립신문》, 1986.6.27.

114 윤치호, 『윤치호 일기』, 김상태 편역, 역사비평사, 2001, p.76.

115 「생활개선의 제일보로」,《동아일보》, 1924.1.1.

116 박용규, 「구한말(1881~1910) 지방신문에 관한 연구」, 『한국언론정보학회 가을통권』, 11(1): 108~140, 한국언론정보학회, 1998.

117 박용규, 「구한말(1881~1910) 지방신문에 관한 연구」, 『한국언론정보학회 가을통권』, 11(1): 108~140, 한국언론정보학회, 1998.

118 권정원, 김소영 역, 『(국역) 조선신보: 한반도 최초 근대신문. 개항장 부산 거류 일본인 발행』, 보고사, 2022.

119 「회중잡보 본회 셜립ᄒ후로 토론ᄒ 문제가 삼십삼인 여좌홈」,《협성회회보》,

1898.1.1. .

120 경성거류민단역소 편, 『경성발달사(京城發達史)』, 1912, p.64.

121 국사편찬위원회 편, 『한일경제관계』 2권, 2003, p.352.

122 김승, 「한말 부산거류 일본인의 상수도시설 확장공사와 그 의미」, 『한국민족문화』 34(1): 237~276, 부산대학교 한국민족문화연구소, 2009.

123 이연경·김성우, 「1885년~1910년 한성부 내 일본인 거류지의 근대적 위생사업의 시행과 도시변화」, 『대한건축학회 논문집』 28(10): 215~224, 대한건축학회, 2012.

124 김영미, 「일제시기 도시의 상수도 문제와 공공성」, 『식민지 공공성: 실체와 은유의 거리』, 책과함께, 2010, pp.255~288.

125 「경성 수도는 남부 전용물, 조선인은 불과 2할」, 《조선일보》, 1926.12.28.

126 「경성의 수도 요금은 동양 제일의 고가」, 《조선일보》, 1927.2.18.

127 「부내(府內) 수도 사용 조선인 4할, 일본인은 거의 전수(全數)」, 《조선일보》, 1931.3.13.

128 「교남교육회(嶠南教育會), 혜천탕(惠泉湯)에서 임원간친회 개최」, 《황성신문》, 1908.12.15.

129 「현대 조선 원조 이야기: 그것은 누가 시작했던가?」, 《매일신보》, 1936.1.16.

130 《황성신문》, 1908.12.15.

131 「날도둑질(盜日甚)」, 《황성신문》, 1901.11.6.

132 김승, 「한말 부산거류 일본인의 상수도시설 확장공사와 그 의미」, 『한국민족문화』 34(1): 237~276, 부산대학교 한국민족문화연구소, 2008.

133 강사 모-던 모-세, 「MODERN COLLEGE 개강 도회생활오계명(開講 都會生活五誡命)」, 《별건곤》 제29호, 1930.6.1.

134 예지숙, 「조선총독부 사회사업정책의 전개와 성격(1910년~1936년)」, 서울대학교 인문대학 국사학과 박사학위논문, 2017.

135 「공설욕장증설 농촌산촌 20개소를 증설하라는 총독부 사회과의 계획 발표」, 《동아일보》, 1935.3.30.

136 「공설욕장설치. 경성부에서는 3만 세궁민을 위해 공설욕장을 설치할 계획을 세우고 준비를 진행 중」, 《동아일보》, 1937.6.9.

137 「해주주선(海州朝鮮) 세멘트 회사. 육백직공 총파업. 임금인상, 노동시간 단축요구. 경찰서에서 조정에 출마」,《동아일보》, 1938.3.29.

138 「시내 각 소학교 안에 공동욕장을 신설」,《동아일보》, 1940.7.18.

139 「잡보」,《독립신문》, 1897,1,14.

140 「광안희차랑(廣安喜次郎)」, 한국근대사료DB. 근현대 인물자료. https://db.history.go.kr/modern/im/detail.do

141 길목혜칠(吉木惠七), 한국근대사료DB https://db.history.go.kr/modern/im/detail.do

142 「위생사업」,《독립신문》, 1899.02.07.

143 「새문밧 유동셔 루탕옥쥬인 김쥬환씨난」,《제국신문》, 1900.11.30.

144 「세계신탕」,《매일신보》, 1904.10.13.

145 「목욕탕 신설」,《대한매일신보》, 1908.10.22.

146 「광고」,《제국신문》, 1902.10.29.

147 실업신보사 편,『平壤要覽』, 平壤實業新報社, 1909, p.25.

148 「광고」,《황성신문》, 1901.8.27.

149 「광고」,《황성신문》, 1903.12.5.

150 「혜천탕 고백」,《제국신문》, 1904.9.7.

151 《매일신문》, 1898.8.20.

152 윤백남,「한말 문화계의 점묘」,《신천지》7(2), 1952, p.91.

153 이규진,「개화기(1876~1910) 서양음식에 대한 인식과 수용」,『한국식생활문화학회지』30(6): 714~724, 2015.

154 「論說: 沐浴」,《만세보》, 1906.12.11.

155 「목욕탕에서」,《동아일보》, 1934.9.12.

156 한국지질자원연구원,『한국지질자원연구원 창립 70주년』, 한국지질자원연구원, 1990, pp.18~23.

157 원병호, 이성록, 이영주,「한반도 근대지질자원 조사 전담 기구의 출현 및 발달사」,『지질학회지』53(6): pp819~831, 대한지질학회, 2017.

158 조성운,「일제하 사설철도회사의 관광개발」,『한국민족운동사연구』113(1), 한국민족운동사학회, 2022, pp.125~182.

159 성주현,「철도의 부설과 근대관광의 형성」,『시선의 탄생: 식민지 조선의 근대관
     광』, 선인, 2011, pp.205~250.

160 김승,「일제강점기 해항도시 부산의 온천개발과 지역사회의 동향」,『지방사와 지
     방문화』14(1): 203~262, 2011.

161 부산박물관,『사진엽서, 부산의 근대를 이야기하다』, 2007, p.84.

162 이주경,「우리나라 온천지구의 개발과정과 공간문화적 특성: 부산시 동래온천을
     중심으로」, 서울대학교 환경대학원 환경조경학과 석사 학위 논문, 2018.

163 旭邦生,「東萊溫川から海雲臺へ」,《조선급만주(朝鮮及滿洲)》제121호, 1917,
     p.69.

164 「동래온천행(東萊溫川行)」(4),《매일신보》, 1919.8.22.; 김승, 2011, p.213.

165 「선철(鮮鐵)에서 동래온천경영(東萊溫泉經營)」,《동아일보》, 1922.6.11.

166 「동래온천(東萊溫泉)의 만철회사(滿鐵會社)와의 합병문제(合倂問題)로 동래
     면민이 대회를 열고」,《동아일보》, 1922.12.14.

167 「조선온천장낙성(朝鮮溫泉場落成)」,《동아일보》, 1923.6.11.

168 「동래온천락성식(東萊溫泉落成式)」,《동아일보》, 1923.7.1.

169 조선총독부,「동래온천」,《조선》제89호, 1922, p.141.

170 「동부선준공(東釜線竣工)」,《매일신보》, 1909.11.27.

171 「경편철도준공(輕便鉄道竣工)」,《황성신문》, 1909.12.21.

172 김승,「일제강점기 해항도시 부산의 온천개발과 지역사회의 동향」,《지방사와 지
     방문화》14(1): 203~262, 2011.

173 부산박물관,『사진엽서, 부산의 근대를 이야기하다』, 2007, p.84.

174 표용수,『부산 전차운행의 발자취를 찾아서』, 선인, 2009, p.152.

175 철도성,「철도정차장일람(鉄道停車場一覧): 부·관계법규, 선로도운임조견표
     (附·関係法規,線路図運賃早見表). 昭和2年版」, 철도교육회(鉄道教育会),
     1927, p.396.

176 「축전차개통(祝電車開通)」,《부산일보》, 1915.10.31.;「釜山の電鐵開通式」,《부
     산일보》, 1915.11.2.;「市街電鐵敷設認可」,《조선일보》, 1915.2.3.;「市街電鐵は
     急設」,《조선일보》, 1915.2.26.; 김승, 2011, p.219.

177 전성현,「일제시기 동래선 건설과 근대 식민도시 부산의 형성」,『지방사와 지방문

화』12(2): 225~269, 역사문화학회, 2009.

178 차상찬, 「남대(南隊)」,《별건곤(別乾坤)》 제22호, 1929, p.117.

179 「부산동래온천간만철경영자동차영업개시(釜山東萊溫泉間滿鐵經營自働車營業開始)」,《동아일보》, 1923.8.3.

180 조선총독부 철도국, 「조선려행안내기(朝鮮旅行案內記)」, 1934, p.7.

181 「釜山, 東萊間 보기車 出現」,《동아일보》, 1933.6.2.

182 김승, 「일제강점기 해항도시 부산의 온천개발과 지역사회의 동향」,《지방사와 지방문화》14(1): 203~262, 2011.

183 조선경찰협회, 「慶南の旅行の友」, 1935, p.37.

184 「東萊溫泉場 東川上에 大大的인 演藝場排設코 舊樂界一流를 請邀해」,《동아일보》, 1921.9.20.

185 「東萊溫泉場 旅舘組合의 脚戲盛況」,《동아일보》, 1922.3.19.

186 「溫泉脚戲大會」,《동아일보》, 1930.4.3.

187 「遊覽뻐쓰 開通 東萊, 海雲臺를 連絡」,《동아일보》, 1931.6.24.

188 이광수, 「오도 답파 여행」,『한국 현대 수필집 자료 총서 4권』, 태학사, 1987, pp.83~85.

189 「不景氣 모르는 遊興費 一年間 四十萬圓 동래온천장의 작년유흥비 數年前」,《동아일보》, 1933.2.14.

190 「명승과 고적」,《개벽》46호, 1924.4.1., p.146.

191 『各觀察道去來案』2, 의정부외사국, 광무 10년(1906) 5월 14일.

192 조형열, 「근현대 온양온천 개발 과정과 그 역사적 성격」,『순천향 인문과학 논총』29(1): 139~177, 순천향대학교 인문과학연구소.

193 「경남제일기선(京南第一期線)」,《조선일보》, 1921.5.24.

194 「목욕도 부자유」,《조선일보》, 1923.5.30.

195 조형열, 「근현대 온양온천 개발 과정과 그 역사적 성격」,『순천향 인문과학 논총』29(1): 139~177, 순천향대학교 인문과학연구소, 2011.

196 조형열, 「일제강점기 일본인의 지역 연구」,『순천향 인문과학 논총』36(2): 5~29, 순천향대학교 인문과학연구소, 2017.

197 남우훈, 「온양 온천 삽화」,《별건곤》24호, 1929.12.1., p.10.

198 고윤수, 「일제하 유성온천의 개발과 대전 지역사회의 변화」, 『역사와담론』 93(1): 225~262, 호서사학회, 2020.

199 양승률, 『대전시립박물관 학술총서 7. 유성온천과 대전』, 대전시립박물관, 2021.

200 「유성온천장 발전호」, 《동아일보》, 1921.12.16.

201 고윤수, 「일제하 유성온천의 개발과 대전 지역사회의 변화」. 《역사와 담론》 93(1): 225~262, 호서사학회, 2020.

202 양승률, 『대전시립박물관 학술총서 7. 유성온천과 대전』, 대전시립박물관, 2021.

203 「월미도욕탕 칠월 십일 개업」, 《동아일보》, 1923.6.28.

204 김정은, 「유원지의 수용과 공간문화적 변화과정: 창경원, 월미도, 뚝섬을 중심으로」, 서울대학교 환경대학원 협동과정 조경학 박사 학위 논문, 2017, pp.90~116.

205 「월미도욕탕 칠월 십일 개업」, 《동아일보》, 1923.6.28.

206 「월미도의 일야(一夜)」, 《동아일보》, 1923.8.12.

207 「월미도조탕(月尾島潮湯) 첫날에 오백 명」, 《동아일보》, 1923.7.17.

208 김정은, 「유원지의 수용과 공간문화적 변화과정: 창경원, 월미도, 뚝섬을 중심으로」, 서울대학교 환경대학원 협동과정 조경학 박사 학위 논문, 2017, pp.90~116.

209 「해수욕객 등은 전부 철귀」, 《조선일보》, 1938.8.17.

210 「인천항상륙의 수부 중에서 호역 보균자 발견」, 《동아일보》, 1938.8.17.

211 「월미도와 송도로 밀려드는 척서객」, 《조선일보》, 1938.8.24.

212 「월미도 조탕 4월 1일 공개」, 《매일신보》, 1943.3.24.

213 「인천 조탕 금년엔 폐지」, 《매일신보》, 1945.4.3.

214 「인천월미도 유원지 개방」, 《동아일보》, 1948.7.8.

215 「월미도 관광지로 재등장」, 《경향신문》, 1949.4.14.

216 「風土巡覽 仁川市篇 年産 四萬 톤의 漁港」, 《조선일보》, 1959.3.28.

217 김정은, 「유원지의 수용과 공간문화적 변화과정: 창경원, 월미도, 뚝섬을 중심으로」, 서울대학교 환경대학원 협동과정 조경학 박사 학위 논문, 2017, p.117.

218 정근식, 「식민지 위생경찰의 형성과 변화, 그리고 유산: 식민지 통치성의 시각에서」, 『사회와 연구』 90(1): 221~270, 한국사회사학회, 2011.

219 신동원, 『한국근대보건의료사』, 한울, 1991.

220 신동원, 「세균설과 식민지 근대성 비판」, 『역사비평』 58(1): 341~363, 역사비평

사, 2002.

221 「논설」,《독립신문》, 1896.6.27.

222 최보영, 「개항기 주한일본영사의 활동과 한국인식」. 동국대학교 사학과 박사학위 논문, 2018, p.157.

223 박용규, 「구한말(1881~1910) 지방신문에 관한 연구」, 『한국언론정보학회 가을통 권』 11(1): 108~140, 한국언론정보학회, 1998.

224 권정원, 김소영 역, 『국역 조선신보: 한반도 최초 근대신문 개항장 부산 거류 일 본인 발행』, 보고사, 2022.

225 최보영, 「개항기 주한일본영사의 활동과 한국인식」, 2018, p.157.

226 조선총독부, 「警務摠監部公文 朝鮮總督府警務摠監部令第四號 湯屋營業取 締規則左ノ通定ム」,《조선총독부관보》 제595호, 조선총독관방충무국인쇄소, 1914.

227 「석탄에 궁한 경성, 목욕탕과 각 공장의 큰 곤란」,《매일신보》, 1917.1.19.

228 「沐浴料變更内容」,《동아일보》, 1922.11.17.

229 「목욕대 値上, 7전이 되어, 지나간 28일부터」,《매일신보》, 1919.10.31.

230 「沐浴代値上未決, 팔전이 결정 안되어」,《매일신보》, 1919.12.20.

231 「폭리는 탐하지 않아, 부산탕집 조합 간부 측의 변명」,《조선시보》, 1923.1.21.

232 「인권무시」,《동아일보》, 1923.4.6.

233 「목욕업자의 만행」,《동아일보》, 1924.1.3.

234 국사편찬위원회 편, 「3·1 독립시위 관련자 신문조서(예심조서): 장명식 신문조 서」, 『한민족독립운동사자료집』 15, 국사편찬위원회, 1991.

235 「差別이甚한 金堤大和湯」,《동아일보》, 1926.1.21.

236 「목욕업자의 만행」,《동아일보》, 1924.1.3.

237 「일본인과 대편전: 전주 이리 목욕탕에서 조선인을 모욕했다고」,《동아일보》, 1925.6.11.

238 「問題되는浴塲差別」,《동아일보》, 1922.10.22.

239 「浴塲主人의惡行」,《동아일보》, 1922.1.30.

240 「목욕업자의 만행」,《동아일보》, 1924.1.3.

241 「지방통신(地方通信): 개성만필(開城漫筆)」,《개벽》, 1923.7.1., pp80~81.

242 「公設理髮所와 浴場을 設置하라고 경성부에 주문이 자주 들어온다고」,《동아일보》, 1921.4.20.

243 「목욕할 때에 주의(1)」,《동아일보》, 1928.1.12.

244 「목욕할 때에 주의(2)」,《동아일보》, 1928.1.13.

245 박정민, 「日帝强占期 仁川府 給水 運營의 變化와 地域社會의 動向(1911~1936)」, 서울대학교 사범대학 사회교육과 석사 학위 논문, 2019, pp.12~13.

246 홍성태 편, 『한국의 근대화와 물』, 한울아카데미, 2007, p.31.

247 김영미, 「일제시기 도시의 상수도 문제와 공공성」, 『식민지 공공성: 실체와 은유의 거리』, 책과함께, 2010, pp.255~288.

248 「경성의 수도 요금은 동양 제일의 고가」,《조선일보》, 1927.2.18.

249 주동빈, 「京城府의 상수도 생활용수 계량제 시행과 계층별 給水量 변화(1922~1928)」, 고려대학교 한국사학과 석사 학위 논문, 2013.

250 「석탄에 궁한 경성, 목욕탕과 각 공장의 큰 곤란」,《매일신보》, 1917.1.19.

251 「兼二浦의 石炭缺乏, 목욕탕이 휴업」,《매일신보》, 1919.2.10.

252 「물가는 떨어져도 이발료와 목욕료는 그대로 있음은 부당하다고」,《동아일보》, 2021.2.23.

253 「公設理髮所와 浴場을 設置하라고 경성부에 주문이 자주 들어온다고」,《동아일보》, 1921.4.20.

254 김유나, 「한국 근대 공중목욕탕의 수용과 변화」, 인하대학교 사학과 석사 학위 논문, 2020.

255 「불공한 사회사업」,《조선일보》, 1924.12.17.

256 경성제국대학 위생조사부 편, 『1940년, 경성의 풍경: 토막민의 생활과 위생』, 박현숙 역, 민속원, 2010, p186.

3부. 공중목욕탕과 현대 한국 사회

1 「목욕탕(沐浴湯) 없는 설음」,《경향신문》, 1947.2.6.

2 서울 열린 데이터 광장, https://data.seoul.go.kr

3   「공중목욕탕 거리 제한 없애」,《매일경제》, 1980.11.7.

4   「절제 잃은 '무제한 허가' 몇 집 건너 목욕탕」,《조선일보》, 1984.8.23.

5   「불붙은 새마을 운동(3) 제주 북제주군 조천면 북촌리」,《경향신문》, 1972.4.13.

6   「새마을기술정보⑨ 새마을목욕탕: 설비와 관리」,《우리들》1973년 10월호, 한국 정경연구소, pp.40~43.

7   건설부,「새마을 목욕탕」,『새마을 운동』, 1972.

8   이인혜,『목욕탕: 한국의 목욕문화』, 국립민속박물관, 2019, p.134.

9   「새마을기술정보⑨ 새마을목욕탕: 설비와 관리」,《우리들》1973년 10월호, 한국 정경연구소, pp.40~43.

10 「농촌에서 첫 태양열 목욕탕 강원도 삼척 승공마을」,《동아일보》, 1979.2.5.

11 서울 열린 데이터 광장, KOSIS 국가통계포털 활용, https://data.seoul.go.kr, http://kosis.kr.

12 「TV· 냉장고 보급 앞서 시골도 목욕탕 설치를」,《동아일보》, 1981.2.11.

13 「농촌주민의 삶의 질 향상을 위한 면(面)지역 '1,000원 목욕탕' 조성」,《이슈브리핑》81호, 전북발전연구원, 2012.4.2.

14 「코로나터널 …… 동네 목욕탕이 사라지고 있다」,《충청타임즈》, 2023.1.5.

15 「'맥반석 달걀+식혜' 거들떠도 안 본다… MZ '고급 스파' 오픈런」,《한국경제》, 2024.8.12.

16 「소막마을 주민들. 언제까지 원정목욕… 공공목욕탕 지어 달라. 남구청 재개발지역 어려움 있어 여러 방안 검토 중」,《뉴스1》, 2022.1.19.

17 「목욕탕의 장례식에 다녀왔다」,《한겨레》, 2021.5.23.

18 「문 대통령 '방역조치 다시 강화, 국민께 송구'」,《국민일보》, 2021.12.16.

19 「동네 목욕탕도 찜질방도 다 사라진다」,《MBC뉴스》, 2024.8.13.

20 건축프로젝트 무주공공건축프로젝트 안성면 사무소(안성면민의 집), 정기용 기념사업회, http://www.gu-yon.com/m2/m2_2-7.html

21 정재은 감독,〈말하는 건축가〉, 2012.

22 「부안 줄포면 작은 목욕탕 문전성시」,《전민일보》, 2022.12.6.

23 「의령 궁류면민들, 목욕탕 이용 편리하겠네」,《경남신문》, 2023.7.14.

24 「당진시, 활력바라지 복지회관 작은 목욕탕 5월 말 개장」,《당진신문》, 2023.4.17.

25 「그래도 우린 지친 마음 씻으러 간다 … 바뀌고 있는 목욕탕 풍경」,《부산일보》, 2022.2.2.

26 「전남 공중목욕장 100호 24일 해남서 개장」, 전라남도도청, 2013.12.23.

27 「"때 밀러 20km 원정" 이런 오지 마을에 목욕탕 짓자 생긴 일」,《중앙일보》, 2023.3.3.

28 「'씻을 권리' 공공목욕탕이 지켜드려요」,《경향신문》, 2023.12.17.

29 「"때 밀러 20km 원정" 이런 오지 마을에 목욕탕 짓자 생긴 일」,《중앙일보》, 2023.3.3.

30 김순일, 「개화기 주의식에 관한 연구: 1876~1910년간 견문록 신문학회지의 주택론을 중심으로」,『건축학회지』26(3): 27~30, 대한건축학회, 1982.

31 이경아·전봉희, 「1920년대 일본의 문화 주택에 대한 고찰」,《대한건축학회논문집 계획계》21(8):97~107. 대한건축학회, 2005.

32 한장희, 「박길룡 주가(住家) 계획의 변화에 관한 연구: 1926년부터 1941년까지의 계획안을 중심으로」, 한양대학교 건축설계학과 석사 학위 논문, 2020.

33 김용범, 「건축가 김윤기의 초년기 교육과정과 건축활동에 관한 고찰」,《대한건축학회논문집》29(6): 173~180, 대한건축학회, 2013.

34 조창섭·박길용, 「한국인 건축가의 근대성에 관한 연구: 박길용과 박동진의 근대성에 관하여」,《대한건축학회 학술발표대회 논문집 – 계획계/구조계》22(1): 297~300, 대한건축학회.

35 정몽화,『구름따라 바람따라: 愛國一念의 肯堂 鄭世權 아버님을 기리며』, 학사원, 1998, p.41.

36 「朝鮮人生活에 適應한 住宅設計圖案懸賞募集」,《조선일보》, 1929.3.10.

37 「住宅設計圖案當選發表」,《조선일보》, 1929.5.30.

38 김용범·박용환, 「1929년 조선일보 주최 조선주택설계안 현상모집에 관한 고찰」,『건축역사연구』17(2): 27~47, 2008.

39 이성례, 「한국 근대기 전시주택의 출품 배경과 표상」,『미술사논단』43(1): 113~134, 2016.

40 「일일일화. 문화 주택? 문화 주택」,《조선일보》, 1930.4.14.

41 「1931년이 오면(4)」,《조선일보》, 1930.11.28.

42 「한강부근에 문화촌 건설 도시계획에 편입을 희망」, 《조선일보》, 1930.4.29.

43 윤정숙·유영희, 「1930년대 이후 서울의 도시한옥 주공간과 주생활의 변화 특성: 1930년 이후 서울에 건축된 개량한옥을 중심으로」, 『대한건축학회논문집』 11(3): 49~57, 대한건축학회, 1995.

44 한장희, 「박길룡 주가(住家) 계획의 변화에 관한 연구: 1926년부터 1941년까지 의 계획안을 중심으로」, 한양대학교 건축설계학과 석사 학위 논문, 2020.

45 이홍렬·이경규, 「서구 모더니즘 건축운동을 통해 바라본 일제 강점기 가정개량 담론 형성: 1930년대 고유섭·박동진·박길룡의 관련 《동아일보》 연재기사 중심 으로」, 『일본근대학연구』 84(1): 67~96, 한국일본근대학회, 2024.

46 신병학·이선구, 「1941년~1945년에 건축된 영단주택의 주거실태에 관한 연구: 상도동 영단주택을 중심으로」, 『대한건축학회 학술발표대회 논문집―계획계/구 조계』 9(1): 113~118, 대한건축학회, 1989.

47 강영환, 「조서주택영단의 설립과 영단주택의 건설」, 『새로 쓴 한국 주거 문화의 역사』, 기문당, 2013, pp.311~316.

48 신병학·이선구, 「1941년~1945년에 건축된 영단주택의 주거실태에 관한 연구: 상도동 영단주택을 중심으로」, 『대한건축학회 학술발표대회 논문집―계획계/구 조계』 9(1): 113~118, 대한건축학회, 1989.

49 대한주택공사, 『대한주택공사 20년사: 1941~1978』, 대한주택공사, 1979.

50 오미현·김종서, 「한국의 부엌과 욕실 환경 분석 및 개선 방안 연구: 1950년 이후 아파트 사례 중심으로」, 『기초조형학연구』 20(2): 247~259, 한국기초조형학회, 2011.

51 「住宅商談」, 《여원》 1961년 4월호, pp.304~308.

52 「서울 사람들은 얼마큼씩 쓰고 사는가. 한달에 만 환씩의 적자 살림. 노동살이 는 봉급살이의 절반 값밖에 안 들고 지방 보다 4만환이나 더 들어」, 《조선일보》, 1961.9.29.

53 「개봉동 아파트 임대 내월 하순께 추첨」, 《매일경제》, 1972.9.20.

54 장성수, 「아파트 선택에 영향을 미치는 가구의 사회·경제적 특성에 관한 연구」, 『대한건축학회논문집』 14(11): 31~38, 대한건축학회.

55 유재혁, 「아파트 욕실공간 디자인에 관한 연구: 주공아파트 설계사례를 중심으

로」, 경기대학교 건설공학과 건설계획전공 석사 학위 논문, 1995.

56 강주영, 「제주지역 농촌주택개량사업 특성에 관한 연구: 1978년 제주 취락지구 개선사업 사례를 중심으로」, 제주대학교 산업대학원 건축공학과 석사 학위 논문, 2021.

57 「연료」, 《경향신문》, 1962.9.12.

58 「주공 아파트도 고급화」, 《매일경제》, 1986.12.1.

59 「인천 지역 아파트 분양 열기 뜨겁다」, 《매일경제》, 1988.5.28.

60 통계청 서울시 주택 총 조사 각 연도, KOSIS 국가통계포털, http://kosis.kr

61 「오르고 또 오르는 물가. 관업료 인상이 주인」, 《동아일보》, 1949.3.12.

62 「목욕-숙박料 자율화 새달부터」, 《조선일보》, 1990.8.28.

63 「어른은 50원」, 《조선일보》, 1948.7.3.

64 「목욕 요금도 시 당국 90원을 인정」, 《조선일보》, 1949.10.12.

65 「제멋대로 올리는 요금」, 《조선일보》, 1950.11.2.

66 「목욕료 인상」, 《경향신문》, 1952.2.8.

67 「생계비 최저 약 40만 원」, 《경향신문》, 1952.2.9.

68 「요금인상 신청. 전 목욕탕이 휴업」, 《경향신문》, 1957.2.10.

69 「요금 위반 목욕탕 등 영업정지 처분 단행」, 《조선일보》, 1957.2.28.

70 「목욕요금을 인상. 대인 70원. 군경은 반액」, 《경향신문》, 1949.2.1.

71 「시장이 5환씩 더 올려」, 《동아일보》, 1954.12.10.

72 「협회장 입건. 목욕값 인상 공작금 시에 35만원을 증회」, 《동아일보》, 1966.2.11.

73 「서울시서 '브레이크'」, 《경향신문》, 1966.4.20.

74 「목욕값 자진환원 161개업자」, 《동아일보》, 1966.2.5.

75 「목욕값 등 관허요금으로」, 《경향신문》, 1966.6.21.

76 「주부들 절제운동」, 《경향신문》, 1966.1.20.

77 「목욕료 등 올릴 구실을 마련」, 《경향신문》, 1967.10.23.

78 「목욕값 63% 인상」, 《매일경제》, 1972.6.2.

79 「목욕값 어른 백 원 어제부터 인상」, 《조선일보》, 1972.8.16.

80 한국소비자원 가격 정보 시스템 '참가격', https://www.price.go.kr

81 「공익성 무시한 착취」, 《동아일보》, 1967.9.2.

82 「한파에 찜질방 더 찾지만…난방비 부담에 이용료도 '쑥'」,《연합뉴스》, 2024.1.24.

83 「김밥 가격 20% 세탁료 27% 올라: 가계의 생활비 부담도 2년 전보다 15~20% 늘어」,《조선일보》, 2024.3.8.

84 「한파에 찜질방 더 찾지만…난방비 부담에 이용료도 '쑥'」,《연합뉴스》, 2024.1.24.

85 「새달 도시가스비 6.8% 인상… 4인 가구 月 3770원 더 부담」,《서울신문》, 2024.7.7.

86 「목욕을 자조하라」,《중외일보》, 1926.11.27.

87 「목욕할 때에 주의(1)」,《동아일보》, 1928.1.12.

88 「목욕할 때에 주의(2)」,《동아일보》, 1928.1.13.

89 「도창일심(盜搶日甚)」,《황성신문》, 1901.11.6.

90 「묘령의 목욕탕 여도둑 잡혀」,《경향신문》, 1968.4.20.

91 「명동 여탕에 도둑」,《경향신문》, 1968.4.24.

92 「'주인이 보상해 줘야' 법원, 목욕탕 내 도난 사건에 판결」,《경향신문》, 1968.5.15.

93 「여자는 도둑? 목욕탕 성차별」,《한겨레》, 1999.9.29.

94 「목욕탕 타월에서도 남녀차별」,《SBS 뉴스》, 2000.10.27.

95 김미영, 「호텔과 강남의 탄생」, 『서울학연구』 62(1): 1~26, 서울시립대학교 서울학연구소, 2016.

96 「도심 유흥업소 신규 억제」,《조선일보》, 1972.2.9.

97 김미영, 「호텔과 강남의 탄생」, 『서울학연구』 62(1): 1~26. 서울시립대학교 서울학연구소, 2016.

98 손정목, 『서울 도시계획 이야기: 서울 격동의 50년과 나의 증언 3』, 한울, 2003. pp.169~171.

99 전강수, 「1970년대 박정희 정권의 강남개발」, 『역사문제연구』 16(2): 9~38, 역사문제연구소, 2012.

100 「강남 지역 대중탕 허가 기준을 완화」,《동아일보》, 1977.4.26.

101 서울 열린 데이터 광장 연도별 사업체 통계 참조, https://data.seoul.go.kr

102 「여성 풍속도(12) 사우나 쑥탕」,《매일경제》, 1984.3.27.

103 「돈 어디로 흐르나(21) '사우나' 기업화 시대」,《동아일보》, 1983.5.24.

104 「대형 사우나 장 열어」,《매일경제》, 1985.8 28.

105 「여성 풍속도(12) 사우나 쑥탕」,《매일경제》, 1984.3.27.

106 「서울 시내 사치성 업소 요금 인상」,《동아일보》, 1979.9.7.

107 「서울 25시 탈선 온상 '사우나·안마시술소'」,《동아일보》, 1984.6.7.

108 「오나가나 모이기만 하면 '한판 벌이자' '고 스톱' 열병」,《조선일보》, 1985.6.15.

109 「미용실 간판 건 신종 호화유흥장 일회요금 팔천원 유한마담들 목욕·도박도… 세 곳 적발」,《동아일보》, 1973.12.13.

110 「비난 높아도 단속 거부하는 밀실. 난처한 '터키'탕」,《동아일보》, 1964.3.18.

111 「목욕 등 변태 영업 안마시술소 단속」,《동아일보》, 1983.11.1.

112 「신고는 안마시술소. 영업은 사우나탕」,《동아일보》, 1982.11.3.

113 「호텔 사우나 밀실. 무더기 적발」,《동아일보》, 1991.11.4.

114 「과소비 두고만 볼 것인가(3): 술집 여관 즐비. 거리마다 유흥가」,《동아일보》, 1989.9.27.

115 「찜질방 규제법 없어 '부작용'」,《부산일보》, 1994.12.14.

116 「찜질방 주부들 몰린다」,《중앙일보》, 1995.2.28.

117 「찜질방 목욕업 분류. 복지부」,《매일경제》, 1995.7.8.

118 「찜질방 주부들 몰린다」,《중앙일보》, 1995.2.28.

119 송도영, 「'방문화': 질주하는 대중문화 소비」, 『인류학자 송도영의 서울 읽기』, 소화, 2004, pp.82~112.

120 「방문화 집약체, '찜질방'」,《전북일보》, 2008.1.25.

121 김무경, 「찜질방=숨은 광장?」, 『문화와 사회』 10(1): 7~33, 한국문화사회학회, 2011.

122 「꽉 막힌 피서길 싫어… 우리는 "호캉스" 간다.」,《세계일보》, 2005.7.29.

123 "Hot for the Holidays: The Lure of a Korean Sauna", New York Times, 2006.12.28.

124 「한중수교 10주년① 웨이하이시 세금30% 한인이 내요」,《동아일보》, 2002.8.5.

125 「베트남이 찜질방 열기로 후끈후끈」,《YTN》, 2018.11.25.

126 "Korean spas, candied bacon ice cream and 6 other ways to beat the heat", The Washington Post, 2023.7.31.

127 「찜질방, 더 이상 한인만의 쉼터 아니다」,《코리아타운 데일리》, 2017.9.25.

128 https://youtu.be/k70xBg8en-4?si=A6CNLyrQxiYzWrMw

129 「베트남이 찜질방 열기로 후끈후끈」,《YTN》, 2018.11.25.

130 「도라빌 목욕탕 허가 청원 위해 한인들 나섰다」,《코리안뉴스 애틀란타》, 2023. 1.23. https://knewsatlanta.com

131 「말로만 '다양성' 도라빌 시행정에 유감」,《코리안뉴스 애틀란타》, 2023.1.20. https://knewsatlanta.com

132 「목욕탕 허가 줬다 뺐는다? 갈팡질팡 도라빌 시 행정」,《코리안뉴스 애틀란타》, 2023.1.3. https://knewsatlanta.com

133 「도라빌 사우나 '로마의 휴일' 전격 오픈」,《코리안뉴스 애틀란타》, 2023.9.14. https://knewsatlanta.com

134 이덕무, 「사소절5(士小節五) 사전5(士典五) 사물(事物)」, 『청장관전서』 제 27~29권, 1795.

135 박윤재, 「때를 밀자: 식민지시기 목욕 문화의 형성과 때에 대한 인식」, 『역사비 평』 134(1): 360~382, 역사비평사, 2021.

136 이광수, 「오도 답파 여행」, 『반도 강산 기행 문집』, 한국 현대 수필집 자료 총서 4 권, 태학사, 1987, pp.83~85.

137 펠릭스 클레르 리델, 『나의 서울 감옥생활 1878: 프랑스 선교사 리델의 19세기 조선 체험기』, 유소연 역, 살림, 2008, pp.81~82.

138 「비누 고르는 법」,《매일신보》, 1927.10.12.

139 「세탁 석감 제조 유망」,《동아일보》, 1927.6.29.

140 「상공운동회 기증자씨명」,《동아일보》, 1936.4.30.

141 「고급세탁비누 제조, 비누는 월성표」,《동아일보》, 1947.7.9.

142 「삼흥비누」,《경향신문》, 1948.11.10.

143 「청조화장석감비누」,《경향신문》, 1949.11.12.

144 「비누 공업은 파탄」,《경향신문》, 1954.7.21.

145 「국내 비누 공업 공황 봉착」,《동아일보》, 1954.7.21.

146 「애경 장영신, 비누회사서 4조 그룹 일군 '국대급' 여성 CEO」,《한국금융》, 2024. 8.26. https://www.fntimes.com/html/view.php?ud=202408252254069798 dd55077bc2_18#google_vignette

147 「살결 보호에 언제나 안심하고 쓸 수 있는 미향 비누」, 《조선일보》, 1959.8.10.

148 「조선 창조경영의 도전자들: 회사버스 타고 출근하고 목욕물에 양말 빨고. 한국의 화학·전자 산업 개척 LG 구인회(하)」, 《주간조선》 2375호. 2015.9.21.~10.4. http://weekly.chosun.com/news/articleView.html?idxno=8995

149 「럭키치약 자매품 수발매(邃發賣)!」, 《조선일보》, 1960.9.21.

150 「코티 벌꿀비누 6주년 기념」, 《경향신문》, 1963.8.22.

151 「화장비누」, 《매일경제》, 1967.9.26.

152 「때밀이 타월 변천사」, 《경향신문》, 1997.2.19.

153 강준만, 「한국 목욕의 역사: 홍제원의 목욕에서 찜질방 열풍까지」, 『인물과 사상』 166(1): 147~191, 개마고원, 2007.

154 「특허등록」, 《매일경제》, 1968.6.26.

155 「발명」, 《매일경제》, 1968.7.18.

156 「때밀이 타월 변천사」, 《경향신문》, 1997.2.19.

157 「상품모방 항의하자 '죽인다' 공갈 구속」, 《조선일보》, 1969.1.26.

158 「특허위조 1명 구속 이태리타월 만들어」, 《경향신문》, 1974.1.30.

159 「때밀이 타월 변천사」, 《경향신문》, 1997.2.19.

160 "T&C Tried and True: Korean Italy Towels: The key to your smoothest skin ever is cheap, easy, and a little bit weird", Town & Country, 2021.7.31. https://www.townandcountrymag.com/style/beauty-products/a37104473/korean-italy-towel-review/

161 「연세의대 이성낙·박윤기 교수팀 실험: 때밀이 수건을 쓰면 피부질환 일으킨다」, 《경향신문》, 1978.10.15.

162 「건강관리(2) 피부질환: 목욕과 피부병」, 《매일경제》, 1981.2.5.

163 「비누 지나치게 쓰면 해롭다. 여름목욕 피부 관리」, 《동아일보》, 1984.5.31.

164 「새 풍속도(16): 도시 속의 도시, 세운상가(6)」, 《경향신문》, 1970.10.28.

165 「꼴불견…… '때밀이 요구' 자기 몸은 자기가 씻어야」, 《동아일보》, 1977.10.29.

166 「직종 명칭 '부·공'은 '원'으로」, 《경향신문》, 1993.1.12.

167 「자동 등밀이 기계: 동전만 넣으면 등 닦아주는 자동 등밀이」, 《경향신문》, 1981.6.24.

168 「순창군 작은목욕탕 등밀이 기계 설치 '호평'」, 《전북도민일보》, 2018.1.17.

169 「효자손 저리 가라, 등밀이 기계가 왔다!」, 《전북도민일보》, 2017.6.22.

170 「'혼목해요' 대중목욕탕 지고 '1인 세신샵' 뜬다」, 《여성신문》, 2022.5.14.

171 최보영, 「개항기 주한일본영사의 활동과 한국인식」, 동국대학교 사학과 박사 학위 논문, 2018, p.157.

172 경무총감부령 제4호 「탕옥영업취체규칙(湯屋營業取締規則)」, 《조선총독부관보》595호, 1914.7.25.

173 「울산공단 굴뚝 낮아 대기오염 가중」, 《동아일보》, 1977.12.22.

174 부산광역시청 건설안전과, 「부산시, 대형굴뚝 일제점검. 재난위험 사전예방」, 2009.3.20. https://www.busan.go.kr/nbtnews/160812

175 「사라져 가는 부산을 찍다」, 《부산일보》, 2022.6.23.

176 「방치된 노후 목욕탕 굴뚝 '안전 위협'」, 《경남신문》, 2022.2.10.

177 「안 쓰는 목욕탕 굴뚝 수백 개 '흉물'」, 《국제신문》, 2015.7.7.

178 「연기 사라진 목욕탕 굴뚝 500여 개 방치⋯ 시민안전 위협」, 《중도일보》, 2017.4.2.

179 「목욕탕 굴뚝 쉽게 철거한다⋯ 부산 민관합동규제발굴회의」, 《뉴시스》, 2024.5.8.

180 정수복, 「한국인의 모임」, 『한국인의 일상 문화: 자기 성찰의 사회학』, 일상문화연구회, 1996, pp.47~48.

181 김정영, 「중년 여성들의 일상적 대화의 의미: 아줌마들의 '목욕탕 수다'에 대한 문화기술지 연구」, 서울대학교 언론정보학과 석사 학위 논문, 2010, pp.45~60.

182 「신샐러리맨 거래처」, 《동아일보》, 1977.1.26.

183 「돈 어디로 흐르나 갈피 못 잡고 떠도는 자금의 문제점. 목돈 마련 '계' 늘어간다」, 《동아일보》, 1983.5.3.

184 「국회의원 전용 목욕탕 '빽적지근 수중난담'」, 《한겨레》, 2009.2.26.

185 「2030은 거들떠도 안 보는데⋯ 찜질방 먹여 살리는 새 손님은」, 《조선일보》, 2023.6.13.

186 「50년 된 '원삼탕'도 문 닫았는데⋯ 코로나로 손님 '뚝'」, 《YTN》. 2023.1.14.

187 「맥반석 달걀+식혜' 거들떠도 안 본다⋯ MZ '고급 스파' 오픈런」, 《한국경제》, 2024.8.12.

188 「109년 역사 유성호텔 폐업··· 위기의 관광특구」, 《충청투데이》, 2024.4.1.

189 「젠틀몬스터, 계동 중앙탕 개조한 네 번째 쇼룸 '배쓰 하우스' 공개」, 《파이낸셜뉴스》, 2015.5.29.

190 「복합문화공간 행화탕 '이제 역사 속으로'」, 《뉴스1》, 2021.5.23.

191 「복합문화공간 '문화장'의 여섯쟁이」, 《영남일보》, 2017.6.16.

192 「목욕탕에서 커피숍으로 변신한 김수근의 '학천탕'」, 《경향신문》, 2019.2.6.

193 「쫄깃한 생면 파스타 식당, 목욕탕 간판 따라 들어오세요. 부산 장진우 식당」, 《국제신문》, 2020.4.8.

194 「목욕재개: 오래된 동네 목욕탕의 변신은 무죄」, 《한국일보》, 2018.3.24.

195 「전주 미술관, 11.7일 '뮤지엄 쿼런틴 나이트' 무료 공연」, 《뉴스1》, 2020.10.23.

196 「시골 목욕탕이 미술관으로 변신했어요 ···의성 안계미술관 눈길」, 《영남일보》, 2022.4.5.

197 「목욕물 대신, 남탕·여탕에 미술품 한가득~」, 《한겨레》, 2015.7.31.

198 "Cape Town introduces 'world's first water police' after drought", SKY NEWS. 2018.4.2.

199 "Cape Town's water disaster averted due to public shaming, police crackdown: Residents of the South African city have been forced to radically change their relationship with water", NBC NEWS, 2018.5.7.

200 "Cape Town: Lessons from managing water scarcity", BROOKINGS, 2023.5.22. https://www.brookings.edu/articles/cape-town-lessons-from-managing-water-scarcity/#:~:text=Between%202015%20and%202018%2C%20Cape,communications%20and%20innovative%20engineering%20solutions.

이미지 저작권